社会转型
与中国土地管理制度改革

SOCIAL TRANSFORMATION AND
LAND TENURE CHANGE IN CHINA

甘藏春■主编

中国发展出版社
CHINA DEVELOPMENT PRESS

图书在版编目（CIP）数据

社会转型与中国土地管理制度改革/甘藏春主编．—北京：中国发展出版社，2014.7

ISBN 978-7-5177-0181-1

Ⅰ.①社… Ⅱ.①甘… Ⅲ.①社会转型期—土地制度—经济体制改革—研究—中国 Ⅳ.①F321.1

中国版本图书馆 CIP 数据核字（2014）第 133161 号

书　　名：社会转型与中国土地管理制度改革
主　　编：甘藏春
出版发行：中国发展出版社
（北京市西城区百万庄大街 16 号 8 层　100037）
标准书号：ISBN 978-7-5177-0181-1
经 销 者：各地新华书店
印 刷 者：北京科信印刷有限公司
开　　本：710mm×1000mm　1/16
印　　张：19.25
字　　数：270 千字
版　　次：2014 年 7 月第 1 版
印　　次：2014 年 7 月第 1 次印刷
定　　价：48.00 元

联系电话：（010）68990642　68990692
购书热线：（010）68990682　68990686
网络订购：http：//zgfzcbs.tmall.com//
网购电话：（010）68990639　88333349
本社网址：http：//www.develpress.com.cn
电子邮件：fazhanreader@163.com

序 言

互联网技术的日新月异，加上正处在社会转型的特殊历史时期，使得中国的思想界学术界呈现出一幅奇特的图景：几乎所有的问题都有可能被无限放大，都有可能被酿成重大的社会问题；几乎所有的问题都有多种多样的见解，有的甚至极端对立。在诸多的问题中，土地问题无疑是最夺目、最广泛、最热烈的领域之一。人们关注土地问题，不仅因为当今土地问题对于中国改革发展稳定的极端重要性，还因为，当今中国的土地问题已不再仅仅是农民、农村、农业问题，也成为城市问题，涉及家家户户，的确是“牵一发而动全局”。

研究中国的土地管理制度改革问题，制定中国的土地政策，最重要的是要解决出发点的问题。一是要立足于中国正处在社会转型的特殊时期。这个时期，从发展阶段看，正处在工业化城镇化加速推进、经济体制和政府管理方式正在朝着完善的市场经济体制和建设法治政府转变的过程中，土地管理制度、土地政策的制定和调整必须努力与这个进程相协调，有些制度和政策，也必然带有这个时期过渡性的特征。改革的推进滞后不行，单兵突进也走不通。比如，运用土地政策参与宏观调控，是特殊历史时期的特殊选择，完善的市场经济体制形成、法治政府建成后，它就会退出历史舞台，但现阶段还必须坚持。

又比如，农村集体建设用地流转问题，放开是方向，但如何放，什么时候放，在什么条件下放，也是需要作周密考量的。二是立足于土地的特殊性。土地作为重要的生产要素，按照市场机制配置，必然要遵循市场经济的一般规则。但另一方面，土地作为生产要素又有其特殊性，它的不可再生性和社会性，又要求我们在研究市场配置资源规则的同时，必须充分考虑这个特殊性。比如，经济学中注重效率和产权清晰等原理同样适用土地问题，但仅仅考虑经济学这些原理又是不够的，它还涉及公共政策问题，在配置土地资源的过程中，还必须考虑公平、利益博弈、政策目标、社会稳定等公共选择问题。又比如，从法学形态看，《土地法》已经成为私法与公法相结合的法律，这就要求我们在研究土地权利时，不仅要考虑私法保护，还要考虑公法管制。三是立足中国的土地国情。中国人多地少，土地供应与粮食安全、工业化、城镇化、生态环境建设用地需求之间存在着巨大的缺口，是一个紧约束的关系，并且这种矛盾会越来越尖锐。土地的不可再生性决定了不可能无限扩大供给。而且，中国人口众多的特点也决定了不可能依靠国际贸易来解决粮食安全问题。我们只能依靠约束需求来实现供需之间的平衡。农业，特别是粮食生产一家一户小农经营模式，决定了粮食生产用地与其他用地之间很难完全依靠市场的自动调节实现各种用地之间的利益均衡。除了逐步提高政府补贴之外，还需要必要的行政手段。因此，土地管理制度的改革与土地政策的调整必须与中国的土地国情相适应。

正是基于这些考虑，我们开展了“社会转型与中国土地管理制度的改革”这一课题的研究。这个课题以社会转型中中国土地问题的特殊性为理论依据，回顾了中国土地制度的历史沿革，总结了现行土地立法和现行土地制度的内容和特点，分析了以土地为核心的资源立法的趋势。并围绕土地权利、用途管制、耕地保护、土地整治、节约集约用地、土地征收、土地资本与土地财政、土地增值收益分配、农村土地管理制度的改革等热点问题进行了深度研究，提出了我们的看法。本课题参与者都是多年从事土地经济、土地管理和土地法律研究的专业人士，课题的成果又都是多年的学术积累，因此，在一些具体问题上没有强求观点的一致。这些成果现已集结成书，交由中国发展出版社出版。我们想以这个成果奉献社会，作为一家之言，为关心土地管理制度改革的人士提供参考。

本课题是由中国农业大学中国土地政策与法律研究中心组织的。成稿后，朱道林同志做了大量的协调工作，刘守英同志又对文字作了修订。

谨以此书向关心帮助我们成长的人们表示衷心的感谢！

甘藏春

2014 年 6 月

目 录

第十二章
土地资本化与土地财政

第十三章
土地增值及其收益分配关系

第十四章
财产性土地财政与税收性土地财政

第十五章
农地制度改革与农村发展

第一章

社会转型与土地管理制度的变革

一、中国土地问题的特殊性和复杂性

研究当代中国的土地问题，要把中国社会转型的大背景作为研究的起点。回顾历史，土地问题始终是中国革命、建设、改革、稳定的重要问题，在中国这样一个以农民占主体的国度里，任何一个政党要夺取政权，一个重要的手段就是要制定符合国情的土地政策，一个政党要巩固政权，也依赖于正确的土地政策。在新民主主义革命时期，无论是第一次国内革命战争、第二次国内革命战争，还是抗日战争，共产党在领导革命的过程中，始终把解决农民的土地问题作为革命的一个重要内容。国民党失败的根本原因有很多，但是没有制定一个比较符合中国国情、反封建反殖民地的土地政策是一个重要原因。国民党到台湾以后取得了成功，一个重要的原因是土改的成功。新中国成立前夕，第一次政治协商会议通过的《共同纲领》中就有土地问题的规定，新中国成立后的第一部法律就是《中华人民共和国土地改革法》。到了 50 年代中期以后就

本章执笔人甘藏春。

慢慢有点左，搞“一化三改”，进行农业生产资料的社会主义改造，合作社章程等等。到了60年代，出台了《农村人民公社条例》，也叫“六十条”，把当时现行的农村土地制度固定下来，即“三级所有、队为基础”。同样，改革开放也是在土地制度的改革上率先取得突破的。安徽小岗村农村改革打破了农村的集体所有和承包经营权分离，掀起了中国农村改革的大幕。80年代的城市改革，基本上就是放权让利，扩大企业的自主权，这个时期制定了一系列中外合资、中外合作的土地法律制度，特别是1987年深圳的土地拍卖，将所有权和使用权分离，城市土地作为生产要素开始进入市场。90年代以后，土地使用权作为生产要素按照市场配置，对旧的计划经济是一个摧毁性打击，后来才有了劳动力的市场化和资本的市场化等等。所以说，土地问题也是中国改革发展和稳定的一个重要问题。

现阶段，由于中国的特殊国情，土地问题也有一些不同的特点。

（一）土地特别是农村土地不但承载生产资料的功能，还承载着社会保障的功能

对农民来说土地具有双重功能：生产资料的功能和社会保障的功能。这两种功能在一段时间是矛盾的，不能兼得。从生产资料的功能来说，生产资料的优化配置要流转，但每当我们大规模搞集体土地流转时总有文件要求“踩刹车”，这就是考虑了土地的社会保障功能。这个保障功能如果不弱化，农村土地流转恐怕就要受限制，这就是中国的国情。90年代有的地方实行“公司+农户”的模式，农民把承包经营权集中到种田大户手中，后来中央要“踩刹车”。当时不理解，但后来我想，最重要的是考虑到土地的社会保障功能。在一定意义上讲，政权更迭的历史就是土地兼并的历史。历史上，新的封建王朝诞生之后，第一件事情就是分田地、分封地，休养生息，使经济赢得了比较快的发展。后来土地兼并开始了，土地开始集中，集中之后社会又形成了一大批流民，开始闹革命、起义造反，推翻王朝。又开始政权更迭，中国几千年的封建王朝基本上走的是这样一条道路。所以说，历朝历代的皇帝都是用立法限制、禁止土地流转兼并，但挡不住经济规律。清末发明了田面权、田底权，田底权讲的是所有权，田面权讲的是租赁权，田面权可以流转，田底权不能流转。因此，对于土地问题，统治者都很慎重。特别是在当代中国，如果社会保障、产业安排没有就位，土地流转后依附在这块土地上的农民就有可能成为流民。这是影响制约土地政策的重要问题。

（二）土地既是生产要素又是政策工具

当前，土地政策制定，不仅要考虑土地是重要的生产要素，要按照市场规律优化配置资源，还应考虑土地承担着实施国家政策重要工具的职能。

农村土地承担着维护国家粮食安全的功能，城市土地承担着参与宏观调控的功能。这两者也是矛盾的，目前很多人不理解，农民的土地应该是想种什么种什么，想怎么用怎么用，为什么限制这么多呢？也有人提出为什么不能用市场经济的办法解决粮食安全问题？老是用行政手段来规定保多少耕地，来保障国家粮食安全？为什么非要农民来承担，而不是全社会来承担？这些道理很正确，也很应该。但是总体上讲，国家花费了巨大投资支持“三农”，而农业处在一个弱势产业的地位并没有根本改变，如果国内的粮食价格高于国际市场价格怎么补？在城郊结合部，地上种粮食不如盖房子，挖鱼塘也比种粮食赚钱，但如果都去盖房子、挖鱼塘，谁来养活中国人？在工业化进程的初级阶段，20世纪50年代主要靠农副产品的剪刀差，实现国家工业化的原始积累，改革开放后，靠土地价格的剪刀差来支撑中国的城市化进程和工业化进程。虽然现在要城市反哺农村，但反哺也有一个过程。现阶段尽管农村土地的承包权是长期化、稳定化的，但农民对土地的耕种和利用还是要受到一定的限制，所以还是要靠行政手段保护耕地。对于城市土地，土地出让收入是中国所有城市建设的主要资金来源，同时城市土地也是一个宏观调控的手段。政府通过控制土地供应的总量、节奏、规模、时序，来调控经济，这是世界其他国家没有的。

（三）土地既涉及生产关系，又涉及多重社会关系

土地涉及生产关系，特别是生产资料归谁所有本身就体现了生产关系的一

个重要因素。在当代中国，还没有哪一个问题像土地这么敏感和复杂，当前很多的问题，尽管不是直接的土地问题，但最终都会以土地问题的形式显现出来。因此，制定土地政策要考虑诸多社会因素。譬如，征地矛盾纠纷很多，农村干群关系复杂紧张，这里面土地问题居多。社会转型中的矛盾都通过土地问题来爆发，这是当代中国的一大特点。特别是这些年来，一年比一年尖锐，一年比一年复杂。

土地在当今中国还关系到金融安全，过去土地和金融问题还不是十分密切，随着土地作为生产要素进入市场，特别是土地资本化、证券化的进程加快，金融安全和土地政策息息相关。1998 年亚洲的金融危机是从房地产泡沫引发的，近来席卷全球的金融危机问题也是出在土地上，所以土地问题处理不慎，极易引发金融安全问题。截至 2009 年底，地方投融资平台总额约 7. 38 亿元，其中 70% 是银行贷款，而这其中有相当部分是以地方收购储备中心储备土地的土地使用权作为抵押担保取得的。收购储备的土地，真正拿到土地使用权还可以，但有的银行贷款基本上只拿到一个规划红线图，尽管地还在农民手里，也被拿来作抵押贷款。有的是以划拨土地作抵押贷款，有的甚至拿农地作抵押贷款。这些融资形成的债务偿还相当程度上是建立在对未来土地收益增长预期上的，有的城市每年土地出让收入没有上百亿元难以还本付息，一旦土地市场出现波动，极易引发金融风险，这是一个非常现实的问题。因此，我们制定土地政策不可不谨慎，不可不理性。

二、当代中国土地制度的基本框架

了解土地问题，必须对中国土地制度有一个初步的总体的认识。

（一）关于土地概念问题

对于土地的概念，不同的时期、不同的领域有不同的解释和理解。

1. 传统意义的土地概念偏重土地的自然属性

在不少教科书中的土地概念，更多使用的是传统意义上的土地概念，偏重于土地的自然属性。基本上把土地的概念概括为：土地是土壤覆盖的可供人类使用的地球表面，具有面积有限性、位置固定性、质量差异性、功能永续性等特点。从现在土地管理本身来看，这个概念已经难以适应变化了的经济社会发展形势和要求。

2. 现阶段适应经济社会发展新变化，对土地概念的再认识

从现阶段已经发展变化了的经济社会情况来看，土地除了自然属性外，还有非常强的经济属性和法律属性。因此，土地概念的界定，不仅要忠于土地的自然属性，而且要注重土地的经济属性和法律属性。

从土地的经济属性看，土地具有供给的稀缺性、土地报酬递减的可能性、土地利用方式的相对分散性、土地用途变更的困难性、土地利用后果的社会性、土地投入的增值性、土地损失的补偿性、土地资本的储藏性等特点。

从土地的法律属性看，在土地身上承载了土地的各种权利义务关系，尤其是空间的权利义务更多。土地权利除了所有权之外，还有地上权、地下权、地役权、采光权等各种土地权利。而且，依附在土地上的各种权利义务越来越细、越来越多，形成一个权利树一样的权利义务关系集合体。

因此，在现阶段全面理解土地概念的内涵，必须在忠实于土地自然属性的基础上，更加注重土地的经济属性和法律属性。基于以上理解，对于现阶段的土地概念可以概括为：土地是由地球表面上下的一定空间以及空间内附着于土地上的一切物质和权益所组成的综合体。

土地关系反映了社会经济各方面的关系，具有复杂性、广泛性的特点。因此，管理好土地、利用好土地、理顺土地的各种关系，直接关系到国家、民族的可持续发展，关系到粮食的有效供给，关系到经济的健康运行，关系到环境生态的安全，关系到社会的稳定。

（二）中国土地管理的基本目标

制定中国的土地政策有一个基本的前提，就是要实现什么样的目标。从人类的共同理想来说，土地的永续利用是土地管理的基本理想和基本价值取向，

因为土地资源不可再生，所以保证人类的永续利用是当代世界各国土地管理法律和土地管理政策的一个最高目标也是最基本的理想，但是各国在不同的历史发展阶段，阶段性目标不同，最优先目标也不同。西方国家在土地管理的历史进程当中，优先目标经历了一个演进的过程，在城市化进程初期，基本目标定位于农地保护，防止城市化、工业化进程大量占用农地，所以划分了很多农地保护区，建立了国家购买农地发展权的制度等。20 世纪 70 年代后，特别是现代化进程基本完成，进入后工业化时代，已经不靠占地来推进城市化进程，土地管理的目标转向了生态保护。欧洲的荷兰，过去用围海造田来解决粮食安全问题，1970 年之后立法发生了重大变化，就是退田还海，搞海岸带保护。在欧洲内部，法国是一个农业国，主要发展农业经济，后来欧盟内部要求法国对其他国家放开农副产品市场，法国也开始转向生态。十多年前，我在瑞士考察，走到一个山上，看到山脚下有一大片麦子没有收割，我问当时陪同的人，不收割不就浪费了吗？他说这块地规划主要是为了生产山上的鸟过冬吃的食物，是生态保护用地，这让我很吃惊。德国的土地规划也是如此，如怀孕的野兔子从这个窝跑到那个窝多远，通过公路，通过这块保护地，多远的距离是安全的，假如超过了可能要流产。他们的规划都做了周密的安排。中国在生态保护上做得还远远不够，现在能把吃饭问题解决好就很难得了。

在现阶段，耕地保护是中国土地管理最基本、最核心的目标，现行的法律制度和土地政策都必须服从和服务于这个目标。在决策中既要这样又要那样，不能同时满足怎么办？我们只能保一头，我们保什么？要保耕地。这是中国共产党、中国人民和中国政府最基本的态度。这个本来不是问题，但是这几年很多专家提出质疑，认为 18 亿亩耕地是一个伪命题，根本没必要，按照市场规律，假定粮食不够，粮食涨价，就能刺激农民多种粮食，或者去国际市场购买，完全可以放开。有一次 4 月我到上海学习，浦东干部学院的一个教授说房价为什么这么高，都是国土资源部要保 18 亿亩耕地、守红线造成的。他把两个不相干的事情放在了一起。还有的说 18 亿亩纯粹是个政治口号，是拍脑袋的结果。所以，这就给我们提出了一个新问题，本来这是中国的国情决定的，但现在却成了一个大问题。我们必须要理直气壮地回答，中国要坚守18亿亩耕地红线。

第一，是基于中国粮食安全战略。粮食基本自给是中国粮食安全的总体战略，对于我们这么大的一个国家，假定把粮食安全系在国际市场，是行不通的。2008年、2009年之后，粮食安全特别是耕地保护成为国际战略问题，联合国还专门讨论，当时国际上粮食价格波动涨得很高，就有美国等国家开始攻击中国，说中国搞生物柴油，还把几个新兴国家全部点了名，中国、印度在世界粮食市场上进口粮食，造成粮食价格攀升，一些不明真相的第三世界国家、发展中国家也开始攻击中国。当年卡斯特罗到中国访问，到上海看浦东，到广东看深圳的现代化，他回来后跟中国国家领导人讲，看到你们中国改革开放的成就很高兴，但是那么多耕地都被道路、楼房占了，将来中国的粮食安全怎么办，假如中国要去国际市场买粮食，必然造成粮价攀升。如果粮价攀升，我们古巴买不起，古巴人民就得饿死，因为古巴是种甘蔗的，要去国际交换。所以，坚持粮食基本自给，是中国做出的正确的战略选择，这既是基于国情，也表明中国政府是对国际社会负责的政府，这是中国最大的一个政治问题。

第二，是应对中国人口高峰的需要。我们18亿亩耕地是基于人口高峰计算的，原先预计到2030年前后是16亿，现在预测是15亿多一点。养活15亿人口需要多少耕地？中国的土地分布情况极不平衡：西部有大片的土地，但是没有水；东部最适合粮食耕种，当年广东、江苏、浙江都是粮食的高产区，现代化发展导致耕地都被占光了。联合国粮农组织做了研究，养活中国16亿人口大概需要18.5亿或19亿亩耕地，其中有两个重要前提：一是中国近一半的草原改造成人工草场，二是保持东方人的膳食结构不改变。所以，保18亿亩耕地是一个最低限。现在耕地的统计数据是18.26亿亩，第二次全国土地调查结果显示可能比18亿亩多一点，但是这恰恰说明我们的粮食单产能力没有我们统计的这么高。加上处在快速工业化、城市化的阶段，处于占地高峰，每年建设占地控制指标是400万亩耕地，但实际控制不住，保守估计要占600万亩，再加上灾毁和生态退耕，所以现在耕地保护靠占补平衡，靠土地整理来补充耕地，坚守18亿亩耕地红线。尽管很难，我们也必须咬牙坚持，这是我们这一代人对子孙后代的一个庄严的责任，也是中国政府对国际社会的责任。

（三）用途管制制度

土地用途管制是指土地所有者和使用者必须严格按照国家确定的土地用途使用土地的制度。土地的利用必须按照规划确定的用途，这在西方国家是比较成功的一个制度。这和很多经济学家和民法学家的认识发生冲突。民法学家认为，物权有绝对的对抗性和排他性，想怎么用就怎么用。这是不正确的，因为土地权利等于私法权利加公法管制，光靠私法权利不够，还要加上公法管制。在这个问题上，西方做得比较好，规划制定需经过十分严格的民主讨论程序，土地规划一旦确定不能改变，也有一个比较好的规划裁决体系。美国佛罗里达州的一个农场主雇了几个工人种地，后来随着城市化进程，他觉得种地划不来，准备搞房地产，所以到了秋收之后，把几个工人按劳动法解雇了，理由是明年不打算种地，打算开发房地产了。这几个工人将农场主告到法院，法院审理认为这块地不能作为建设用地开发，只能作为农地使用，也不能解雇工人。后来当地政府就运用购买权，买下这块地的发展权，给了农场主一笔钱，让那些工人还回来种地。土地所有者也不能对自己所有的土地随意改变用途。瑞士是一个多山的国家，前些年要搞一个变电中心，选址选在农用地上，结果政府规划部门反对，因为是农地、自然保护区，按规划不能改变，讨论了十多年，到现在为止这个项目也没有开工建设。为什么呢？因为调整规划必须要按制定时的程序重新来一遍，结果根本通不过。而在中国，一切都要给重点工程让路，遇到规划不行就调规划，遇到没指标就给指标，甚至没有批准也可以先开工建设。西方国家是法治国家，所以用途管制必须依法进行，其法律基础就是私权的行使必须符合公共利益，这是困扰很多经济学家和法学家的一个问题。在现代社会，任何私人的权利行使都必须要和公法的管制结合起来，才是一个完整的权利。

中国引入用途管制制度是1998年的《土地管理法》。过去中国偏重所有权，认为土地公有制条件下的土地利用水平比私有制条件下要高，其实也不尽然。1998 年《土地管理法》引入用途管制制度，把全国的土地分为三大类，即农用地、建设用地和未利用地，土地管理的主要目的是控制农用地转为建设用地。由于土地管理的核心就是要严格限制农用地转为建设用地，所以才有了规模限制，要控制农地转为建设用地的速度、规模、总量、时序，着力保护 18 亿亩耕地红线。这几年落实这项制度还是有了一定的进步，改变了“规划规划，墙上挂挂”的局面，但与总体上和完整意义上的用途管制制度差别还很大。比如一个城市规划的确定，前任市长定的规划向东，新任市长可能定向西发展，结果又得调整规划。总体看，中国的发展有个过程，但方向应当坚持用途管制。

（四）土地权利

土地权利制度是研究中国土地制度的一个基本问题。土地权利是在人类对土地的利用过程中逐步形成、演化和发展的。原始社会不存在土地权利问题，人们需要土地权利是因为土地在利用过程中发生了很多交换关系、生产关系、保护关系，慢慢派生出很多权利。土地权利最集中体现在西方国家的物权法，最早的是罗马法。刚开始，土地权利只是通过土地的买卖关系形成了所有权转移。后来，由于土地所有者不愿放弃所有权，就发明了地上权（在一定时间内利用他人土地的权利），购买一定期限内譬如 99 年、100 年内的使用权，到期之后再归还给所有者，这是地上权。随着城市的发展，建筑越来越密集，就产生了地役权，即利用他人土地为自己提供便利的一种权利。再后来，土地有了融资的功能，特别是进入资本主义市场经济后，贷款、担保物权也随之出现。也就是说，传统物权的概念是在土地利用过程当中逐步形成的。随着现代社会的发展，土地权利像一棵树一样，枝繁叶茂，开始分衍得越来越细，特别是一批新权利形态的形成，比如城市之间、房子之间，不仅有地役权，还有采光权、日照权。比如旅游景点的门票，从法律形态讲是观光权或者攀登权，因为公园的所有权是地方政府。比如草原的放牧权，是一种准物权。随着城市土地利用空间的扩大，节约集约利用的要求越来越高，一个新的权利形态——空间权出现了。原始意义上的土地所有权，上至苍穹，下至岩心，地下空间全部是所有者的，后来慢慢排除，地下的矿藏或者埋藏物依法律规定不属土地所有者所有，所以矿产资源属于国家所有，国外也是这样。现在我们遇到新问题，如地下空间权，空间到底多高？这个问题难以回答。所以现行土地制度与权利明晰化的要求差距太远。

从中国来看，长期以来不太注重土地权利，因为过去是“一大二公”，充其量只有所有权。改革开放之后，慢慢形成了一些权利形态，比如所有权与使用权、农民的承包经营权、宅基地使用权、农村建设用地使用权分离出来。总体上讲，我们的《物权法》经过了相当长时间的努力，把改革开放过程当中形成的土地权利的基本形态确定下来，应该说是一个伟大成果，但土地权利形态和土地利用的实际现状差距比较大。西方国家的地契像一本书，我们就是一张土地证，盖一个中华人民共和国国徽，且部门纷争很多。而在其他国家和地区，对房子的管制条件是什么，甚至排水权等地下权规定得都很细。比如中国香港、日本修建城市公共交通道路，涉及住宅楼，不是让这个楼拆掉，而是将该楼加固以后把空间第几层征过来过车，楼上楼下照样住人，这叫什么权呢？也许是通过权。中国权利规定还不细致，有很多问题需要解决，比如土地统一登记制度没有建立，比如承包经营权、宅基地使用权能不能抵押的问题，都是待解的法律难题。总的来看，符合中国市场经济要求的现代土地制度框架已经基本形成，但是还有漫长的道路要走。

三、当前土地管理改革的几个问题

（一）关于土地所有制问题

《宪法》第十条规定：“城市的土地属于国家所有。农村和城市郊区的土地，除由法律规定属于国家所有的以外，属于集体所有；宅基地和自留地、自留山，也属于集体所有。”中国实行的是土地的公有制。但是，近几年来对农村土地所有制问题，在理论界有一些说法，认为解决“三农”问题的根本出路在于“土地回家”，也就是实行土地私有化。但我们的结论是：中国农村集体土地改革的思路绝对不是私有化，而是要走坚持和完善农村集体所有制的道路，这是中国的一个理论选择。

从中国的历史上看，土地私有制从来没有解决好中国的农村问题。中国封建制度和欧洲封建制度的一个很大区别，就是欧洲的封建土地所有制属于封建领主所有，而中国在几千年的封建历史演进当中，始终存在土地的农民个体所有。中国封建社会自由农民的存在，是中国封建制度区别于欧洲封建制度的一个重要特点。在中国几千年的封建历史中，每个朝代建立后，首先是平均地权，紧接着出现土地兼并，造成大量农民流离失所。土地兼并的结果是农民起义，把旧皇帝推翻，新皇帝上台。之后，又重新分配土地，又开始新一轮土地兼并，矛盾集中后又爆发农民起义。如此周而复始，循环往复。中国封建社会的农民起义都是围绕土地问题展开的。所以历朝历代的统治者在土地法律制度上都严格限制土地的流转兼并，但始终没有解决土地兼并问题，其根本原因即在于土地的私有制。

在现阶段，中国已经找到了农村土地制度和社会主义市场经济对接的途径，那就是把农村土地的所有权和承包经营权成功地分离出来。在《物权法》中，已经将承包经营权明确为物权的一个种类，成为一个独立的财产权。农村的宅基地，也已经把所有权和建设用地使用权分离出来，宅基地的建设用地使用权也在《物权法》中明确为物权。通过对这两项权利的物权化，中国已经成功解决了农村集体土地所有制与社会主义市场经济的对接问题。

进一步完善农村集体土地所有制是中国农村集体土地制度改革必须坚持的道路。适应中国经济发展与现实国情的需要，并且考虑到制度成本问题，中国农村集体土地制度改革的思路，必须是坚持并完善现行的农村集体土地所有制。这既是中国土地制度改革的理论选择，也是现实选择。关键是在坚持现行农村集体土地所有制的基础上，积极推进集体土地产权制度改革，探索农村集体土地财产权保护和实现的有效途径，尊重其法律地位，完善其财产组织形式，切实保障农民的土地财产权益。

（二）关于运用土地政策参与宏观调控问题

这个问题是2004年提出的，当时面对新一轮经济过热、过快，中央提出要采取宏观调控，并且还做出一个重要决定：要运用土地政策参与宏观调控。当时提出要管住两个闸门，一个是货币闸门，一个是土地闸门，即“银根和地根”。管住“地根”在宏观调控中比管住“银根”更重要、更直接、更有力，这就使中国经济的宏观调控体系上又增加了一个土地政策工具。从经济学上讲，成熟的发达资本主义国家、典型的市场经济国家的宏观调控无外乎两种手段：货币政策和财政政策。财政政策分为积极的财政政策、消极的财政政策和从紧的财政政策、从宽的财政政策。货币政策主要是控制总量，通过提高各银行的存款准备金率、短期贴现率、公开市场业务等实现目标，有时是几种手段交替使用。在西方国家的宏观调控过程中，这两套工具比较有效和敏感。对于运用土地政策参与宏观调控问题，理论界有很多争论。我认为，在中国，运用土地政策参与宏观调控是中国特殊阶段、特殊国情下的特殊选择。

第一，是基于中国土地国情的自觉选择。中国的现代化是在一个13亿人口的大国发生的，在现代化的进程中，随着经济高速增长和城市化进程不断加速，人地矛盾日趋尖锐。在经济增长过程中，土地资源既承载着保障粮食安全的功能，同时又承担着保障工业化、城市化顺利推进的任务。随着现代化进程的加快，土地资源对经济增长的约束力越来越强劲。作为重要的生产要素，土地的供应能力直接决定着经济增长的规模、结构和速度。因此，按照土地的供应能力来调控经济，是依据中国土地国情作出的自觉选择。

第二，是中国转型时期经济调控的客观要求。在发达的、健全的、完善的市场经济国家里，宏观调控的主要任务是保证总供给和总需求的基本平衡；宏观调控的目标是经济增长率、充分就业率、通货膨胀率和国际收支平衡；宏观调控的政策工具是货币政策和财政政策。中国作为不断发展和改革的社会主义市场经济国家，宏观调控的任务、目标和政策工具，应该遵循市场经济国家的一般规则，加强和改善宏观调控也应该运用市场经济国家的成熟经验。但是，也应该清醒地认识到中国社会转型期的特殊性：一方面经过20多年的改革开放，中国资源配置的市场化程度已经很高；另一方面中国与市场经济相适应的行政管理体制、现代金融体系、现代企业制度的完善还需要一个过程，特别是中国的经济增长是政府主导型的模式，完全依靠成熟的市场经济国家实施宏观调控的作法，难以完成现阶段宏观调控的任务，难以实现现阶段宏观调控的目标。因此，在完善货币政策、财政政策调控功能的同时，积极运用产业政策、土地政策参与宏观调控，也就成为中国社会转型期经济调控的客观要求。

第三，中国的土地制度为土地政策参与宏观调控提供了可能。中国宪法规定城市土地国家所有；《土地管理法》、《城市房地产管理法》确定了土地用途管制、农用地转用、建设用地统一供应等法律制度。这就使政府对土地供应有较强的调控能力，可以通过主动调节土地供应总量、安排不同土地用途来有效引导投资和消费的方向和强度，实现经济运行调控目标。几年来的实践证明，土地政策在目前是最直接、最有效的调控手段。

运用土地政策参与宏观调控，必须准确分析和判断宏观经济形势，根据产业发展政策和区域发展政策的要求，选择土地政策的取向，确定土地政策参与宏观调控的重点。近年来，按照中央的要求，准确把握了土地政策参与宏观调控的重点：既满足对投资需求的引导，又与货币政策一起对投资需求进行调控；既满足产业用地需求，又促进产业结构和经济增长方式转变；既发挥区位优势，又促进区域合理布局和协调发展。同时，积极配合货币政策、财政政策和产业政策，严把土地“闸门”，土地政策参与宏观调控取得了明显成效。土地政策作为宏观调控的政策工具之一，不能取代其他宏观调控政策的作用，必须与货币政策、财政政策、产业政策综合运用，才能真正取得实效。随着中国整个经济体制改革和行政管理体制改革的推进，到中国市场经济体系和行政管理体制都很完善的时候，中国的土地政策可能会退出宏观调控。但在目前，乃至今后相当长的一段时间里，土地政策承担的宏观调控功能只会增强，不会减弱。

（三）关于征地制度改革问题

征地制度改革是这几年争论最多的一个问题。有人说《土地管理法》是一部违背宪法的恶法，各级政府滥用征地权，剥夺农民收益多少万亿，造成了几千万无地、无业、无保障的农民等等。回归到概念上，征地制度是国家根据宪法授权，对于私有土地，基于公共目的，强制转征为国家所有的一个制度。征地制度最早起源于法国，法国大革命之后确定了私有财产神圣不可侵犯，但同时1891年宪法又明确规定国家基于公共目的可以征收私人财产。此后世界各国都在宪法上确立了征地制度。从西方国家来看，征地制度有以下特点：一是征地是基于宪法的授权。因为西方国家宪法确认私有财产是最重要的人权，人权不能轻易剥夺；要剥夺人权、财产权，必须要基于宪法的授权。另外西方学者认为，国家征收土地的行为是一种主权行为，所以必须宪法授权。二是征地必须是基于公共目的。三是强制性。四是正当程序。五是公平补偿。

当前，对征地制度改革的争论主要集中在以下几个方面。

1. 如何区分征地的公共目的和非公共目的

土地征收是宪法赋予政府的特殊权力，具有强制性。政府行使土地征收权需要符合三条要求：公共利益、正当程序、合理补偿。那么，征地是否需要严格区分公共目的和非公共目的，又如何来区分公共目的和非公共目的呢？从目前情况来看，世界各国对公共利益的界定尚无统一标准；从世界各国的现代化进程看，对征地范围的控制往往是随着经济社会发展不同阶段的特点来进行调整和控制的；从立法技术上看，在立法实践中难以界定公共用地的范围，也就难以界定土地征收的范围，西方国家主要是通过个案来解决；从现实情况来看，中国正处在一个快速工业化、城市化的进程中，也不宜严格界定公共利益征地的范围。

2. 中国现阶段征地制度改革的核心是解决被征地农民的补偿安置问题

中国现阶段征地制度改革的核心不是区分公共目的和非公共目的，而是要解决被征地农民的补偿安置问题，这是比较现实的，也是可行的。为此，2004年《国务院关于深化改革严格土地管理的决定》（国发［2004］28号）和2006年《国务院关于加强土地调控有关问题的通知》（国发［2006］31号）都规定了对被征地农民安置补偿的基本原则，即要保证被征地农民“原有生活水平不降低，长远生计有保障”。当前，在征地中面临的问题主要是征地补偿标准偏低、补偿不到位、层层克扣、安置不落实等。因此，现阶段推进征地制度改革的重点是完善征地补偿安置制度。而推进征地补偿安置制度的完善，必须坚持保证被征地农民“原有生活水平不降低，长远生计有保障”的原则，重点放在长远生计有保障上。一方面要建立被征地农民的社会保障制度，另一方面要探索被征地农民多种有效的安置途径。

3. 征地制度改革要解决征地补偿安置争议的协调裁决机制

在中国的征地实践中，对被征地农民补偿安置的法律救济渠道并不畅通。在现行的征地制度框架下，一旦征地补偿安置出现争议，地方政府将陷入既当运动员又当裁判员的尴尬境地，容易引发社会矛盾。1998年《土地管理法实施条例》和国务院28号文件都提出要建立和完善征地补偿安置争议协调裁决机制。土地管理法实施条例还明确规定，征地补偿安置争议不影响征地方案的实施。所以，当前征地补偿安置制度完善的一个重点，就是要建立正常的法律救济渠道，把征地纠纷引导到法治轨道上。国土资源部一直在着力推行建立征地补偿安置争议协调裁决制度，关键是要解决征地补偿争议裁决的程序和组织形式。英国有土地裁判所制度，中国的香港特别行政区有土地法庭制度。这些都是独立于法院系统之外的准司法制度。这种制度要解决的不是能不能征地的问题，而是征地的补偿问题。这对我们有很好的借鉴作用。

4. 农地转为建设用地后级差地租的收益分配问题

征地价格是按原用途补偿还是按未来用途补偿，比如原来征的是耕地，但规划可能是住宅用地，给农民补偿是按房地产价格补偿还是按原用地耕地价格补偿，这个问题争论很大。很多人主张将所有级差地租收益全部给农民，但传统的土地经济学理论中，孙中山先生也曾讲到要“涨价归公”，世界各国普遍认为级差地租不是所有者的贡献，而是整个社会发展、城市规划的贡献。但我们不能长期把被征地农民排斥在城市化进程之外，必须让被征地农民分享城市化的成果，这是我们要研究解决的一个重要问题，也是促进社会和谐的重要方面。2004 年《国务院关于深化改革严格土地管理的决定》，出台了相关政策，提出了保证被征地农民的“原有生活水平不降低，长远生计有保障”的原则。这个原则体现了中国的征地补偿安置制度不是完全意义上的西方的货币安置方式，是一种补偿和安置相结合的制度，将来不仅要保证被征地农民生活水平不降低，还要保证长远生计有保障，包括就业、保险等等。这是一个了不起的大原则，现在做得还不够，下一步修改《土地管理法》时，应该继续坚持这个原则。

5. 征地程序

从世界各国来看，征地问题从来都是很棘手、很复杂的，往往都有一套独立的司法体系。英国和中国香港地区是英美法系，有行政裁判所制度，技术性很强，估价师是裁判所的主体。现阶段征地纠纷层出不穷，但对被征地农民缺少法律的救济程序，一旦出现问题，基本上就是靠政治解决。这种长期以来的政治解决方式，对社会稳定、对整个中国社会形态的影响是负面的，并且对我们党形成软杀伤力，所以我们要建立一个符合中国国情的征地裁决制度。当地可以组织若干社会人士，像仲裁法院一样，由一个独立系统来裁决，这是下一步要重点解决的问题。在补偿协议上要靠协商，动用征地权虽带有强制性，但在工作中要做到少用强制甚至不用强制解决问题，这可能要付出很高的成本。所以，改革征地制度的关键应该是完善征地补偿安置程序，这也符合中国国情。

（四）关于土地发展权问题

发展权是土地管理、土地规划、城乡规划中一个极其重要的概念，是实施土地用途管制制度的核心和理论基础，在土地管理中应当重点对土地发展权的问题进行研究。

1. 土地发展权的概念

土地发展权的概念，最早出现在英国，是指农用地的所有权人和使用权人将自己拥有的土地用途转变为建设用地并获取相关收益的权利。在土地私有制国家里，土地所有者对自己拥有的土地如何使用并没有决定权，原因在于土地发展权是由政府通过法律来设定的。有人想当然地认为西方国家的土地所有权是绝对的、排他的、对抗第三人的，但事实并非如此，关键是有没有设定发展权。一名外国学者对此有一句精辟的论断：土地权利等于民事权利加公法管制。

2. 处理发展权的不同模式

土地发展权的设定，需要通过土地规划来解决。世界各国处理发展权有两种模式，第一种是美国模式，土地发展权归所有权人。就是说对土地如果不设定发展权，政府就要支付给土地所有权人发展权使用费，政府是通过购买发展权的方式来处理的。第二种模式是英国模式，土地发展权归政府或国家所有。采取这种模式的国家认为，发展权的收益和土地本身产生的效益，是社会进步的成果，应当由全民享有，而不能给所有者独享。

3. 中国对土地发展权处理模式的选择

1998 年修改《土地管理法》的时候，对于发展权的处理方式各方也有过争论，最后的选择是发展权属于国家，但国家对集体土地所有权人和农地使用权人要给予合理补偿，特别是对于土地发展权所形成的增值收益，要更多地在国家、集体和农民之间进行合理分配。中国在土地管理中实施土地利用年度计划的指标控制，其理论依据即来自于发展权。土地利用年度计划指标，不是计划经济的计划指标，而是农地释放的规模总量控制指标，说到底就是发展权给多少的问题。随着中国各项管理制度改革的不断深化，也有可能出现发展权交易问题，这是一个值得研究和探讨的课题。

（五）关于农村土地管理制度改革问题

改革现行农村土地管理制度主要有两个问题：一是农村集体建设用地是否允许流转；二是农地承包经营权、宅基地是否允许流转、抵押。对此，现行法律有限制。未来改革发展方向是农村集体土地应该和国有土地同地同权。现行的法律障碍要逐步破除，但是从限制到放开，还要解决一系列渠道问题。

第一，城乡统筹一体化改革。这是消除城乡不平等、贯彻落实科学发展观的一个重要举措。准确理解城乡统筹，要把握好生产要素在城乡之间自由流通和公共财政在城乡平等分享两个关键点。有的地方生产要素放开，只把农村土地变成国有，但不让农民进城，公共财政赚的钱修广场、修马路，却很少往农村倾斜，农村政权建设、基础设施、学校都是靠农民的积累。因此，农村土地城镇化的进程必须与农民城市化的进程相协调。改革开放以来，中国城市化30多年走了西方国家城市化进程几百年的道路，但我们城市化走的是一条不可持续的、超低成本的扩张道路，每年大约有600万亩农村集体土地流入城市，但依附在原土地上的农民基本上都留在农村，或处于半城市化状态，其生产生活设施建设、教育等负担依然非常沉重。所以说，中国的城市化进程是不可持续的，也是很脆弱的。

第二，农民的生产方式和生活方式必须协调。现在农村楼房盖得很漂亮，但生产方式必须与之协调，征用农村土地必须解决好农村人口的城市化问题。比如宅基地、承包经营权的流转、抵押，对缓解资金需求有很大作用，但也产生一些问题，万一抵押权实现，农民的承包地、宅基地没有了，社会的安全稳定怎么办？所以，必须把依附在农村土地上的其他社会职能剥离掉，改革就可以放开。另外，农村土地改革跟农业现代化路径的选择也是息息相关的。世界上农业现代化道路无非以下两种模式：美国、加拿大是大农场模式，规模效益好；法国、韩国、日本是小规模经营模式。不同模式对农村土地制度改革的选择也不一样。如果走美国模式，加快农村土地的流转，越快越好，规模越大越好；反之，走日本模式，就要对流转严格限制。所以，中国农业现代化道路模式的选择，对农村土地制度改革也是大的制约因素。

第三，放开的条件必须具备。一是依附在这块土地上的农民的社会保障由其他功能承担的可以放开。二是各种利益调节手段必须具备。我们现在是假定集体土地放开了，那么将来会出现一个问题，就是征地也很困难，因为这个利益怎么平衡问题，农地转为建设用地这块收益是全部归集体还是国家要分配一块，征地的时候农村集体土地几乎没有多少收益，这块平衡关系怎么办。三是对宅基地制度要有一个顶层设计，当前增减挂钩也基本动的是宅基地这块，但是我们对宅基地的法律制度研究探讨也很不够，所以集体土地方向是放开，但是要创造条件放开，这是要研究的一系列问题。

（六）关于土地利用的国家监督问题

土地管理职权在各级政府间如何划分也是一个重要问题。西方国家的土地管理经历了由原来主要依靠地方政府管理，现在逐步上升到中央政府管理，进而逐步演变成了一个国际性问题。从中国来看，1998 年之前土地管理的重心是市、县级地方政府，当时占用耕地 1000 亩才必须到国务院审批，其他基本都在市县，1998 年之后变为中央和省两级审批管理为主的体制。从现在看，按照政府职能转变、行政体制改革的要求，各级政府土地管理职权要重新调整，原来县级政府管土地和国务院管土地只有量的差别，没有质的差别，这不符合现代管理。下一步，应该按照事权性质来调整管理，中央和省级政府主要管土地供应的总量和“闸门”，具体审批特别是征地应该下放到市县，而对农地转用的监管要集中在中央政府。现在国家土地督察机构已经建立，也能够解决很多大问题，但压力也很大，比如土地违法问题，年年查年年有，国家重点基础设施项目、农民宅基地违法用地问题占相当的比例，但将来总是要解决的。在现在的态势下，只有形成一个现代管理体系，形成合理分工，由中央主要管总量、管监管、管政策，省里以监管为主、适当审批，具体操作放在市、县级政府，才能从根本上解决土地违法问题，并进一步推进现代土地管理制度的改革。

第二章

土地管理制度的历史源流与演变

土地是人类赖以生存和发展的最重要资源。2000 多年前，孟子曾说："诸侯之宝有三：土地、人民、政事。"《大学》说："有人此有土，有土此有财，有财此有用。"被称为英国政治经济学之父的威廉·配第，在 300 多年前也提出"土地为财富之母"的著名论断。

土地制度是国家最基础的制度，是构成生产关系和一切经济关系的基础。一套好的土地制度具有稳定与发展的双重功能，通过维护土地占有与分配的公平，实现政治稳定与社会和谐；通过保护土地财产权，促进经济发展。自有人类社会以来，建立和完善与生产力发展相适应的土地制度，就成为国家政治经济制度变迁的重要内容，并推动着社会的演化与发展。

本章执笔人刘守英。

一、中国土地制度的历史演变

（一）历史演变的基本脉络

与世界其他国家相比，中国的土地制度历史悠久而独特。我们的先人早在原始氏族公社时期，就已懂得利用土地种植谷物解决衣食问题。进入文明社会以后，随着国家的出现，氏族土地公有制演变为国有制，《诗经·小雅·北山》中所说的“普天之下，莫非王土；率土之滨，莫非王臣”，就是这一时期土地制度的本质特征。西周时期，中国的土地制度是“井田制”，土地所有权属于天子，诸侯大夫使用分封的土地，即所谓“普天之下，莫非王土”。战国时期，商鞅变法，废井田，开阡陌，承认人民拥有私田，允许自由买卖，中国成为世界上最早出现土地私有制度的国家。从秦汉至唐朝中叶，中国土地制度呈现国家均田与贵族占田并行，也就是土地国家所有和私人所有并行的格局。西汉中期，汉武帝采纳董仲舒的建议，对贵族豪强按照爵位等级限制其拥有的最高田亩数，以防止土地兼并。北魏和唐朝初期均推行均田制，农户按每个男性劳力分得土地百亩，保证了土地较为平均的分配。以唐中叶的“两税法”为标志，中国土地制度进入新阶段。此后的王朝不再进行均田，国家土地所有制衰落，土地私有制据支配地位。到宋代，中国已经进入了完全的土地私有制时期。税赋制度经“一条鞭法”和“摊丁入亩”改革后，变成完全的地亩税，国家仅靠赋税制度调整农民与地主、国家与地主的关系。土地市场高度发达，租佃关系日益发展，为近代资本主义因素的发育打下基础。

1911 年辛亥革命后，土地问题被作为志士仁人打开中国迈向现代化的钥匙，但没有如愿。19 世纪末 20 世纪初，中国民主革命的先驱孙中山先生提出了“三民主义”建国纲领，其中民生主义的核心之一就是“土地国有、耕者有其田和平均地权”。国民党从 1927 年建立国民政府后，也曾颁布《土地法》、《土地法施行法》，着手进行土地改革，但直到 1949 年国民党败退台湾，

“平均地权”主张未能实现，土地问题加剧。

中国共产党从一开始就把解决农民土地问题作为中国革命的中心问题。大革命失败后，中国共产党建立了农村根据地，在各根据地开展了以消灭封建地主土地所有制为主要内容的土地革命运动。土地革命时期，提出“依靠贫雇农，联合中农，限制富农，保护中小工商业者，消灭地主阶级，变封建半封建的土地所有制为农民的土地所有制”的主张。抗日战争时期，提出“地主减租减息、农民交租交息”，巩固了抗日民族统一战线。解放战争时期，制定了《中国土地法大纲》，没收地主土地，废除封建剥削土地制度，实行耕者有其田的土地政策。中国共产党在土地问题上的成功，成为取得政权的法宝，正如毛泽东主席 1936 年在延安回答美国记者埃德加·斯诺提问时所说：“谁赢得了农民，谁就会赢得中国；谁能解决土地问题，谁就会赢得农民。”

（二）新中国成立以来土地管理制度的变迁

1949 年 10 月中华人民共和国成立后，中国共产党始终把土地问题放在稳定与发展的重要位置。在过去的 60 多年里，中国土地管理制度的演进与国家经济社会发展变迁脉络是一致的，在探索和实践中不断完善，在改革和创新中不断发展，逐步形成既顾及中国国情又吸收世界文明成果的现代土地管理制度框架。

1. 1949 ~ 1952 年的国民经济恢复时期

这一时期，中国颁布了具有宪法性质的《中国人民政治协商会议共同纲领》和《土地改革法》（1950 年）。土地管理制度的核心是解决土地所有权问题。

通过这两部法律的实施，对旧中国的国有土地予以继受，对官僚、买办资产阶级拥有的土地予以没收。仅用三年时间就完成了现代史上人口规模最大的土地改革，废除了地主土地私有制，建立了农民土地所有制。3 亿多无地、少地农民获得了 7 亿多亩土地和其他生产资料，极大地调动了农民的生产积极性，农村生产水平与农民生活水平明显提高。

2. 1953～1977 年的社会主义改造和社会主义探索时期

这一时期，中国颁布了第一部《中华人民共和国宪法》（1954 年），制定了《农业生产合作社示范章程草案》（1955 年）、《高级农业生产合作社示范章程》（1956 年）和《农村人民公社工作条例修正草案》（1962 年，简称“人民公社六十条”），出台了《国家建设征用土地办法》（1953 年颁布，1958 年修正）。土地管理制度的重点是确立农村集体土地所有制和建立国家建设征用土地制度。

在农村，1954 年的宪法，明确了国家依照法律保护农民的土地所有权和其他生产资料所有权。不久却经由互助组——初级社——高级社的农业合作化运动，基本完成了农村的社会主义改造，实现了农村土地私有制向公有制的转变。1958 年发动“一大、二公、三拉平”的人民公社化运动，进行土地所有制和农村生产与生活方式的冒进。三年自然灾害后，退回到“三级所有、队为基础”的农村集体土地所有制度，并由“人民公社六十条”予以确立。与此同时，中国展开了大规模经济建设，国家工业化推进，国家建设征用土地问题突显。政务院颁布的《中央人民政府政务院关于国家建设征用土地办法》，明确了国家征用农民土地的目的和补偿安置原则。“国家为了公共利益的需要，可以依法对城乡土地实行征购、征用或收归国有”第一次写入宪法。

3. 1978 年至今的改革开放时期

这一时期，中国曾三次修订《中华人民共和国宪法》，颁布了新中国第一部《中华人民共和国土地管理法》，后又进行了全面修订，出台了《中华人民共和国城镇国有土地使用权出让和转让暂行条例》、《中华人民共和国城市房地产管理法》等一系列法律、法规；颁行《中华人民共和国物权法》和《中华人民共和国土地承包法》等。中国土地管理进入制度化和法制化轨道，重点是形成和逐步完善中国的现代土地管理制度。

1978～1986 年，中国形成了几项重大土地管理制度。在农村，废除了“政社合一”的人民公社体制，实行集体所有制下的农户家庭承包经营制度。1982 年修订的宪法，第一次明确了“城市土地属于国家所有，农村土地属于农民集体所有”两种所有制并存的法律架构；1986 年颁布的第一部《土地管理法》，进一步明确了“城市市区的土地属于全民所有即国家所有。农村和城市郊区的土地，除法律规定属于国家所有的以外，属于集体所有；宅基地和自留地、自留山，属于集体所有”的土地所有权基本架构，规定了国家建设用地和农村建设用地的取得和使用方式，明确全国土地的集中统一管理和依靠土地利用总体规划管理建设用地的原则。

1987～1997 年，土地管理制度的重点是建立与社会主义市场经济相适应的城镇国有土地有偿出让制度。中国在计划经济时期长期实行的是“无偿、无限期、不可转让”的国有土地使用制度。深圳等城市国有土地使用权有偿出让试点取得成功，为推进城镇国有土地有偿使用制度提供了契机。1988 年修改宪法和土地管理法，取消了土地不得出租的条款，明确“土地的使用权可以依照法律的规定转让”。继农村实行集体所有制下的土地承包使用制度改革后，中国城镇国有土地也实行了所有权与使用权相分离的制度。1990 年和 1994 年颁布的《城镇国有土地使用权出让和转让暂行条例》、《城市房地产管理法》和《土地管理法》的修订，标志着我国城镇国有土地使用权出让、转让、出租、抵押的市场交易制度正式确立。城镇国有土地有偿使用制度的改革，为实现土地所有者权益、显化国有土地资产价值、促进城市建设等发挥了重要作用。

1998 年至今，中国土地管理制度进入进一步完善时期。1998 年新修订的《土地管理法》，对土地管理和利用方式进行了重大改革。根据人多地少的基本国情，借鉴国外先进国家土地管理经验，明确了以耕地保护为目标、以用途管制为手段、以土地利用总体规划为龙头的现代土地管理制度基本框架；建立了基本农田保护制度、建设占用耕地占补平衡制度和建设用地农转用审批制度，严格控制建设用地转用，切实保护耕地。进入 21 世纪，中共中央又针对土地管理中出现的新情况、新问题，陆续出台相关文件，如《关于进一步加强土地管理切实保护耕地的通知》（中发［1997］11 号）；《关于深化改革严格土地管理的决定》（国发［2004］28 号）、《关于加强土地调控有关问题的通知》（国发［2006］31号）、《关于建立国家土地督察制度有关问题的通知》（国办发［2006］50号）、《关于促进节约集约用地的通知》（国发［2008］3号）、《关于严格执行有关农村集体建设用地法律和政策的通知》（国办发［2007］71号），强化严格依法管理，启动土地参与宏观调控，建立国家土地监察制度，提出实行“两个最严格”的土地制度（最严格的耕地保护制度和最严格的节约用地制度），从而使我国的土地管理制度日趋完善。

这一时期，我国土地权利法律建设也取得了历史性进展。2002年出台《农村土地承包法》，标志着对农村土地权利依法保护的实现；2007年出台《物权法》，标志着中国保护以土地等不动产为主的物权保障体系正式创立，土地权利保障进入法制轨道。

总之，经过60多年的努力，中国已建立起一套以《宪法》、《物权法》、《民法》和《土地管理法》、《森林法》、《草原法》、《环境保护法》等法律法规组成的完整的土地法律体系；适合中国社会主义初级阶段和中国特色社会主义市场经济体制的现代土地管理制度框架基本形成；所确立的各项基本制度在实践中不断丰富、完善和创新其实现形式。

二、中国现代土地管理制度的主要特点

（一）实行土地社会主义公有制为基础、两种所有制并存、所有权与使用权相分离的土地权利制度

土地制度是一个国家基本经济制度的重要组成部分，其制度特点受国家基本制度规制。例如，美国是实行私有制和联邦制的国家，58%的土地是私有土地，绝大部分森林、草地、保护地和沼泽等由联邦政府和州政府所有（分别为31%和10%），另外，城市政府拥有约1%的土地。按照中国宪法规定，社会主义制度是中国的根本制度，生产资料的社会主义公有制是中国社会主义经济制度的基础，坚持公有制为主体、多种所有制经济共同发展是国家在社会主义初级阶段的基本经济制度。作为国家基本经济制度的重要组成部分，中国土

地制度架构表现为以下方面。

第一，实行社会主义土地公有制。任何组织或者个人不得侵占、买卖或者以其他形式非法转让土地。

第二，土地国有制和土地集体所有制并存。矿藏、水流、森林、山岭、草原、荒地、滩涂等自然资源属于国家所有；城市土地属于国家所有。农村和城市郊区的土地，除由法律规定属于国家所有的以外，属于集体所有；宅基地和自留地、自留山，属于集体所有；由法律规定属于集体所有的森林和山岭、草原、荒地、滩涂，属于集体所有。

第三，土地所有权与土地使用权相分离。农村土地（指农民集体所有和国家所有依法由农民集体使用的耕地、林地、草地，以及其他依法用于农业的土地），采取农村土地承包经营制度，赋予农民长期而有保障的土地使用权。国有土地，实行在国家保留所有权前提下将土地使用权以一定年期和租金出让给土地使用者的有偿使用制度。

第四，尊重和保护土地财产权。土地权利制度是土地制度的核心内容。对土地权利的合法保护，能增进权利人使用土地的长期预期，促进经济发展和资源优化配置。长期以来，由于受计划经济体制和传统意识形态的束缚，中国对财产权保护不够，计划经济时期甚至不承认个人财产权，影响社会经济健康发展。改革开放以后，随着体制改革的深化和市场配置资源程度的加大，产权对经济发展的作用越来越大，人们的权利意识也不断觉醒和强化，完善社会主义市场经济体制也呼唤对权利的保障与保护。中国土地权利立法取得了巨大进展，构建起由《宪法》、《民法通则》、《物权法》、《农村土地承包法》、《土地管理法》等来规范土地权利的法律体系，在土地所有权不变的条件下，通过强化和保障土地用益物权（如土地承包经营权、宅基地使用权、建设用地使用权），保护了土地使用者的权利。

（二）耕地保护是中国土地管理制度的首要目标

中国由于人多地少、优质耕地不足、水土不匹配的基本国情，在工业化、城市化加速阶段，就确立将粮食安全和耕地保护放在经济发展的首要地位。1998年的《土地管理法》，明确了土地管理的目标就是要“加强土地管理，维护土地的社会主义公有制，保护、开发土地资源，合理利用土地，切实保护耕地，促进社会经济的可持续发展”，提出了“十分珍惜、合理利用土地和切实保护耕地是我国的基本国策”。通过基本农田保护制度、占用耕地补偿制度、土地开发整理复垦和落实耕地保护责任制度等一系列制度安排，实行世界上最严格的耕地保护制度。2008 年提出 2020 年前全国耕地总量不得少于 18 亿亩的红线目标。

（三）建立了以土地用途管制为核心的土地管理体系

土地用途管制是世界上土地管理制度较为完善的国家所采用的一种土地利用管理制度。日本、美国、加拿大等国家称之为“土地使用分区管制”，瑞典称“土地使用管制”，英国称“土地规划许可制”，法国、韩国称“建设开发许可制”。从这些国家的情况看，土地用途管制在合理利用土地资源，特别是耕地保护方面取得了良好效果。计划经济时期和改革开放初期，中国土地管理主要依从所有制管制，国家为了经济建设，无偿调拨或以很低的补偿征用农民土地并转为国有。1998 年修订《土地管理法》时，中国将西方被证明行之有效的用途管制制度引入并写入法律。中国的土地用途管制制度，是通过编制土地利用总体规划划定土地用途区域，确定土地使用限制条件，土地所有者、使用者严格按照国家确定的用途利用土地的制度。

以土地用途管制为核心的土地管理体系主要包括四个内容：一是国家编制土地利用总体规划，规定土地用途，将土地分为农用地、建设用地和未利用地；二是规定土地利用总体规划的地位、作用及审批程序；三是严格限制农用地转为建设用地，控制建设用地总量，对耕地实行特殊保护；四是明确规定了农用地转为建设用地的批准权限，适当集中征地审批权。

（四）实行土地集中统一为主的管理体制

纵观世界各国的土地管理体制，其演进都经历了一个由分权、分散多头管理向集权、集中统一管理的转变过程。中国的土地管理体制也是如此。1986年以前，中国的土地由多个行政主管部门分散、多头管理。实行市场经济以后，“以块为主”的土地管理体制的弊端日益突出，造成土地管理失控，耕地锐减。由于特殊的国情，加上资源稀缺，中国于1986年确立了“国务院土地管理部门主管全国土地的统一管理工作。县以上地方人民政府土地管理部门主管本行政区域内的土地统一管理工作。乡级人民政府负责本行政区域内的土地管理工作”的全国城乡地政统一管理体制。1998年以后，又将全国土地统一管理扩展到矿产和海洋资源。2006年建立了国家土地总督察制度。至此，中国已经形成了对土地的相对集中管理、自上而下监督的土地统一管理模式。但目前，农地、林地、草原等仍由相关部门依照相关法律分别进行管理。

三、历史的重要启示

从中国土地制度的历史演变过程，我们得出以下几点启示。

（一）土地问题事关国家政治和社会稳定

土地问题始终与江山社稷和人民福祉息息相关，与社会安定和王朝更替紧密相连。以土地分配为核心的土地制度往往对一个国家的政治和社会稳定起着至关重要的作用。从史书记载来看，历代统治者无不关心小农的土地问题，他们看到只要农民有饭吃，社会就会稳定。在2000多年封建社会的发展过程中，国家十分注重利用土地政策维持政治稳定。战国时期，秦国采用商鞅的主张，推行以“开阡陌”为标志的授田制，使农业生产得到迅速发展，为秦国的崛起和统一六国奠定了基础。唐朝初期，为了恢复隋末以来由于苛政和战乱受到严重破坏的农业生产力，政府大力推行均田制，从而带来了经济的复苏和繁荣。在隋至唐前期短短100多年间，先后出现过历史上少有的几个治国盛世，如开皇之治、贞观之治、开元之治等，而其都与当时的封建政府出台抑制兼并、轻徭薄赋、休养生息的土地政策分不开。在中国历史上，也有不少因忽视土地问题或土地政策失误而导致的灾难性后果，历代王朝的中晚期，总伴有较大规模的农民起义，这些农民军的主力几乎都是流民，而大批流民的产生恰恰缘于土地问题。土地兼并加剧造成生计线下的流民增加时，一旦有风吹草动般的事件，如兵变、外患、自然灾难发生，流民参与反抗就成为压垮骆驼的最后一根稻草，致使王朝走向灭亡。新中国成立以后，共产党在治理土地问题上既有成功经验，也有失败教训。建国初期的土地改革和70年代末的农村土地承包责任制改革，都带来了农业生产力的解放；而50年代末的人民公社化运动，则在相当大的程度上造成了农业生产力的破坏。总之，土地问题事关国家政治和社会稳定，土地制度对社会稳定和发展起着重要的促进或制约作用，必须引起高度重视。

（二）处理好土地利益分配关系是社会稳定与发展的重大问题

土地问题极其复杂，其中一项重要内容就是土地利益分配问题，它是导致历朝更替的一个重要因素。从历史来看，土地利益分配问题，一是土地本身的分配，即地权问题；二是土地所产生的农产品的分配，即地租问题。从基本关系来看，一方面，国家的统治依赖地主豪强的支持，但是豪强地主与国家之间的利益也存在冲突；另一方面，国家和地主的开支依靠农民的赋税，当农民的赋税负担超过其承受力时，又造成政治不稳定。历史上，豪族地主的特权是法律明文规定的，但是，豪族一般将大量的地产及人口隐匿于私门，造成国家税收减少，利益受损。不仅如此，地主往往还利用其强势地位剥夺农民的利益，进行土地兼并，将负担转嫁给自耕农。当自耕农无力负担时变成流民，反过来又加重了国家维持秩序的负担。因此，中国历史上的有为之君，都善于处理土地利益分配关系，在抑制豪强地主的同时，也会对农民实行安抚，达到利益均衡。曹魏屯田时朝堂上的语言表述就是“宜顺其意”；北魏实行均田制时君臣议政，则曰“因民之欲”。“民为邦本，本固邦宁”是中国古代政治哲学中最早也是最精彩的表述，这种精神也贯穿于土地法制之中。新中国60多年来，政府在处理国家与农民土地利益关系上既有值得总结的经验，也有该吸取的教训。在传统计划经济时期，通过实行统购统销和农产品价格剪刀差，为国家工业化提供积累，导致国家与农民关系紧张和农民的贫困。进入21世纪以后，政府取消了存在了几千年的“皇粮国税”，农民的收入增加，促进了农村社会的稳定。随着工业化、城镇化的加速，土地增值收益增加带来新的土地利益分配问题，必须予以高度重视。

（三）土地管理制度对经济发展起重要支撑作用

中华民族是一个悠久、独立的农业文明国家。在农业文明时期，中国曾是世界上少数几个最先进、最发达的国家之一。而农业文明的发达，又与我国的土地管理制度密切相关。中国是世界上最早进行土地登记、产权保护和实施土地管理立法的国家。早在公元前2000多年的夏禹时，就已有“九州”各地的土地调查；至西周青铜器彝器铭文中，便有土田的数字可稽；春秋中叶以后，鲁、楚、郑三国先后进行过田赋和土地调查；从战国开始，土地私有制通过法律确定下来；自秦汉开始，一家一户的小农经济作为我国农业的基本单位，在法律上得到确认，并逐步占据主导地位；唐中叶尤其是宋代以后，私有土地日益发达，地籍逐渐取得和户籍平行的地位；从明代中叶“一条鞭法”以后，鱼鳞图册成为征派赋役和地籍管理的主要根据。历代王朝编户籍和地籍的直接目的是为了征兵、征税，地籍也起到了保护土地产权的作用。在当时的历史条件下，这种以家庭为基础、产权明晰的土地制度，有利于调动农民生产积极性，也有利于资源优化配置，与西欧封建社会的领主制经济形成鲜明对照。宋代到清中叶是我国农业经济发展的顶峰，经济总量和人民生活水平一直位于世界前列。20世纪80年代初实行农村家庭联产承包责任制，拉开了我国改革开放的大幕，在法律上将家庭经营制度确立为我国的基本经营制度，通过依法保护农民土地产权，为我国农村经济发展和社会稳定起到了基础作用。

（四）人地矛盾是制约我国土地管理制度与经济发展的长期因素

中国国土面积虽然广阔，但可利用地缺乏和人口过快增长，导致人均耕地少，人地矛盾始终存在。先秦韩非子就发现“人有五子，子又有五子；则大父未死，而有二十五孙”，导致“人民众而货财寡，事力劳而供养薄”。中国2000多年的农业文明，刺激了人口增长。春秋战国时期人口即突破2000万；西汉年间人口曾达到6000万；从唐中叶开始，期间尽管因大动乱或改朝换代出现人口增减循环，但人口增长造成我国人均耕地面积的总体变化趋势是下降的；北宋时期人口突破1亿；明代人口达到1.4亿；清代人口突破4亿大关。自清乾隆六年（1741年）以后，中国人口即以每隔25～45年递增一倍的速度持续高速增长；人口对土地的压力，自民国初年开始更加严重。中国明清以来因为各主要河流流域的核心地区人口已经基本饱和，人口的持续增加要么导致向边缘地区移民，要么核心地区在报酬递减的情况下农业生产进一步劳动密集化。前者导致过度垦荒，造成资源过度开发和生态问题。如宋代过度垦荒，开山造田，围湖造田等，导致北宋两次黄河大决口，流向改变，产生严重后果；后者造成一个个家庭农场为生存需要而在土地上继续投入劳力，直到边际报酬下降至近乎零，造成农民贫困。另外，在中国历史上，由于长期实行重农抑商政策，也失去了通过现代工业文明化解人口压力的机会。在传统农业的视角下解决农民问题，只能是陷入人地之间的恶性循环，使我国在近代以后与世界发展的差距拉大。在集体化时期，由于人口被束缚在土地上，造成农业内卷化加重，农民陷入贫困。改革开放以来，随着工业化、城市化的加速推进，农业劳动者非农化进程加快，以及我国人口生育率的变化，我国正逢化解人口压力阻滞现代化的难得机遇。但是，工业化、城市化的加速和人口大量非农化，也带来资源功能性矛盾加大，并成为我国在全面建设小康社会时面临的突出问题。

第三章

农村土地制度安排形成、特征与问题

一、农地承包经营权制度的特征与问题

（一）农地承包经营权利制度的形成

1. 家庭承包制度的确立

中国共产党十一届三中全会，拉开了我国改革开放的大幕，农村土地承包制度改革成为先导。这场对我国几亿农民乃至整个国家命运产生重大影响的制度变革，最初在贫困地区发轫，后得到有改革意识的地方及中央领导人的赞许，再经由政策推动，得以在全国普遍化，最终通过法律予以制度上的确立。

1980 年 9 月中共中央印发《关于进一步加强和完善农业生产责任制的几个问题》通知，因受到当时制度环境和意识形态的制约，只能在强调“集体经济是我国农业向现代化前进的不可动摇的基础”的同时，要求“应从实际需要和实际情况出发，允许有多种经营形式、多种劳动组织、多种计酬办法同

本章执笔人刘守英。

时存在”。对于包产到户（包括包干到户），也只得做差别化处理，主要限于边远山区和贫困落后地区的长期“吃粮靠返销，生产靠贷款，生活靠救济”、群众对集体丧失信心的生产队。

到1982年时，决策者对推行改革的意志更为坚定，这一年的1号文件就是专门谈农业生产责任制问题。这份文件在强调“我国农业必须坚持社会主义集体化的道路，土地等基本生产资料公有制是长期不变的”同时，明确提出“集体经济要建立生产责任制也是长期不变的”，明确肯定了分户经营、自负盈亏的包干到户经营方式是建立在土地公有基础上的。农户和集体保持着承包关系，不同于合作化以前的小私有个体经济，是社会主义农业经济的组成部分。在理论上论证农业生产责任制与主流意识形态的关系，消除了意识形态对家庭责任制改革的阻挠。

1983年中共中央发布《当前农村经济政策的若干问题》，全面论证了联产承包责任制的合理性：“它以农户或小组为承包单位，扩大了农民的自主权，发挥了小规模经营的长处，克服了管理过分集中、劳动‘大呼隆’和平均主义的弊病，又继承了以往合作化的积极成果，坚持了土地等基本生产资料的公有制和某些统一经营的职能，使多年来新形成的生产力更好地发挥作用。这种分散经营和统一经营相结合的经营方式具有广泛的适应性，既可适应当前手工劳动为主的状况和农业生产的特点，又能适应农业现代化进程中生产力发展的需要。在这种经营方式下，分户承包的家庭经营只不过是合作经济中一个经营层次，是一种新型的家庭经济。它和过去小私有的个体经济有着本质的区别，不应混同。”自此，决策层关于农村基本制度的争论告一段落，家庭联产承包制度在全国普遍化。到1984年底，全国已有99%的生产队、96.6%的农户实行了包干到户。

2. 家庭承包制权利体系的形成

随着农地家庭承包制度的确立，在农村制度上的政策导向主要是致力于使农地承包经营权的物权化、长期化、法律化、制度化。

（1）不断延长土地承包期，稳定农民与土地关系

1984年的中央农村工作1号文件提出，“延长土地承包期，鼓励农民增加

投资，培养地力，实行集约经营。土地承包期一般应在十五年以上”。20 世纪 90 年代初、中期，二轮承包时又将土地承包经营期限延长至 30 年。2008 年的十七届三中全会提出，“稳定现有土地与承包关系，实行长久不变”。

（2）将家庭承包制确立为中国农村的基本经济制度

1991 年中共中央《关于进一步加强农业和农村工作的决定》首次提出，“把以家庭联产承包为主的责任制、统分结合的双层经营体制，作为我国乡村集体经济组织的一项基本制度长期稳定下来，并不断充实完善”。1993 年中共中央、国务院《关于当前农业和农村经济发展的若干政策措施》，以及 1998 年十五届三中全会中予以进一步强调。1999 年《宪法》明确提出，“农村集体经济组织实行家庭承包经营为基础、统分结合的双层经营体制”。2002 年《农村土地承包法》明确提出，“国家实行农村土地承包经营制度”。2003 年十六届三中全会对这一表达更加强化：“土地家庭承包经营是农村基本经营制度的核心。”2007 年《物权法》规定，“农村集体经济组织实行家庭承包经营为基础、统分结合的双层经营体制。农民集体所有和国家所有由农民集体使用的耕地、林地、草地以及其他用于农业的土地，依法实行土地承包经营制度。”

在这一制度于近年来不断受到质疑时，2008 年的十七届三中全会对这一制度的地位和作用予以了充分肯定：“以家庭承包经营为基础、统分结合的双层经营体制，是适应社会主义市场经济体制、符合农业生产特点的农村基本经营制度，是党的农村政策的基石，必须毫不动摇地坚持。”

（3）明确土地家庭承包制权利内涵，完善土地承包经营权能

①宣示农地的公有特性。改革初就明确“承包地不准买卖，不准出租，不准转作宅基地和其他非农业用地”。到 2003 年颁布《农村土地承包法》时，更是在法律上明确：“农村土地承包后，土地的所有权性质不变。承包地不得买卖。”

②明确集体所有者与承包者关系。1998 年《土地管理法》表述为：“农民集体所有的土地由本集体经济组织的成员承包经营。发包方和承包方应当订立承包合同，约定双方的权利和义务。”2003 年《农村土地承包法》规定，“农

村集体经济组织成员有权依法承包由本集体经济组织发包的农村土地。任何组织和个人不得剥夺和非法限制农村集体经济组织成员承包土地的权利”。

③对农民承包经营权实行物权保护。历年政策和相关法律皆规定：法定承包期内，任何组织和个人不得干预农民的生产经营自主权，不得违法调整和收回承包地，不得违背农民意愿强行流转承包地，不得非法侵占农民承包地。

④完善土地承包经营权权能，依法保障农民土地产权。1998 年十五届三中全会和 2008 年十七届三中全会均提出：依法保障农民对承包土地的占有、使用、收益等权利，赋予农民长期而有保障的土地使用权。法定承包期内，任何组织和个人不得干预农民的生产经营自主权，不得违法调整和收回承包地，不得违背农民意愿强行流转承包地，不得非法侵占农民承包地。2003 年《农村土地承包法》更是对承包户的权利予以列示，即依法享有承包地使用、收益和土地承包经营权流转的权利，有权自主组织生产经营和处置产品，承包地被依法征用、占用的，有权依法获得相应的补偿。承包期内，发包方不得收回承包地，不得调整承包地。

⑤对外出务工人员承包权益保障做出专门规定。针对二轮承包后许多地方出现的外出务工农民承包权丧失及纠纷增加，2004 年国务院发布《关于妥善解决当前农村土地承包纠纷的紧急通知》，明确规定：“法定承包期内，任何组织和个人不得干预农民的生产经营自主权，不得违法调整和收回承包地，不得违背农民意愿强行流转承包地，不得非法侵占农民承包地。要尊重和保障外出务工农民的土地承包权和经营自主权。承包期内，除承包方全家迁入设区的市转为非农业户口的，不得收回农户的土地承包经营权。对外出农民回乡务农，只要在土地二轮延包中获得了承包权，就必须将承包地还给原承包农户继续耕作。乡村组织已经将外出农民的承包地发包给别的农户耕作的，如果是短期合同，应当将承包收益支付给拥有土地承包权的农户，合同到期后，将土地还给原承包农户耕作。如果是长期合同，可以修订合同，将承包地及时还给原承包农户；或者在协商一致的基础上，通过给予或提高原承包农户补偿的方式解决。对外出农户中少数没有参加二轮延包、现在返乡要求承包土地的，要区

别不同情况，通过民主协商，妥善处理。如果该农户的户口仍在农村，原则上应同意继续参加土地承包，有条件的应在机动地中调剂解决，没有机动地的可通过土地流转等办法解决。”

2003 年颁布《农村土地承包法》时，又对农民外出后的承包地处置做出法律规定：“承包期内，承包方全家迁入小城镇落户的，应当按照承包方的意愿，保留其土地承包经营权或者允许其依法进行土地承包经营权流转。承包期内，承包方全家迁入设区的市，转为非农业户口的，应当将承包的耕地和草地交回发包方。承包方不交回的，发包方可以收回承包的耕地和草地。承包期内，承包方交回承包地或者发包方依法收回承包地时，承包方对其在承包地上投入而提高土地生产能力的，有权获得相应的补偿。”

⑥建立土地承包经营权登记制度。2004 年的《农村土地承包经营权证管理办法》，要求由县级以上地方人民政府颁发农村土地承包经营权证。2007 年《物权法》规定：“土地承包经营权自土地承包经营权合同生效时设立。县级以上地方人民政府应当向土地承包经营权人发放土地承包经营权证并登记造册，确认土地承包经营权。”2008 年 1 号文件要求“确保农村土地承包经营权证到户”。2009 年 1 号文件要求“稳步开展土地承包经营权登记试点，把承包地块的面积、空间位置和权属证书落实到农户”。2010 年 1 号文件重申“全面落实承包地块、面积、合同、证书‘四到户’，扩大农村土地承包经营权登记试点范围。2012 年 1 号文件要求“加快推进农村地籍调查，2012 年基本完成覆盖农村集体各类土地的所有权确权登记颁证”。

⑦完善农地承包经营权流转体系。早在 1984 年 1 号文件就规定，“社员在承包期内，因无力耕种或转营他业而要求不包或少包土地的，可以将土地交给集体统一安排，也可以经集体同意，由社员自找对象协商转包，但不能擅自改变向集体承包合同的内容。转包条件可以根据当地情况，由双方商定。对农民向土地的投资应予合理补偿。可以通过社员民主协商制定一些具体办法，例如给土地定等定级或定等估价，作为土地使用权转移时实行投资补偿的参考。对因掠夺经营而降低地力的，也应规定合理的赔偿办法”。

1993 年中共十四届三中全会文件规定，“在坚持土地集体所有的前提下，允许继承开发性生产项目的承包经营权，允许土地使用权依法有偿转让。少数经济比较发达的地方，本着群众自愿原则，可以采取转包、入股等多种形式发展适度规模经营”。

1998 年中共十五届三中全会规定，“土地使用权的合理流转，要坚持自愿、有偿的原则依法进行，不得以任何理由强制农户转让。少数确实具备条件的地方，可以在提高农业集约化程度和群众自愿的基础上，发展多种形式的土地适度规模经营”。

到 2008 年中共十七届三中全会有了更新的内容：“加强土地承包经营权流转管理和服务，建立健全土地承包经营权流转市场，按照依法、自愿、有偿原则，允许农民以转包、出租、互换、转让、股份合作等形式流转土地承包经营权，发展多种形式的适度规模经营。有条件的地方可以发展专业大户、家庭农场、农民专业合作社等规模经营主体。土地承包经营权流转，不得改变土地集体所有性质，不得改变土地用途，不得损害农民土地承包权益。”

2009 年中共中央 1 号文件指出，“坚持依法、自愿、有偿原则，尊重农民的土地流转主体地位，任何组织和个人不得强迫流转，也不能妨碍自主流转。”

2013 年中共中央 1 号文件指出，“坚持依法、自愿、有偿原则，引导农村土地承包经营权有序流转，鼓励和支持承包土地向专业大户、家庭农场、农民合作社流转，发展多种形式的适度规模经营。结合农田基本建设，鼓励农民采取互利互换方式，解决承包地块细碎化问题。土地流转不得搞强迫命令，确保不损害农民权益、不改变土地用途、不破坏农业综合生产能力。探索建立严格的工商企业租赁农户承包耕地（林地、草原）准入和监管制度。规范土地流转程序，逐步健全县、乡、村三级服务网络，强化信息沟通、政策咨询、合同签订、价格评估等流转服务。”

（二）现行土地承包经营权制度的特征与问题

1. 坚持土地集体所有制

土地集体所有制是中国农村合作化运动留下的最主要制度遗产，是中国社会主义基本经济制度的主要组成部分，也是中国农村制度有别于世界其他国家和地区的最为独特的制度安排。坚持土地集体所有制是中国共产党执政的前提和基础，也是影响中国农村制度变迁的根本。因此，集体化时期即便遇到三年灾害那么大的挫折，农村制度的底线也只是退回到“三级所有、队为基础”的集体所有制；在80年代汹涌澎湃的改革浪潮中，改革者在推动家庭经营和还地权于农民的制度变革时，也再三强调家庭责任制改革是在集体所有制不变前提下进行的；在90年代明确农村基本经营制度时，也必须强调“统分结合”，而集体所有制是农业经营体制中“统”的最主要合法性来源。改革以后的土地集体所有制的内涵是：农户与集体保持承包关系，集体组织拥有土地发包权和处置权，土地使用者不得买卖土地。每个集体成员平等享有集体土地的使用权，集体所有制演化为成员权集体所有制。集体的每个成员享有土地非农后的收益分配权。

2. *农户成为土地产权的拥有者*

农村改革的最重要制度内涵是，赋予承包农户土地产权，通过产权的保护与实施解决农业生产的激励低下和制度预期不稳定问题。在集体所有制下，农户替代生产队成为农业生产和经济活动的决策主体，拥有合约期内农地的承包经营权、收益权和转包权。近年来，不断通过完善土地产权，包括明确和巩固农户的主体地位，稳定土地承包关系（从承包期15～30年到长久不变），以及明确以农户为主体的土地流转，农户拥有了物权化的土地产权。同时，在产权赋予上，承包农户获得的土地权利是承包权和经营权合一的土地承包经营权。

3. *家庭经营是农业生产的主要经营和组织形式*

家庭经营替代集体化时期的生产队经营，是农村制度改革的重要成果之一。家庭经营成为农业生产的最主要组织和经营形式，是由农业生产的自然特性和农业劳动的特点决定的，前者要求生产者对农业生产各环节的精心呵护，后者要求努力与回报的直接对应。因此，只要农业的自然风险得不到消除，农业投入仍然依赖于农业劳动投入，家庭经营就是最合适的农业经营组织形式。

目前对农村基本经营制度的争论中，非议最大的是家庭经营，否定家庭经营的声音越来越大，需要加以认真对待。在我们看来，农业经营形式变革要做的不是否定家庭组织作为农业经营的形式，而是要赋予家庭经营新的内涵和权能。

但是，现行农地承包经营权制度在运行中也暴露出其制度缺陷，尤其是在城镇化加速、农村人口与劳动力非农化后，这套制度安排的不适应性渐显。

第一，成员权集体所有制不断自我强化。1998 年，一份 800 户的调查表明，正值中央强调和落实“延长承包期 30 年政策”，针对中央政府提出的“承包期延长到 30 年”的政策，有 62% 的被访农户不赞成 30 年内不再调地，而且越是在传统农区比例越高；81% 的被访农户不接受“新增人口不再配给土地的作法”。到了 2003 年，正值《农村土地承包法》实施，一份 2000 多户的调查表明，尽管赞成延长承包期到 30 年的农户比例上升到 62.9%，但是还有 20.6% 的农户明确主张要缩短承包期；赞成承包期内不再调地的比例上升到 51.1%，但是还有 36.8% 的农户仍然认为在承包期内可以调地。到 2008 年，一份 2200 户的调查表明，“农地承包期内 30 年完全不调整”“不合理”的被访者高达 62.79%，认为“增人不增地”和“减人不减地”“不合理”的被访者比例分别高达 61.98% 和 59.95%。

第二，土地承包权与经营权分离后的权利保护问题。我国现行法律明确保护农民土地承包经营权，但土地承包经营权在权利设置上是合一的。在高速工业化和城镇化背景之下，农村人口和劳动力流动加速，农村土地承包权和经营权的分离趋势愈加明显。从全国来看，目前出外打工 6 个月以上的农民工达到 2.5 亿，这些人继续拥有土地承包权，但土地经营权已由留守在家的老人和妇女支配，或者以很低的价格甚至无偿托付给邻里、亲戚经营。在一些地方的实地调研发现，承包权与经营权分离的情况更加明显。上海松江区 2011 年从事农业的劳动力占比仅 2.9%，农村户籍人口近 2/3 到城镇居住，代表在城市近郊地区土地经营权已基本分离出去。在广东、浙江、江苏等高度工业化地区，本地农村劳动力从事农业的比例不到 10%，代表了发达农区土地承包权与经营权的大量分离现状。即便在中部农区，这种趋势也十分明显，2000 ~ 2010

年，安徽乡村居住人口减少930万人，农民到城镇居住的比例增加，肥东县近两年房屋销售中，农村购房者占67%。

农村人口和劳动力配置的巨大变化，带来农户土地承包权与经营权事实上的分离，长年出外打工者以及在城镇购房农民继续拥有承包权，但已不再经营土地。拥有承包权的农民不一定继续经营土地的现象也越来越普遍，这样在法律上笼统提出的承包经营权的概念和内涵，在现实中面临执行的困难。具体表现在：一方面，为了保护承包权就可能导致经营权的弱化，这样便不利于农村土地的流转以及土地经营规模的适度扩大；另一方面，一旦强调经营权，政策导向为加大农村土地流转，这样又容易导致原农村集体组织成员承包权的丧失。如何做到既切实保障原农村集体组织成员的土地承包权，同时又在法律上保护土地经营权，以达到依法保障农民的土地权利、促进农村土地流转和实现农业现代化的目标，是当前和今后一段时期农村政策面临的巨大挑战。

第三，对承包地的权利设置存在权能残缺。从家庭承包制的确立与赋权来看，迄今为止的政策和法律在对农民土地承包经营权的赋权上，主要着力于完善保护农户耕作者的权利，即强化了农民农地使用权、收益权的赋权与保障，但是，对于其他权能的赋权重视不够。

一是处置权。在土地集体所有制前提下，无论怎么强调承包地的物权性质，承包农户对承包地是不能买卖的。随着人口城镇化和农业劳动者非农化，一部分进城农民对承包地如何处置的问题就露出水面，进城落户农民的增加，会使这一问题更加突出。目前的法律规定，农民到设市以上的城市落户，就得向集体交回承包地，这一规定显然与土地作为物权保护原则相背离的。因此，在土地集体所有下，如果不设置承包地处置权，就会导致农民土地权能的被侵犯。

二是抵押和担保权。土地承包权作为一种物权，它应该是一束完整的权利。但是，在前面提到的承包经营权合一保护的制度设置下，对承包经营权赋予抵押权和担保权在实施中会有较大风险。如果对承包经营权设抵押、担保权，在承包者就是经营者的情况下，承包者用承包土地担保获得金融支持，其权责是对等的，银行在操作上也不会有问题。但是，当承包者将经营权流转给新的经营者后，后者只有经营权而没有承包权，一旦他用经营权抵押、担保获得金融后，出现经营问题无法偿还贷款时，银行就得将土地收走，而无法只收走经营权，由此将导致原承包户的承包权丧失风险。因此，由于承包经营权本身在权能设置上的缺陷，也导致承包经营权的抵押和担保权赋权上的滞后。

三是继承权。在实行“增人不增地、减人不减地”及土地承包关系长久不变后，土地承包制度成为一种未来无期限的土地制度，农户手上的承包地就作为物权固定下来了。在实行“长久不变”以后，要面对的一个问题是，将来家庭内部出现代际人口变动，如何处置承包地，目前的政策和法律还没有触及，但必须面对。具体而言，现在的承包地拥有者一旦去世以后，其承包地是转给下一代还是回到集体手中？即便转给下一代，是继续实行子女平分，还是如日本等国一样，实行长子继承制，避免土地细分？中国目前的承包者中第一代已经接近平均寿命，承包地继承权的问题已经逼近眼前，需要有制度应对。

二、农村宅基地制度的特征与问题

（一）农村宅基地制度的形成

宅基地制度是中国土地制度中非常独特的一项制度安排。在传统大陆法系国家，只有地上权之规定，但没有宅基地之说。在中国，民间历史以来一般以“宅”、“宅子”、“房宅”指称宅基地，既包括他家所盖的房子，理所当然也包括了房子所占有的那块地。新中国60多年来，当中国农村历经土地改革——合作化运动——人民公社——家庭承包制的频繁制度变迁时，宅基地制度变迁经历了与农地承包经营权制度变迁基本类似但制度安排相异的历程，彰显了宅基地制度的更为复杂性和改革的繁难。

1. 土地改革和农业合作社时期：宅基地私有

在新中国成立及之后的土地改革时期，旨在“有步骤地将封建半封建的土地所有制改变为农民的土地所有制”，明确提出保护包括农民在内的私有财产。土地改革完成后，人民政府对土地改革后农民获得的土地专门颁发了土地所有证。1954年新中国第一部《宪法》明确提出，“国家依照法律保护农民的土地所有权和其他生产资料所有权”，以及“国家保护公民的合法收入、储蓄、房屋和各种生活资料等的所有权”。宅基地作为农民私有土地的一部分，自然受到平等、合法保护。

从1953年开始，中国农村进入社会主义改造时期。在初级社阶段，农民土地采取入股统一经营，但仍保留私有。而对于农民宅基地，按照1956年3月《农业生产合作社示范章程》规定，“社员原有的坟地、房屋地基不入社。社员新修房屋需用的地基和需用的坟地由合作社统筹解决，在必要的时候，合作社可以申请乡人民委员会协助解决”。这是第一部涉及宅基地规定的法律。这一时期，尽管土地经历了农民私有向合作社集体所有的转变，但是农民的房屋仍然保持了私有属性。这一时期的法律中并未直接出现“宅基地”一词，也未对宅基地和宅基地上的房屋及其他附着物严格区分。因此，农民拥有房屋所有权的同时也即意味着拥有宅基的所有权，同时农民买卖、抵押、租赁房屋的权利受到保护。

2. 人民公社化时期：宅基地集体所有、由农民使用与房屋私有

到1962年时，出台《农村人民公社工作条例》（修正草案），对宅基地就是干脆的一句话，“社员的宅基地一律不准出租和买卖”。但对于农民房屋权利的规定则非常详尽，且极具排他性，“社员的房屋永远归社员所有”，“社员有买卖或者租赁房屋的权利；社员出租或者出卖房屋，可以经过中间人评议公平合理的租金或者房价，由买卖或者租赁的双方订立契约；任何单位、任何人，都不准强迫社员搬家；不得社员本人同意，不付给合理的租金或代价，任何机关、团体和单位，都不能占用社员的房屋；如果因为建设或者其他的需要，必须征用社员的房屋，应该严格执行国务院有关征用民房的规定，给以补偿，并且对迁移户作妥善的安置”。该条例不仅在我国政策文件和法律中第一次使用“宅基地”一词，而且开创了宅基地与其上的房屋相分离的制度安排。

到1963年时，中共中央出台《关于各地对社员宅基地问题作一些补充规定的通知》（以下简称《通知》），除了强调“社员的宅基地归生产队集体所有、一律不准出租和买卖”外，同时明确宅基地使用权“归各户长期使用，长期不变，生产队应保护社员的使用权，不能想收就收，想调剂就调剂”。对宅基地上的附着物，“包括房屋、树木、厂棚、猪圈、厕所等，强调永远归社员所有，社员有买卖或租赁房屋的权利”。还进一步规定：“房屋出卖以后，宅基地的使用权即随之转移给新房主，但宅基地的所有权仍归生产队所有。”该《通知》还第一次提出了农民宅基地的取得方式：“社员需新建房又没有宅基地时，由本户申请，经社员大会讨论同意，由生产队统一规划，帮助解决，社员新建住宅占地无论是否耕地，一律不收地价。”由此可见，这份《通知》在确认房地分离的同时，也第一次明确了宅基地所有权与使用权的分离和宅基地的申请与无偿取得方式。

同年，最高人民法院出台《关于贯彻执行民事政策几个问题的意见（修正稿)》，对农民房屋交易权利进行了更明确规定：“凡是依法准许买卖的房屋，经过正当合法手续确定了房屋买卖关系的，应保护双方的权利，一方不能反悔废除买卖契约。公民个人依法有权出租属于个人所有的房屋，并收取公平合理的租金。劳动人民之间的房屋典当权，除土改中已经解决者不再变动外，应当予以承认，在典期届满时准予回赎。”

最高法院的以上修正稿在1979年以《关于贯彻执行民事政策法律的意见》出台，对社员宅基地使用权等纠纷处置办法作出了具体安排。包括：宅基地使用权按“土地归国家或集体所有，一律不准出租和买卖的原则”；“凡是当地仍按土改时所确定的宅基地的所有权，改变为使用权的，该宅基地的使用权不变；凡是当地宅基地已经统一规划过的，按所规划后确定的社员宅基地的使用权处理；凡是经过合法手续已进行调整的，按调整的决定处理。如宅基地使用权却有必要变更的，人民法院应根据党和国家的政策法律规定，与有关部门共同研究，妥善处理。社员在宅基地上种植的果树和竹木等，均应归社员所有。”

至此，中国宅基地制度的雏形基本形成，这就是：第一，宅基地的所有权归生产队集体所有，社员禁止出租和买卖。第二，宅基地所有权与使用权相分离，农户拥有宅基地长期使用权，并受法律保护。第三，宅基地与其上的房屋权利安排相分离。第四，农户对房屋有排他性所有权，可以买卖、租赁、抵押、典当。第四，宅基地使用权随着房屋的买卖和租赁而转移。第五，确立了宅基地的依法申请无偿取得制度。

3. 改革时期：宅基地权利体系的构建

改革开放以后，中国宅基地管理工作步入正轨，相继出台了一系列加强农村宅基地管理法律和指导文件，建立起了完善的管理机关，形成了比较明晰的管理办法，基本形成现行比较独特的宅基地权利体系。

第一，宅基地的归属与权利限制。1981 年国务院出台《关于制止农村建房侵占耕地的紧急通知》，明确“分配给社员的宅基地，社员只有使用权，既不准出租、买卖和擅自转让，也不准在承包地和自留地上建房、葬坟、开矿、烧砖瓦等”。1982 年《村镇建房用地管理条例》重申“社员对宅基地，只有按照规定用途使用的使用权，没有所有权。不得在自留地、自留山、饲料地和承包的土地上建房、葬坟、开矿和毁田打坯、烧砖瓦等。严禁买卖、出租和违法转让建房用地”。1982 年《宪法》、1986 年、1988 年、1998 年《土地管理法》皆规定，“宅基地属于集体所有”，“出卖、出租住房后再申请宅基地的，不予批准”。

第二，宅基地的取得。1997 年《中共中央国务院关于进一步加强土地管理切实保护耕地的通知》提出，“农村居民建住宅要严格按照所在的省、自治区、直辖市规定的标准，依法取得宅基地。农村居民每户只能有一处不超过标准的宅基地，多出的宅基地，要依法收归集体所有”。2004 年国土资源部印发《关于加强农村宅基地管理的意见》，规定“严格宅基地申请条件。坚决贯彻‘一户一宅’的法律规定。农村村民一户只能拥有一处宅基地，面积不得超过省（区、市）规定的标准。各地应结合本地实际，制定统一的农村宅基地面积标准和宅基地申请条件。不符合申请条件的，不得批准宅基地。农村村民将原有住房出卖、出租或赠与他人后，再申请宅基地的，不得批准”。

第三，房地关系与宅基地使用权认定。1989 年《国家土地管理局关于确定土地权属问题的若干意见》规定：房产所有者享有土地所属集体其他成员同等的土地使用权。非农业户口居民原在农村的宅基地，凡房屋产权没有变化的，可依法确定其集体土地建设用地使用权。通过房屋继承取得的宅基地，继承者拥有使用权。若继承者已有宅基地，合计面积超过规定标准的，可以暂时按实际使用面积确定其集体土地建设用地使用权。接受转让或购买房屋取得的宅基地，与原有宅基地合计面积超过当地政府规定标准的，按有关规定处理后再予以确定集体土地建设用地使用权。农村专业户宅基地以外的非农业建设用地与宅基地，分别确定集体土地建设用地使用权。农村居民宅基地的集体土地建设用地使用权，凡超过当地政府规定面积标准的，以后房屋拆迁、改建、翻建时，按当地政府规定的面积标准重新确定使用权，其超过部分退还集体。

第四，宅基地的权利结构。经过不断完善，到 2007 年《物权法》颁布时，对宅基地权利的制度安排形成体系。具体而言就是，宅基地使用权人依法对集体所有的土地享有占有和使用的权利，有权依法利用该土地建造住宅及其附属设施。宅基地因自然灾害等原因灭失的，宅基地使用权消灭。对失去宅基地的村民，应当重新分配宅基地。已经登记的宅基地使用权转让或者消灭的，及时办理变更登记或者注销登记。宅基地使用权不得抵押。2008 年十七届三中全会《关于推进农村改革发展若干重大问题的决定》提出：“完善农村宅基地制度，严格宅基地管理，依法保障农户宅基地用益物权。”2013 年 1 号文件提出，“改革和完善农村宅基地制度，加强管理，依法保障农户宅基地使用权”。

第五，对非成员资格者宅基地的处置。1982 年《村镇建房用地管理条例》规定，“农村社员，回乡落户的离休、退休、退职职工和军人，回乡定居的华侨，建房需要宅基地的，应向所在生产队申请，经社员大会讨论通过，生产大队审核同意，报公社管理委员会批准；确实需要占用耕地、园地的，必须报经县级人民政府批准。批准后，由批准机关发给宅基地使用证明”。

1986年和1988年《土地管理法》规定，城镇非农业户口居民建住宅，需要使用集体所有的土地的，必须经县级人民政府批准，其用地面积不得超过省、自治区、直辖市规定的标准，并参照国家建设征用土地的标准支付补偿费和安置补助费。

1991年《土地管理法实施条例》规定，“城镇非农业户口居民建住宅需要使用集体所有的土地的，应当经其所在单位或者居民委员会同意后，向土地所在的村农业集体经济组织或者村民委员会或者乡（镇）农民集体经济组织提出用地申请。使用的土地属于村农民集体所有的，由村民代表会或者村民大会讨论通过，经乡（镇）人民政府审查同意后，报县级人民政府批准；使用的土地属于乡（镇）农民集体所有的，由乡（镇）农民集体经济组织讨论通过，经乡（镇）人民政府审查同意后，报县级人民政府批准。回原籍乡村落户的职工、退伍军人和离、退休干部以及回乡定居的华侨、港澳台同胞，需要使用集体所有的土地建住宅的，依照《土地管理法》相关条款办理”。

1995年原国家土地管理局出台《关于印发确定土地所有权和使用权的若干规定》，非农业户口居民（含华侨）原在农村的宅基地，房屋产权没有变化的，可依法确定其集体土地建设用地使用权。房屋拆除后没有批准重建的，土地使用权由集体收回。

1999年下发《国务院办公厅关于加强土地转让管理严禁炒卖土地的通知》，规定“农民的住宅不得向城市居民出售，也不得批准城市居民占用农民集体土地建住宅，有关部门不得为违法建造和购买的住宅发放土地使用证和房产证。”

第六，宅基地的管制。从1982年《村镇建设条例》到1998年《土地管理法》，关于宅基地及其建房管制安排不断成型，到2004年国土资源部颁发《关于加强农村宅基地管理的意见》，现行管制体系得以形成。

一是严格实施规划，从严控制村镇建设用地规模。加强农村宅基地用地计划管理，农村宅基地占用农用地应纳入年度计划。省（区、市）在下达给各县（市）用于城乡建设占用农用地的年度计划指标中，可增设农村宅基地占用农用地的计划指标。农村宅基地占用农用地的计划指标，应和农村建设用地整理新增加的耕地面积挂钩。县（市）国土资源管理部门对新增耕地面积检查、核定后，应在总的年度计划指标中优先分配等量的农用地转用指标，用于农民住宅建设。

二是改革和完善宅基地审批制度，规范审批程序。各县（市）可根据省（区、市）下达的农村宅基地占用农用地的计划指标和农村村民住宅建设的实际需要，于每年年初一次性向省（区、市）或设区的市、自治州申请办理农用地转用审批手续，经依法批准后由县（市）按户逐宗批准供应宅基地。对农村村民住宅建设利用村内空闲地、老宅基地和未利用土地的，由村、乡（镇）逐级审核，批量报县（市）批准后，由乡（镇）逐宗落实到户。

（二）农村宅基地制度的主要特征

1. 集体拥有宅基地所有权

与承包地的权利关系相比，宅基地显然更为复杂，也更加让人难以理解。如果说集体对宅基地的所有权主要体现在发包主体上的话，它对宅基地的所有权特征则要强得多，主要表现为，农户宅基地使用权的获得，必须经过村委会；当农户不再使用宅基地时，集体可以将其收回；宅基地在整理或指标交易时，主体也是村委会。因此，在宅基地的所有与使用关系上，集体组织绝不是一个仅仅具有法律意义的一级组织，而是拥有实实在在的支配和控制权力。

2. 农户拥有宅基地使用权

相比之下，农民对宅基地的使用权事实上是被隐在集体所有权之下的权利，这个权利只要农民不变更房屋所有权，其存在都往往被忽视，农民自己也不在意。从权利的实际效力来看，尽管《物权法》将宅基地列为用益物权，中央政策文件一再强调保障农民宅基地用益物权，但是《物权法》对用益物权的赋权是“占有权、使用权和收益权”，而对作为用益物权的宅基地只在法律上予以“占有权和使用权”的赋权，少了“收益权”一项，这样，宅基地的财产属性就大打折扣，基本上就只有居住功能了。

3. 农户拥有住房所有权

从中国共产党执政以来，在农民住房财产权问题上从来没有出现波折，即一直坚持农村房屋由农民所有，而且农民对房屋的买卖、出租、抵押、典权、转让等权利予以充分保障，且也不断阻止政府或集体组织对农民房屋财产权的侵犯。因此，在农村，农民也形成根深蒂固的理念，即房屋是他家的，无论发生什么事情，农民都不担心其房屋会被冲掉或拔掉。

4. 宅基地的成员身份性和无偿性

从合作化以来，宅基地一直采取按集体经济组织成分身份取得。也就是说，只有集体经济组织成分，才有资格申请和得到宅基地，非集体经济组织成员无法获得宅基地。由于宅基地只赋予了占有权和使用权，非集体经济组织成员也就无法通过宅基地的交易和转让获得宅基地。由于实行一户一宅，农民把房屋转让以后，就不能再申请和获得宅基地，这就将农民把宅基地使用权转给非经济组织成员的路给堵死了。同时，只要是集体组织成员，就可以无偿取得宅基地，也就是说，目前的宅基地制度下，宅基地不是商品，更不是资本。

（三）宅基地制度运行中存在的问题

1. 宅基地大量入市

尽管在法律上没有赋予宅基地出租、转让和交易权利，但事实上，农民宅基地进入市场已呈普遍化趋势。具体表现为，在广大沿海地区，农民将宅基地盖成多层住宅，用于出租，满足快速工业化下大量外地农民工的居住问题；在大中小城市（镇）的城乡结合部地区，政府在征用农民耕地后，将宅基地留下来，农民利用宅基地盖房出租，解决了快速城镇化进程中进城流动人口的居住问题；在广大农区，一些举家进城的农户在城镇有稳定的工作和居所后，将宅基地私下出让或租赁给需要宅基地盖房的农户。宅基地在不同类型地区大量入市的现状，不仅解决了工业化、城镇化进程中原住民的财产收入增长问题，也解决了进城人口的居住问题，还降低了城镇化的成本。但是，这种自发入市与现行法律直接冲突。

2. 宅基地的无偿取得和一户一宅难以实施

一是无偿取得宅基地，被认为是政府给农民的福利，体现了制度自信。但是，在沿海地区和广大城乡结合部地区，随着城镇化进程中土地级差收益的大幅提高，城镇建设用地也越来越紧张，无偿分配宅基地与土地资本化背道而驰，这些地区在20世纪90年代中后期以后，就不再无偿分配宅基地了。二是一户一宅在城市化地区也很难管理。随着宅基地在这些地区的价值显化，农民充分利用现有宅基地，纷纷加盖房屋，有的突破了原来分配的宅基地面积，有的突破了各省市规定的宅基地上盖的住房面积。三是在传统农区，宅基地无偿分配不利于保护耕地。在传统农区仍然实行宅基地无偿分配，但是，近些年农民出外打工收入提高，他们纷纷回村盖更大的房，原有宅基地不够，就占用承包地，导致耕地在农区尤其是平原农区的大量流失。

3. 宅基地的无序扩张不利于城市健康发展

由于宅基地使用现状与法律严重冲突，政府对宅基地使用的管理基本处于缺位状态，规划和用途管制无法实施。在政府管制缺位下，农民宅基地的扩张和盖房更是处于无序，甚至有蔓延之势，造成“城中村”的私搭乱建，毫无规划，基础设施和公共服务部组、治理无组织，治安问题严重，与城市形成完全的“两张皮”，加大城市管理成本和未来更新的难度。

三、农村集体建设用地制度的特征与问题

（一）农村集体建设用地制度的形成

改革开放初期，农村是使用建设用地的大头。一方面，随着包产到户的推行，农民收入增加，农村出现第一轮农民建房高潮；另一方面，到1984年以后，农村剩余劳动力大量显化，国家政策鼓励农民大力发展乡镇企业，进行结构变革来增加农民收入和非农就业，1981～1885年，农村宅基地和社队企业建设用地的增长连续5年超过国家建设，成为占用耕地的大头。起初，农民需

要宅基地只需向生产队长或党支部书记提出要求，经同意就可无偿取得一块宅基地。生产队办企业只需调整一下社员承包地即可兴办。公社、大队办企业只需调整一下生产队的土地，或仅吸收生产队若干劳力、支付少量青苗等地上物补偿费，即可取得生产队的土地。1981 年国务院发出《关于制止农村建房侵占耕地的紧急通知》，1982 年制定和发布《村镇建房用地管理条例》。但都并未遏制这种局面。另外，十一届三中全会把发展社队企业（人民公社解体后改为乡镇企业）作为振兴农村经济的重要举措。苏州地区1978～1980 年三年耕地减少 21 万亩，国家占用8.7%，社队企业占34.7%，农民建房占25.2%。1978 年全国乡镇企业用地估计 235.5 万亩，到 1985 年约 844.5 万亩，用地规模扩大了 2.6 倍。1978～1979 年全国农村建房约 4 亿平方米，1980 年约 5 亿平方米，1981～1985 年新建农民住宅平均每年在 6 亿平方米以上，1978～1980 年江苏农民建房占地 0.36 万公顷。建设部 1985 年统计，全国农民建房占用耕地 6.03 万公顷。1985 年全国集镇用地 197.7 万公顷。乡镇企业和农民建房占耕地：1982 年 7.7 万公顷，1984 年 13.6 万公顷，1985 年 18.9 万公顷。1982 年全国农村集体与个人建房占用耕地 115.5 万亩，1983 年为 129 万亩，1984 年 204 万亩，1985 年 283.5 万亩。

1987 年，针对农村耕地被大量占用的严峻形势，国家出台《土地管理法》，对集体建设用地进行规范。尽管如此，乡镇企业用地和农民建房用地这两个通道一直还开着。因此，这一时期的集体建设用地仍占建设用地总量的半壁河山。从各年的集体建设用地量来看，1988 年的集体建设用地为 69 万亩，1989 年 51.2 万亩，1990 年 57.6 万亩，1991 年 71.3 万亩，1992 年 93.5 万亩，1994 年 71.3 万亩。农村建房占地，1988 年 82.1 万亩，1989 年 63 万亩，1990 年 55.5 万亩，1991 年 49.1 万亩，1992 年 46.2 万亩，1994 年 43.1 万亩。

1998 年新《土地管理法》的颁布并付诸实施，是中国集体建设用地市场变化的转折点。该法规定，农地转为建设用地，必须实行征地；建设需要用地，必须使用国有土地。农村集体建设用地只是以“农民集体兴办企业或者与其他单位、个人以土地使用权入股、联营等形式共同举办企业用地，以及集体兴办公共设施和公益事业建设用地除外”形式留下一个口子，但事实上，农地合法进入集体建设用地市场的通道已越来越窄。其原因是：第一，法律认可农民集体以土地自办或联营办企业，但1998年以后随着乡镇企业的改制，农民集体已没有了以法律的规定用土地办企业的条件。第二，1997年以后，实行用地规模控制和用地指标审批管理，省级政府自然将紧缺的用地指标用于省会城市和其他中心城市，大多数县域经济发展很少分配到用地指标。由此造成的结果：一是集体建设用地量大大缩减，1998～2007年，真正用于建设的合法集体建设用地与之前的两个时期相比不可同日而语。在许多县市，能分配到的建设用地指标就只有300～500亩左右，县政府用这点指标招商引资都不够，更不可能分给农民集体以集体建设用地方式搞非农建设了。二是非法用地蔓延。在得不到建设用地指标的情况下，地方为了发展经济，不得不冒违法违规的风险先行用地。农民集体为了增加农民收入和发展集体经济，也冒着风险自发将集体土地用于非农建设，农民盖房也成为集体建设用地的主体，我国现在农村居民点用地达到17万多平方公里。由于没有建设用地指标，更没有经过审批，这些建设用地很多处于违法违规状态。

（二）集体建设用地的增长效应

1. 集体建设用地存量巨大，可以为下一轮增长提供空间

目前在我国各类城市及周边，以旧村庄、旧厂房、旧物业等形式存在的集体建设用地规模庞大。从一些先行先试地区的经验来看，激活这部分存量，能够突破制约我国经济发展的土地瓶颈，腾出产业发展和城市化的新空间。仅广东省就有类似的存量土地360多万亩，相当于年新增建设用地规模的十几倍。在北京，中心城区的城乡结合部面积约753平方公里，其中需要改造的行政村共有227个，涉及自然村落约450处。这些土地靠近人口和生产高度聚集的地段，级差收益潜力显著。但囿于现有集体建设用地流转和抵押受到限制，其土地价值得不到充分体现，同时也造成大量土地资源的浪费。根据广东“三旧改造”经验，原有集体建设用地经改造能够腾退出约40%用作重新开发。按

此比例估算，如果广东全省300多万亩“三旧”用地全部改造完成，可以节约出的土地将超过100万亩，而广东省到2020年的新增建设用地规模才260多万亩，节约出来的100多万亩土地约相当于广东省未来10年新增建设用地规模的40%。

2. 提高土地利用集约程度，实现土地效益倍增

相对于国有建设用地，集体建设用地的利用因缺乏法律保障，建设主体以农民自发为主，开发相对无序、碎片化和零星化，产业也相对低端，土地低效配置现象十分突出。完善集体建设用地制度，一方面可以激发村民的积极性，将以前零星分散的土地集中起来进行统一开发，实现土地单位面积产出大幅跃升。比如，在广东佛山南海区，20世纪90年代农村工业化初期兴建的厂区或者贸易集散地范围内的建筑占地较大，但容积率很低，一般只有0.3，土地利用率明显偏低。近年来，通过拆除或者改造旧有建筑，将不同集体经济单位的地块连接起来，实行统一规划并引进新项目，土地利用集约度显著提高，集体租金收益明显增加。其中，南海区大沥镇凤池村木材市场土地通过改造，商铺从过去的平均月租为12元/平方米涨至40元/平方米以上。

3. 加快城市更新，促进产业转型

改革开放30多年来，伴随着产业结构的不断升级，城市及周边集体建设用地上的经济形态已经发生了翻天覆地的变化，集体经济也从“无农不稳”到“无工不兴”，再到“无商不旺”。在集体土地上实施城市更新和产业提升项目，正是顺应了新时期经济增长阶段转换、城市化质量提升以及产业结构调整的要求，有助于实现城市化和产业的协调发展。

一方面，集体建设用地改造过程当中，可以通过改变建筑密度、容积率和完善配套设施、增加绿地面积等方式，进一步挖掘城市资源潜力，丰富城市社区内涵，重新调整和优化城市功能布局，实现建筑与人、产业、文化、生态的充分融合，为吸引人才、发挥城市的聚集效应提供良好的环境。广东珠三角、北京城乡结合部等先行试点地区，通过对存量集体建设土地进行统一规划、整体开发，一改过去低矮简陋、杂乱无章的状况，环境面貌焕然一新，有效地美

化了城市形象。

另一方面，可以因地制宜，淘汰落后产能，腾出空间引进档次更高的项目或者企业，就地实现产业结构的优化升级。比如，北京附近的郑各庄就在集体建设用地上建立了以建筑为龙头，集文化旅游、科技工业、教育科研、文化创意及房地产开发为一体的产业链。近几年，又陆续培育了医疗养老、总部经济、产业孵化器等新型产业，完成了产业转型。高碑店则利用集体产业用地和宅基地，引入了古典家具商业街、古文化住宅、休闲旅游等产业，未来还计划建立中医药园和国际名粹街，促进产业结构不断升级。在珠三角地区，通过“三旧改造”，实现了产业升级，也为城市服务业腾出巨大空间，产业结构和城市结构更加优化。

4. 拓展投资渠道，优化投资模式

集体建设用地上展开的城市更新和产业升级，是提升城市化质量的具体体现。在城市更新中，无论是公共基础设施还是社会领域，都蕴藏着大量的投资机会。2008～2010 年 9 月底，广东省用于“三旧”改造的投资接近 1766 亿元，占同期广东省固定资产投资的 5.03%，2010 年前三季度更是提高到 6.01%，呈现上升的发展态势，为广东省应对国际金融危机冲击、扩内需保增长作出了积极贡献。如果广东现有 300 多万亩可用于“三旧”改造的土地可以腾出 100 万亩进行重新开发，按照 300 万/亩的投资密度粗略估算，那么投资总规模将达到 3 万亿元，相对于广东 2012 年城镇固定资产投资规模的 1.6 倍。

集体建设用地上的城市更新将在很大程度上优化现有的投资模式，有效缓解城市政府面临的债务风险，促进城市的均衡和可持续发展。原来的城市基础设施投资基本由政府主导，导致目前很多地方政府背负了大量的债务。而且在原有的建设模式下，政府为了进行城市建设的成本和收益权衡，往往选择城市外扩的模式，以减低征地拆迁成本。加上城乡二元体制制约，城市政府往往将一些大型基础设施布在城市中心区域，难以顾忌城乡结合部等地区，导致城市发展不均衡。比如，北京城乡结合部的基础设施就覆盖不到位，目前基本由农村集体和个人来建设维护，而政府只给小部分的补助资金。如果能够用活集体建设土地存量，允许土地能够用于抵押，城乡结合部农村集体将有更大的财力或者更灵活的方式来增加部分基础设施领域的投入。基础设施投资主体的多元化，也可以缓解城市政府作为单一投资者带来的资金压力，减少城市政府支出，同时又因地制宜地完成了城市公共设施的升级。

5. 增加农民收入，扩大消费需求

集体建设用地上展开的工业化、城市化，实际上创造了不同于当前政府主导的征地城镇化模式的利益分配机制。农村集体建设用地直接进入非农使用所创造的土地级差收益将被保留在村庄内部，而且由于农民集体保有土地集体所有权，他们能长久享有土地级差收入，而不受仅得到国家征用下的土地原有农业用途的最高30倍补偿。例如，广东佛山南海区的农民集体土地入市，使得集体土地租金收入从2008年的22.6亿元增加到2012年的30.2亿元，村组两级分红从2008年的16.8亿元增加到2012年的26.7亿元，两级人均分红从2008年的2347元增加到2013年的3516元。目前社员股东总数75.9万，占农村居民的99.4%。南海区农村居民人均纯收入从2008年的11158元增加到2012年的16673元，城乡收入比从2008年的2.33∶1缩小到2012年的2.18∶1。

（三）集体建设用地制度利用的制度困境

1. 农村集体建设用地利用大量处于法外状态

据第二次土地调查结果，南海区建设用地面积79.75万亩，其中农村集体建设用地面积56.55万亩，占全区建设用地总量的70.91%；宅基地面积超过17万亩，接近建设用地总面积的22%。在北京市的城乡结合部地区，涉及77个街道乡镇、1673个村（社区），保留的农民集体自用土地有300多万亩。深圳市现有建设用地面积917.77平方公里，原农村集体经济组织共占用约390平方公里，其中仅有95平方公里为合法用地。广州市“旧城镇、旧村庄、旧厂房”用地494.1平方公里，其中356.7平方公里属于集体建设用地，占“三旧用地”总量的72.2%。

2. 缺乏抵押融资功能，极大限制了集体建设用地的产出水平和农民财产性收入

现行的《土地管理法》不允许集体建设用地抵押、融资，限制了集体土地的资本化能力，因为所有投资项目都必须由自有资金支付，没有金融杠杆作用，大幅提高了集体土地上产业进入的门槛。另外，缺乏抵押融资功能的集体建设用地，市场估值会大大降低，利用效率难以真正提升。从广东省佛山市南海区的情况看，土地开发强度已接近50%，集体建设用地占到全部建设用地的71%。如果允许集体建设用地抵押融资，即使按照目前国有建设用地抵押价值的一半来计算，整个南海区的全部融资规模将提高120%，集体建设用地的流转价格至少可增长1~2倍，单位GDP产出将增加2~4倍。

但是，目前只有少部分的集体建设用地使用权能够顺利抵押，并且从事抵押业务的金融机构主要还是农村信用社和农村商业银行等地方金融机构。调研中，农民和集体组织领导人反映，一旦允许集体土地抵押融资，能够获得正规金融支持，集体土地的工业化和城镇化可以上一个大台阶，这些地区的面貌会发生根本改变；农民的集体资产股权也可以通过证券化，使个人财富成倍上升，大幅增加农民收入。

3. 没有纳入到城乡规划，抑制了集体建设用地的总体经济效益

现行的土地和城市规划相关法律规定，只有先通过征地，把集体土地变成国有土地，才能将村庄纳入城镇规划中，各项市政基础设施才能延伸到村庄。由此导致在集体建设用地上搞产业、造房子，没有正式的规划编制，普遍存在“村民私搭乱建住房”等现象，集体建设用地的“碎片化”利用，大大降低了集体建设用地利用的规模效应。另一方面，村庄自主设计的各类规划，又不被政府承认，结果是市政基础设施的建设成本主要由村集体来支付，加大了村集体组织的财政压力。

从北京市城乡结合部的村庄看，不少村庄由于缺乏规划，造成村民盲目扩大自家宅基地面积和楼高，占用村庄交通等公共用地面积，村庄布局较混乱。可以说，由于这些村庄的集体建设用地缺乏土地利用规划（包括产业规划），

可供重新规划的土地空间已没有了，未来村庄的发展空间被大大压缩。

4. 集体建设用地粗放式利用，产业结构难以升级

尽管集体建设用地使用权流转早已开始，但在产权登记、分割转让、税费缴纳等方面，都没有作出具体规定。为规避法律和政策风险，集体组织只得进行变通，私下出租集体建设用地，或者盖厂房出租，造成建设用地的低效利用，只是从事低端的产业，布局分散，难以形成有规模、上档次的产业园区或产业带。

集体建设用地的这种粗放式利用模式，造成两个明显后果。一是经济效益低。厂房出让的签约期限一般都是10~20年，集体组织只能获取每年相对固定的租金（即使有递增，也不高）。二是产业结构难以升级。在集体建设用地上培育或引入更高层次的产业（如科技创新产业等），最大的变化是需要集体组织承受产业甄别、经营和管理的风险，这对习惯于拿固定分红的村民而言，短期内很难接受。另外，当初签约租期过长，在租期未到前引入新产业，集体组织需要支付一大笔违约金，这也影响了产业升级改造的意愿。

5. 集体组织治理结构改革滞后，阻碍了集体建设用地的高效配置

集体经济产权具有天然的模糊性，即使是在农村集体土地、厂房等资产转为股权后，“资产变资本、农民变股农”，但农村集体组织内部的矛盾仍然十分突出，这一现象在经济发达地区表现得尤其明显。以广东省南海区为例，现有股东为维护既得利益，反对“出嫁女”、退伍军人等10多种有争议群体参与股权分配，引发村内群体利益对立。2009~2011年间，80%以上涉农信访都与集体经济收益分配有关。

从长远看，“只分红、不分债”的集体经济组织治理结构，不利于集体建设用地上的产业调整和升级，也从根本上制约了土地利用效率的提升。例如，广东省南海区的几个经济联合社欠下历史债务50多亿元，但社员股东只考虑眼前利益，仍要求把当年集体收入分红，从不考虑通过盘活集体建设用地、优化产业结构来增加集体收入，也不考虑债务分担问题。南海区的洲村在2005年成立新型股份合作社，通过村民入股方式，另外成立一个公司，租了集体经

济组织200亩地，当时全村2420人中有2020人参加该合作社，每年租金收入是1500多万元，除去300多万元的租地收入，盈利1200万元左右。但截至目前，该合作社没有扩大租地规模，其中一个原因是，当初没有入股的400个村民，也想参与利润分红，理由是这些地都是集体的。可见，集体经济组织治理结构改革滞后，极大地影响了集体建设用地利用的灵活性和高效性。

第四章

城镇国有土地使用权的法律性质与权利安排

在传统民法物权理论中，土地使用权只是土地所有权或其他土地产权的一项权能，本身并不是一项独立的物权。因而在传统的他物权体系中，无“土地使用权”这一类型。在《物权法》之前，中国立法未承认物权概念，因而也谈不上物权体系。在此情况下，法律对现实生活中出现的各种物权类型也就只能在无规则的情况下加以表达，从而形成了一些约定俗成的概念。“土地使用权”就是在此情况下形成的一个具有中国特色并超出其传统范围的法律术语，并业已构成一个不仅限于使用，而且还包括收益及处分的独立的他物权类型。从中国理论和立法对土地使用权的表述来看，其实际是与传统民法他物权中地上权的性质相同的概念。地上权是指在他人土地之上营造建筑物或其他工作物的权利，其起源于《罗马法》。创设该权利的本旨在于阻止“地上之物附属于土地”原则的适用，达到保护地上建筑物及工作物的营造者之权利的目的，并为大陆法系各国民法所采用。中国土地使用权亦是有关非所有人在他人所有土地之上营造建筑物及工作物的权利。根据中国有关法律规定，土地使用

本章执笔人甘藏春。

权涉及的客体范围是指“房地产开发用地”（《房地产管理法》第2条），而房地产开发又是指“进行基础设施、房屋建设的行为”（《房地产管理法》第5条第3款）。这说明，中国土地使用权作为一项独立的他物权，不包括土地所有权中非所有人对他人农耕用地之上所享有的使用和收益的权利，从而将土地使用权与在他人农耕用地之上产生的他物权（如永佃权和中国法律中的承包经营权等）区别开来。而此与传统民法中的地上权概念是一致的。尽管中国未用地上权的概念，然而，地上权的法理都适用土地使用权。因此，除土地所有者的性质不同外，从房地产权的角度出发，以下将把“土地使用权”视同与“地上权”没有差别的概念来使用。

一、土地使用权的法律性质

土地使用权源于土地所有权，以他人土地为设定对象，属他物权范围，并具有用益之特色，这是中国理论和实践的一致观点。但是，土地使用权仍有以下法律属性，需进一步明确。

（一）土地使用权是以在他人土地之上营造、保存建筑物及工作物为目的的权利，这与永佃权等以在他人土地之上耕种并获得收益的权利不同

此处的建筑物系指在土地之上下建造的房屋，而工作物则是指除上之外的一切建筑设施，如桥梁、地下道、地窖、纪念碑、标牌等。依据台湾民法学者的解释，在他人土地上种植的竹木亦可归入地上权的标的范围，但这与前述以耕植为目的的用地不同，而仅限于“建筑物周围附属地加以耕作收获”，这完全可视为“居住之附属行为者，自不得谓为已逸出地上权范围之外”。这对充分利用土地、美化环境是十分必要的。中国法律亦不禁止土地使用者在建筑物前后栽种花草树木的权利。土地使用权是以上述目的而设定的权利，但这是否以建筑物及其工作物的存续为该权利存续的依据？这是尚有争议的问题。从立法来看，一些国家民法及法规认为地上权是以在他人土地之上保有建筑物及工

作物为目的，故该建筑物消灭，地上权亦随之消灭。但中国台湾民法则规定："地上权不因工作物或竹木之消灭而消灭"（台湾民法第841条）。中国大陆有学者亦认为："地上权既以保存建筑物为目的而使用土地，则建筑物灭失，地上权也随之消灭"。中国有关法律未就此作出规定。但是，笔者认为，中国土地使用权不应以建筑物及其工作物的存续作为该权利存续的依据。换言之，在土地使用权设定时，不以土地之上是否有建筑物及工作物为依据；在土地之上建筑物及工作物消灭时，亦不必然导致土地使用权的消灭。理由在于：中国理论和实践普遍认为，土地与地上之物可分别为独立之物，地上之物的存续不必然影响土地权利的存在，况且土地使用者往往是先获取土地使用权，才可能依此在土地之上建造房屋及其他工作物，这二者不可能同时存在。尽管获取土地使用权的目的在于建筑房屋及其他工作物，但是一旦该土地之上的物消灭，只要不改变该土地用途，土地使用权人仍可在此土地之上继续以此目的使用该土地，这并不必然导致土地使用权之目的发生变化。因此，土地之上建筑物及工作物的消灭，也不应必然导致土地使用权的消灭。当然，如果土地所有者与土地使用者将地上之物消灭作为土地使用权消灭的事由，则可另当别论。

（二）土地使用权是一种可有偿亦可无偿的权利，这与租赁权及永佃权亦不相同

后者以支付一定地租为前提，而前者尽管表现为有偿，但不以有偿为必要条件。中国现存的土地使用权有有偿也有无偿。究竟何种土地使用权为有偿，何为无偿？怎样实现有偿？有偿与无偿的权利内容有何区别？这些是较为复杂的问题。但无论是有偿还是无偿，都不影响该权利的存在，都同样受法律的保护。从中国土地使用制度的改革来看，土地使用权的有偿化将是一种必然发展的趋势，这是中国市场经济条件下促进土地合理流动、优化配置资源、保证国家收益的一项重要国策，且是土地所有者借以实现土地所有权的重要方面，但是，从土地使用权的本质而言，则不是以此为存在条件的，否则，那些因无偿获得土地使用权的使用者在该土地之上建造的房屋及其他工作物的权利归属就失去了存在的基础。因此，从房地产权的角度而言，不能将无偿获得的土地使用权排除在该权利之外，有关房地产的立法亦不能忽视这一内容。

（三）土地使用权是一种既可为有期，也可为无期，但非永久性的权利

土地使用权不可能为一种永久性的权利，这是由其具有他物权特征所决定的。否则，其就会成为一种与所有权无异的权利类型。因此，一些学者认为可有永久性的地上权或土地使用权的观点是值得商榷的。但是，土地使用权的存续可能会是无期限的，而“无期”并不等于“永久”。这就像租赁权无期限规定亦不等于该权利是永久性权利一样。土地使用权尽管可能会没有期限，但却可能会因土地所有人或该权利人的意志原因而变为有限。

例如，依据《城市房屋拆迁管理条例》规定，国家作为所有者可以根据需要对组织和个人无期使用的国有土地予以收回；根据《房地产管理法》规定，以划拨方式取得土地使用权的，转让房地产时，应由受让人办理土地使用权出让手续。这就说明，无限期的土地使用权亦可变为有期限。依据中国《房地产管理法》、《土地使用权出让和转让暂行条例》等规定，一般有一定期限限制的土地使用权，往往是有偿的。但是，无期限限制的土地使用权（划拨土地使用权）却不一定就是无偿的，这是需要明确的问题。在中国，部分地区对土地使用权试行出让以前，土地使用者获取的土地使用权一般无期限限制，但却不乏为有偿使用的情况。例如，1954 年 4 月 27 日《中央人民政府内务部关于执行国家建设征用土地办法中几个问题的综合答复》第五条规定：“私营企业或私营文教事业使用国有土地时，应向政府交纳使用费。其合乎减免条件者，并得酌情减免。”1954 年 5 月 31 日《中央人民政府内务部关于城市郊区农民变更使用国有土地的问题的批复》指出：“农民在分配使用之国有土地上，如建筑房屋时，应先报请政府批准，以限制其盲目发展；如对于建房自住或直接用于工商业者，应减去农业税，改收使用费；对于建房出租者，因其占有的地基系国有土地，原则上应向原使用土地的居民收取地租。”1967 年 11 月 4 日国家房管局、财政部税务总局答复《关于城镇土地国有化请示提纲

的记录》第三条指出，“土地收归国有后，地产税应改为土地使用费”，“收取的标准可略高于地产税，不要低于地产税”，等等。此外，中国国有企业无期限使用国有土地并不意味着就是无偿使用国有土地，按一些学者的看法：“在传统体制下，企业生产的利润的绝大部分都已上交给国家，相当于地租的这部分实际上也已为国家获得。只是由于国家的国有土地所有者与企业使用的一般生产资料所有者身份合二为一，因而土地所有权权益与一般生产资料所有权权益结合在一起，企业生产的利润，也因此而没有区分为地租和利润两个部分分别上交给国家，但显然不能因此而声称国营企业是无偿使用国有土地，并断言国有土地权益丧失等等”。

（四）土地使用权是一种可转让和可继承的权利

这与一般租赁权不同，后者一般是承租人依约定行使权利，非经出租人许可，不得转租，更不得继承。如果租期未满，承租人死亡后，一般也是由继承人与出租人重新建立租赁关系。而土地使用权则既可单独作为一项权利转让或继承，亦可随地上物之所有人或经营者转让该物而随之转移。

二、土地使用权的发生

土地使用权是一种物权，依《物权法》定义原则，除了该种物权类型必须依法确定之外，该权利的发生方式必须有法定原因。因此，明确其发生方式对于确定土地使用权的适用范围具有重要意义。土地使用权的发生亦可称土地使用权的取得。从理论上讲，该取得方式有两种：原始取得与继受取得。从发生原因来看，根据中国现行法律、法规，土地使用权的发生可概括为以下几种。

（一）依划拨而发生

1. 国有土地使用权划拨

依据《房地产管理法》第22条规定，这是“指县级以上人民政府依法批准，在土地使用者缴纳补偿、安置等费用后，将该幅土地交付其使用，或者将土地使用权无偿交付给土地使用者使用的行为”。在此情况下，土地使用者可能会因原土地涉及拆迁安置问题而须缴纳补偿、安置等费用而取得土地使用权，亦可能不涉及此类问题而无须缴纳该费用而无偿取得土地使用权。鉴于历史的原因，中国城市国有土地的土地使用权一般都是依此方式而设立。随着中国土地使用制度改革的不断推进，凡依此方式取得的土地使用权将会逐步纳入依合同方式而设立的轨道。划拨方式是土地所有者的单方授权行为，从理论上讲，由此产生的土地使用权亦可能会因土地所有者的意志而成为一种可收放的权利。土地使用者依此方式获得的土地使用权从对抗土地所有者的角度而言，则具有相当的不确定性。正是从此意义而言，土地所有者对依此方式获得的土地使用权予以收回而无须给付任何补偿（地上物的补偿另当别论），或改变土地使用权的发生方式（以合同方式设立）也就有了依据。这也正是中国目前改革原有土地使用制度的重要基础。从今后这种方式的适用来看，《房地产管理法》第23条严格限定了其范围，具体是：国家机关用地和军事用地；城市基础设施用地和公益事业用地；国家重点扶持的能源、交通、水利等项目用地；法律、行政法规规定的其他用地。因此，自《房地产管理法》实施以后，凡超出上述范围将不能依划拨方式取得土地使用权。

2. 集体土地使用权划拨

从有关法律、法规来看，对集体土地使用权的单方授权行为，尚未使用“划拨”一词，然而其与国有土地使用权的划拨在性质上则没有区别。因而，这里亦使用“划拨”的提法。依据《土地管理法》的有关规定，这是指集体土地使用者提出用地申请，由集体土地所有者同意，并经有关人民政府批准而取得土地使用权的行为。

根据《土地管理法》及其实施条例和有关地方土地管理法实施细则，农村居民建住宅需要使用土地的，应当先向农业集体经济组织或者村民委员会提出用地申请，经村民代表大会或者村民大会讨论通过后，报人民政府批准。其中需要使用耕地的，由乡级人民政府审核，经县级人民政府土地管理部门审查同意后，报县级人民政府批准；需要使用原有宅基地、村内空闲地和其他土地的，报乡级人民政府批准。农村居民在出卖、出租房屋后再申请宅基地的，不予批准。对于该土地使用权的使用标准，各地土地管理法实施细则均作了规定。例如，北京市规定，近郊区及远郊区人多地少的地区，每户不得超过0.25亩，其他地区每户不得超过0.3亩；山西省规定，每户不得超过3分，人均耕地不足1亩的村、镇，不得超过2分，人均耕地4亩以上的村、镇，可以放宽到4分，等等。凡违反上述规定，将不受法律保护。

3. 城镇非农业户口居民宅地使用权划拨

这类居民建住宅需要使用集体所有土地的，依照规定，除应当经其所在单位或者居民委员会同意外，其他申请审批程序与前相同。但是，一些地区针对华侨、港澳台同胞需使用集体所有土地建住宅的情况，就使用标准作了特殊规定。例如，福建省规定，港、澳、台同胞和华侨建住宅使用集体所有土地的，可以按照当地标准增加20%，超过以上标准的，报县级以上人民政府批准等。

4. 乡镇企业建设用地使用权

依照《土地管理法》及有关地方法规规定，乡镇企业建设需要使用土地的，必须持县级以上地方人民政府批准的设计任务书或其他批准文件，向县级人民政府土地管理部门提出申请，按照省、自治区、直辖市规定的批准权限，由县级以上地方人民政府批准，但须给被用地单位适当补偿，并妥善安置农民的生产和生活。

从以上来看，集体土地使用权划拨，不仅是一种民事法律行为，而且还包括行政批准行为。特别是有关乡镇企业用地使用权的划拨完全就是一种行政批准行为，集体土地所有者无权决定甚至无权过问是否划拨。笔者认为，《土地管理法》的上述规定，对于防止滥占滥用集体土地，浪费土地资源具有积极的意义。但是，在第三种情况下，完全将集体土地所有者排除在外，这是对集体土地所有权的一种剥夺。从法律的观点来看，除征用外，其他任何组织和个人使用集体所有土地，都必须经过集体土地所有者同意，然后报经有关部门批准。

（二）依合同行为而发生

合同行为是当事人双方或多方的法律行为，其以主体之间平等协商一致为基本条件。设定土地使用权的合同为物权合同。依据《土地使用权出让和转让暂行条例》和《房地产管理法》的有关规定，以此发生的土地使用权有两种情况。

1. 土地使用权出让

这是指土地所有人将土地使用权在一定年限内出让给土地使用者，由土地使用者向土地所有者支付土地使用权出让金的行为。实际上，这是土地所有者与土地使用者之间依合同方式设定土地使用权的行为。依照法律规定，该行为可采用拍卖、招标或者双方协议方式。这些不同的订立土地使用权出让合同的方式具有不同的程序。目前，理论和实践普遍存在对协议方式出让土地使用权过多，而采用拍卖、招标方式过少的抱怨。协议方式一般是通过“一对一”的谈判予以确定土地使用权出让条件，因其缺乏透明度，给代表国家土地所有者身份的机构工作人员徇私舞弊、吃回扣、拿好处以可乘之机，同时也难以真正反映土地使用权的价格，导致国有资产流失。而拍卖、招标方式表现为以竞争方式确定土地使用者和土地使用权价格，这在一定程度上可克服上述弊端。因此，应该说，对那些商业性强、营利机会多、无须扶持行业的用地，以拍卖、招标为宜；反之，则可采用协议方式。正是基于这些原因，1994 年 7 月颁布的《房地产管理法》第 12 条第 2 款对此作了规定：“商业、旅游、娱乐和豪华住宅用地，有条件的，必须采取拍卖、招标方式；没有条件，不能采取拍卖、招标方式的，可以采取双方协议的方式。”该法第 38 条规定：“采取双方协议方式出让土地使用权的出让金不得低于按国家规定所确定的最低价。”这些规定在一定意义上可以解决现实中采用协议方式过多，采用拍卖、招标方式过少的问题。但是，其中“有条件”和“没有条件”的提法又使得此项规定变得难以执行。因此，国家有关立法部门应当尽快颁布有关实施细则对此加以确定，使其真正落到实处。

值得注意的是，一些地方性法规就协议方式的适用范围作了明确规定。例如，1992 年 6 月 3 日深圳市政府颁布的《深圳特区土地使用权出让办法》第 11 条规定的协议方式出让土地使用权的范围是：①高科技工业项目用地；②不能使用标准厂房的工业用地；③福利商品房用地；④微利商品房用地；⑤国家机关、部队、文化、教育、卫生、体育、科研和市政设施等非营利性用地；⑥旧城旧村改造用地等。这一规定，使我们可从另一角度理解和把握上述三种方式的适用范围。

土地使用权出让方式是否适用于集体土地，这是现实中存在的重点问题之一。根据《宪法》第二条第 4 款之规定“土地的使用权可以依照法律的规定转让”，《土地管理法》第二条第 4 款亦规定“国有土地和集体所有的土地的使用权可以依法转让”。一些地方性法规亦规定了这一内容，例如，广东省 1991 年 7 月 30 日修正通过的《土地管理法实施办法》第五条第 2 款规定：“国有土地和集体所有的土地的使用权可以依法转让。”但是，鉴于现实中存在某些集体土地所有者出让土地造成了一系列问题。如，对保护耕地的国策形成严重冲击；使土地供应总体调控难以实行，形成多头出让土地局面；规划管理难以实施等，因而，早在 1992 年 12 月 4 日国务院以国发［1992］61 号文发出的《关于发展房地产业若干问题的通知》就明确指出：“集体所有土地，必须先行征用转为国有土地后才能出让。农村集体经济组织以集体所有的土地资产作价入股，兴办外商投资企业和内联乡镇企业，须经县级人民政府批准，但集体土地股份不得转让。”这就否定了集体土地使用权出让及转让的可能性。尽管这一规定没有否定前述法律规定的效力，但在一些地方得到了遵守执行。鉴于此，《房地产管理法》第 11 条规定：“城市规划区内的集体所有土地，经依法征用转为国有土地后，该幅国有土地的使用权方可有偿出让。”这就以法律的形式正式肯定了政策的法律效力。基于后法优于前法的原则，集体土地使用权是否可以出让的问题应依此规定遵守执行。

2. 土地使用权转让

这是指土地使用权人将土地使用权以合同方式再转移的行为。它与“出让”不同，转让为继受取得的方式，而出让则属原始取得方式。因此，这是土地使用权人之间设立土地使用权的行为。尽管“转让”一词亦可包括单方法律行为，但根据《房地产管理法》第40条“房地产转让，应当签订书面转让合同……”之规定，这里的“转让”也就仅限于合同行为。

依据《土地使用权出让和转让条例》和《房地产管理法》的有关规定，土地使用权的转让包括买卖、交换、赠与等方式。这些方式的共同特点即在于土地使用权由一方土地使用者转移到另一方土地使用者之后，转让人不再与土地所有者发生法律关系和受土地使用权出让合同的拘束，而是由受让人继受该关系并受其约束。由此来看，土地使用权转让与土地使用权出租是不同的，后者是在土地使用权转移给承租人之后，出租人仍应承受与土地所在者依土地使用权出让合同所规定的权利义务关系，承租人除依土地使用权租赁合同享有权利、承担义务之外，亦不得违反出租人与土地所在者签订的土地使用权出让合同。因此，一些地方性规定将土地使用权出租作为转让的一种形式是不妥的。至于以土地使用权投资入股是否属于转让，法律对此没有规定。笔者认为，土地使用者以土地使用权投资入股，并以此折合为一定股权，该土地使用权就不得收回，该土地使用者也不再与土地所有者发生法律关系，土地使用权出让合同的权利义务随之转移给被入股企业，以此意义而言，以土地使用权投资入股亦应归入转让范畴。

依照《房地产管理法》第38条规定，以出让方式取得土地使用权的，转让房地产时，应符合下列条件：①按照出让合同约定已经支付全部土地使用权出让金，并取得土地使用权证书；②按照出让合同约定进行投资开发，属于房屋建设工程的，完成开发投资总额的25%以上，属于成片开发土地的，形成工业用地或者其他建设用地条件。此外，转让房地产时房屋已经建成的，还应当持有房屋所有权证书。换言之，如果不符合上述条件，土地使用权转让行为将无效，受让人也不能取得土地使用权。根据《房地产管理法》第37条规定，除以上之外，下列房地产不得转让：①司法机关和行政机关依法裁定、决定查封或者以其他形式限制房地产权利的；②依法收回土地使用权的；③共有房地产，未经其他共有人书面同意的；④权属有争议的；⑤未依法登记领取权属证书的；等等。也就是说，凡将上述房地产转让，受让人亦不能取得土地使用权。

依照《房地产管理法》第39条规定，以划拨方式取得土地使用权的土地使用者，亦可转让土地使用权。这主要有两种情况：一是经有批准权的人民政府审批之后，由受让方办理土地使用权出让手续，并依照国家有关规定缴纳土地使用权出让金；二是有批准权的人民政府决定可以不办理土地使用权出让手续的，转让方应当按照国务院规定将转让房地产收益中的土地收益上缴国家或者作其他处理。

这些规定对于促进划拨土地使用权的合理流动具有重要的意义。这里需要注意的是，依照前述对“转让”一词的界定，如果土地使用权转让是以无偿形式进行（如赠与），那么是否也应符合《房地产管理法》第38条所规定的条件呢？笔者认为，该条规定的条件在于遏制炒买炒卖土地使用权，防止土地投机以牟取暴利，因而，如果土地使用权转让是无偿的，那么，可不遵守该条规定的条件。

3. 土地使用权租赁

这是指土地使用者作为出租人将土地使用权随同地上建筑物、其他附着物租赁给承租人使用，由承租人向出租人支付租金的行为。这是《土地使用权出让和转让暂行条例》第四章规定的一种土地使用权发生形式。这一形式可能存在两种情形：一是以土地使用权名义出租，地上之物随之租赁；二是以房屋名义租赁，土地使用权随之租赁。但是，这并不意味着当事人可以任意以何种名义出租，这二者在适用上应有区别：前者的目的不在于利用地上之物，而在于利用土地；后者则在于利用地上之物而不在于利用土地。因此，在第一种情形下，土地使用者获得土地使用权，可能会在该土地之上建造房屋及其附属物；而在第二种情形下，则无这种可能性。由此来看，土地使用权租赁应限定在第一种情形为宜，第二种情形则属房屋租赁的范畴。

根据《土地使用权出让和转让暂行条例》第23条的规定，未按土地使用权出让合同规定的期限和条件投资开发、利用土地的，土地使用权不得出租。

但是，究竟该期限和条件是什么，则不甚明确。笔者认为，这一限定条件可比照适用《房地产管理法》第37条、第38条之规定。此外，有关划拨土地使用权是否可以出租，这亦可比照《房地产管理法》第39条、第55条之规定而变通适用，即：以划拨土地使用权出租的，应当报有批准权的人民政府审批，有批准权的人民政府准予出租的，应当由出租方办理土地使用权出让手续，并依照国家有关规定缴纳土地使用权出让金；有批准权的人民政府决定可以不办理土地使用权出让手续的，出租方应当按照国务院有关规定将土地使用权出租中获得的土地收益上缴国家或者作其他处理。

（三）依其他法律事实而发生

1. 继承

土地使用权为一项财产权益，一旦为公民个人所享有，即可依继承而取得。但是，该事实尚须履行登记手续才发生效力，否则，继承人不得处分该土地使用权。

2. 抵押

因抵押而取得土地使用权，这是由法律规定的，因此，在法理上亦称“法定地上权”。根据《土地使用权出让和转让暂行条例》和《房地产管理法》的有关规定，无论是以房屋所有权抵押，还是以土地使用权抵押，都可能因债务人不履行债务而发生土地使用权的转移。这一转移常常是由抵押权人以拍卖方式得以实现。值得注意的是，土地使用权人将未达到《房地产管理法》第38条第2项规定开发条件的土地使用权进行抵押，在债务人不履行债务时，抵押权人是否可以拍卖该抵押土地使用权？笔者认为，《房地产管理法》规定的上述条件旨在制止炒买炒卖土地，因抵押而拍卖该土地使用权的目的则在于抵偿抵押权人的债权，对抵押人而言，以该抵押土地使用权拍卖变现抵偿抵押权人的债权，是一个不得已的事实，抵押人难以从中牟取暴利。因此，即使该土地使用权未达到法定的开发条件，抵押权人亦可拍卖该土地使用权，并从中优先受偿。

三、土地使用权的效力

（一）土地使用权人的权利

1. 使用土地

这是指土地使用权人为建造或保存建筑物及其工作物而使用土地。使用土地是土地使用权的最主要内容。但是，这里的使用不是任意使用，其必须在设定土地使用权所限定的目的范围内进行。一般来说，这一目的范围即指土地的用途范围。根据有关法律规定，土地使用者需要改变所使用土地用途的，必须取得土地所有者和市县人民政府城市规划行政主管部门的同意，否则，土地使用者不得改变该土地用途范围。

土地使用权人为了实现使用土地的目的，必须以占有土地为前提。因此，土地使用权人亦受占有之保护，并依此享有物上请求权。

2. 处分土地使用权

这是指土地使用权人可依其意志转让、抵押和出租土地使用权。只要土地使用权人转让、抵押和出租土地使用权符合法定条件，该处分行为即为有效。这里须特别注意，划拨土地使用权人与出让土地使用权人在行使该权利时所受的限制有所不同。

3. 获取土地收益

这是指依出让方式获得土地使用权以及以继受方式取得该土地使用权的权利人开发、利用、经营土地所获得的利益。根据中国现行法律文件，凡依出让方式获得土地使用权以及以继承方式取得该土地使用权的权利人不仅可以自己占有使用土地，而且还可以通过开发、利用、经营活动获取收益。由于土地是一种特殊的财产，极易形成垄断价格，因此，一些国家和地区对土地产权人开发、利用和经营土地所取得的收益，加以多种限制。这些限制主要表现在两个方面：一是对土地价格加以限制。例如，日本从 1970 年开始实行一种旨在控制土地交易价格的官方公开价格，即公示地价制度；韩国也于1972年开始确立了基准价制度；中国台湾地区一直实行土地“公告现值”和“公示地价”制度等。二是对土地征收转让收益税和产权税。尽管一些国家和地区有关这类税种各不相同，但都是为了对土地产权人的收益加以限制。目前，中国一些地区亦开始实行地价公示制度，这一方面在于防止国有土地收益流失，另一方面也在于制止土地投机。与此同时，国家也颁布了《土地增值税暂行条例》以及其他房地产税费规定，旨在对土地使用人的收益加以限制。中国现行法律文件仅允许划拨土地使用权人自己占有使用土地，如果其利用该土地使用权从事开发经营活动，并产生了土地收益，该收益则只能由土地所有者享有。

4. 取回地上物和获得有关费用之补偿

土地使用权人在土地使用权消灭时，是否可以取回地上物和获得有益费用之补偿，目前有两种不同的看法。中国《土地使用权出让和转让暂行条例》规定，“土地使用权期满，土地使用权及其地上建筑物、其他附着物所有权由国家无偿取得”（第40条）。一些学者对此有不同看法，认为土地使用权人投资于土地所形成的财产应当归土地使用权人所有，国家不能无偿收回，否则，这是与中国《宪法》、《民法通则》规定的基本原则相矛盾，不利于土地的开发和利用，影响土地使用权人对土地的投资，阻碍吸收外资工作，也会导致对土地上的建筑物或其他工作物的破坏行为。一些学者在评述中国《土地使用权出让和转让暂行条例》的上述规定时，认为这是采用国际惯例作法。这实在是一种误解。实际上，有关地上权消灭之后，地上权人对地上之物及有关费用是否可以取回或获得相应补偿的问题，许多国家和地区一般都做了肯定的规定。例如，日本《民法》第269条第1款规定：“地上权人于其权利消灭时，可以回复土地原状，收去其工作物及竹木。但是，土地所有人通知愿以时价买取时，地上权人无正当理由，不得拒绝。”瑞士《民法典》第779条之三规定：“建筑权（一种地上权，笔者注）消灭时，建筑物因成为土地的组成部分而归属于土地所有人”，该条之四又规定：“在前条情形下，土地所有人因建筑物归属自己，应向原建筑权人支付相当的赔偿金……”台湾地区《民法》与日本《民法典》的规定相同。由此可见，地上权消灭后，土地所有人是否可以无偿收回地上物并无所谓的国际通行做法。

实际上，土地使用权消灭后，土地使用权人有权取回地上物和获得有益费用之补偿，并不是绝对的。一般来说，土地使用权人在土地使用权期满时，有权取回地上物。但是，取回地上之物难免使其受损，且有恢复土地原状的麻烦。这不利于保全社会财富。所以，一般土地所有人可以行使购买权，并给予相应的补偿，土地使用权人不得拒绝。但是，土地所有人亦可要求土地使用权人延长土地使用权期限，并重新签订土地使用权合同。如果土地使用权人拒绝延长土地使用权期限，土地所有人便可无偿收回地上之物，不给予土地使用权人任何补偿。对于这种情况，台湾地区《民法》则规定，地上权人可取去地上之物，而不得请求补偿。

中国《房地产管理法》与《土地使用权出让和转让暂行条例》仅规定，“土地使用权出让合同约定的使用年限届满，土地使用者需要继续使用土地的，应当至迟于届满前一年申请续期，除根据社会公共利益需要收回该幅土地的，应当予以批准。经批准准予续期的，应当重新签订土地使用权出让合同，依照规定支付使用权出让金。土地使用权出让合同约定的使用年限届满，土地使用者未申请续期或者虽申请续期但依照前款规定未获批准的，土地使用权由国家无偿收回”（第21条）。这里只是规定了“土地使用权由国家无偿收回”，至于地上之物是否也由国家无偿收回，则未作强制规定。根据有关立法资料解释，“这个问题比较复杂，涉及物权问题，应在《物权法》中规定，本法可以不作规定”。那么，未来的《物权法》究竟应如何规定此问题呢？笔者认为，在土地使用权消灭时，地上之物仍为土地使用权人所有，如果土地所有权人愿意取得地上之物，则应当给予土地使用权人适当补偿，土地使用权人不得拒绝；如果土地所有人不愿取得地上之物，则应当允许土地使用权人取回地上之物，并就此造成的损失给予土地使用权人相当的补偿，如果土地所有人不愿意给予土地使用权人任何补偿，则应当延长土地使用权期限，重新签订土地使用权合同，依照规定收取出让金；如果土地使用权人不愿意延长土地使用权期限，土地所有人则可无偿收回地上之物，不给予任何补偿。

（二）土地使用权人的义务

土地使用人除首要遵守出让合同中的用途使用土地外，主要还有如下义务。

1. 支付地租

这是指土地使用人向土地所有者或其他土地使用者支付使用土地的对价。如前所述，地租不是土地使用权成立的必备条件，只有土地所有者与土地使用者或土地使用者与土地使用者之间约定支付地租时，土地使用权人才负有这一义务。在一般情况下，地租的支付应由当事人自由确定。但是，由于土地是一种特殊的财产，其价格具有垄断性。因此，国家往往对地价或地租标准加以限制。中国各地正在逐步对土地资产开展评估工作，以确立基准地价制度。该制度一旦确立，地租的支付标准将会受到评估基价的限制。至于地租确定之后，是否可依据情事变更原则酌情增加或减少，中国法律尚未规定这一问题。有学者认为，可以依情事变更原则酌情减少。笔者认为，在法律尚无规定的情况下，地租一旦确定之后，一般不应变更，否则，容易引起纠纷。但是，一些国家的做法却值得参考。例如，法国规定，每三年可改订一次，按建筑费指数的变动幅度增减；美国则有按鉴定评价进行周期性改订的，还有比照消费物价指数改订的；日本规定地主享有地租增额请求权，但却无适当增长标准，故经常引起纠纷。因此，中国法律应该在对合理地租进行研究的基础上，确定适当的调整地租原因及具体数额，以供遵守执行。与此同时，土地使用权人亦不得以不可抗力妨碍其使用土地为由而请求减免地租。

2. 返还土地使用权

土地使用权消灭时，土地使用权人应返还土地使用权予土地所有人，并应恢复土地原状。为此，土地使用人取回地上物不仅是一项权利，而且也是恢复土地原状应尽的一项义务。

四、土地使用权的消灭问题

土地使用权因一定法律事实而消灭，如土地的灭失、征用、混同等。这里仅探讨几种土地使用权的消灭原因。

（一）存续期限届满

凡有一定存续期限的土地使用权，该期限届满时，土地使用权随之消灭。究竟附有期限土地使用权所附期限应有多长为宜，各国法律规定了相应的标准。例如，法国、德国规定存续期间为18～99年，英国为21～99年，美国则为99年以下。中国《土地使用权出让和转让暂行条例》第12条就出让土地使用权依土地用途不同规定了最高年限。在实践中，一些地方政府往往擅自延长土地使用权期限。笔者认为，凡超过规定期限标准的，应以最高期限标准为限，超过部分应为无效。凡附有期限的土地使用权，无论几次转手，最后受让人获得的土地使用权期限只能是原土地使用权出让合同约定的使用期限减去原土地使用权已经使用期限后的剩余期限。附有期限土地使用权的限期届满之后，土地使用权人可以申请续期，根据《房地产管理法》第21条规定，土地使用者需要继续使用土地的，应当至迟于期限届满前一年申请续期，除根据社会公共利益需要收回该幅土地的，应当予以批准。经批准准予续期的，应当重新签订土地使用权出让合同，依照规定支付土地使用权出让金。因续期而产生的土地使用权应作为一项新的土地使用权，原土地使用权消灭。

（二）土地使用权的撤销

土地所有人因法律规定的事由可以撤销土地使用权。在分期付租的情形下，土地使用权人在一定期限内不缴付地租，即构成土地使用权撤销的原因。至于该期限为多长，日本《民法》规定为“连续二年以上”（第276条），中国台湾《民法》则规定“欠租达二年以上之总额”（第336条第1项）。中国法律尚无此类规定。笔者认为，在法律未规定的情况下，可由当事人约定这一内容。根据中国《房地产管理法》第25条规定，以出让方式取得土地使用权进行房地产开发，满二年未动工开发的，可以无偿收回土地使用权，但是，因不可抗力或者政府有关部门的行为或者动工开发必需的前期工作造成动工开发迟延的除外。在该除外条件规定中，前两项较易理解，而后一项内容则令人甚为费解。因为，“动工开发必需的前期工作”是一个十分含混的条件，究竟何为“必需”，哪些为“非必需”，在实践中很难判断；再者，任何开发都应有“必需的前期工作”，如果因为有此项前期工作，造成协工开发迟延而可免除收回土地使用权，那么，土地使用权人实际在任何情况下，都可以此对抗土地所有者收回土地使用权。况且，该除外条件应体现不可抗力或当事人意志以外的原因而使土地开发不能如期进行的特点，而此项条件则可能会由于土地使用人自身的因素不能完成“必需的前期工作”而导致开发迟延。这一责任当然应由土地使用人承担，而不能作为对抗土地所有人收回土地使用权的条件。因此，笔者认为，最后一项内容不宜作为免除收回土地使用权的除外条件。根据一般理论，土地使用权撤销前，如已设定抵押，土地所有人则不能以撤销对抗抵押权人，抵押权人仍有拍卖该土地使用权的权利。这是因为，土地所有人撤销土地使用权的原因是土地使用权人不履行土地使用权设定合同所致，由此引起的撤销权具有债权性质，而在该土地使用权之上设定的抵押则具有物权性，故前者不能对抗后者。此外，土地所有人行使撤销权必须有法律规定的原因，否则，土地所有人不得行使撤销权。在实践中，有土地所有人因土地使用人不缴纳土地出让金而终止土地使用权出让合同的情况，对此应分两种情形：如果土地使用人已依法登记取得土地使用权，土地所有人终止土地使用权出让合同的行为，即也是撤销土地使用权的行为；如果土地使用权人尚未依法办理土地使用权登记手续，土地所有人终止土地使用权出让合同，则不构成撤销土地使用权。因此，一些地方将后一情形视为土地使用权的撤销是不妥的。

（三）土地使用权抛弃

土地使用权人抛弃土地使用权而使其回归土地所有人，从而导致土地使用权的消灭。土地使用权究竟在何种条件下可以抛弃，中国尚无立法规定。总的来说，土地使用权的抛弃不得损害土地所有者的利益和公共利益。一般来说，无须支付地租和已经一次支付地租的土地使用权的抛弃，对土地所有人是有利的，故而应当允许。附有支付地租义务的土地使用权，并分期缴付的、有期限规定的，土地使用人应缴付完毕该期限内应缴付的全部地租之后，始得抛弃；没有期限规定的，一般应提前一定时间通知土地所有权人或者支付未到期的该年的地租后始得抛弃。根据日本《民法》的规定，“地上权的抛弃不得对抗地上权上已经设有的抵押权”（第398条）。这一对抗力可有两种理解：第一，凡设有抵押权的地上权不得抛弃；第二，凡设有抵押权的地上权可以抛弃，但该地上权不能回归于土地所有人，而只能回归于抵押权人。笔者认为，从保护抵押权人的利益出发，应以第二种理解较为妥当。此外，根据城市规划要求而变更土地用途，土地使用人不得不抛弃土地使用权的，可以请求规划变更者赔偿因达不到使用目的而抛弃土地使用权造成的损失责任。但是，这一问题在中国《城市规划法》中未作规定。

（四）约定消灭的事由发生

这与土地使用权撤销事由不同，后者由法律规定，前者则由当事人约定。至于当事人约定土地使用权消灭的事由是否有禁止之规定？应该说，只在该事由不违背法律规定，就可由当事人约定。例如，在土地使用权人分期付租的情况下，当事人可以约定一定期限内不付租或欠租额达到一定数量，土地使用权即消灭；当事人亦可约定在地上之物消灭时，土地使用权也随之消灭；当事人还可约定土地使用权人不按土地用途使用土地时，土地使用权即行消灭；等等。

第五章

土地立法的历史回顾与法律思想转变

一、新中国土地立法的历史回顾

为研究现阶段的土地问题，先简要回顾一下新中国的土地立法进程和基本制度。1949 年 10 月 1 日新中国成立后，党和政府十分重视土地立法。因为中国革命是无产阶级领导的以工农联盟为基础的反帝反封建的人民民主革命，回答的是农民问题、土地问题，所以从 1949 年开始，我们的土地立法在整个中国革命的法制史上占有一席之地。大体可以分为几个阶段。

（一）国民经济恢复时期的土地立法（1949 ~ 1952 年）

这个时期土地立法的重点是以暴风骤雨般的阶级斗争为特征，重点是改变中国几千年的封建土地所有制。这个时期的土地立法意义最重大的，一个是起临时宪法作用的《中国人民政治协商会议共同纲领》（以下简称《共同纲领》），一个是专门的《中华人民共和国土地改革法》（以下简称《土地改革法》）。

本章执笔人甘藏春。

《共同纲领》于1949年9月29日中国人民政治协商会议第一届全体会议通过。《共同纲领》在中国的法律制度上占有特殊的地位，之所以特殊，是它的制定在中华人民共和国中央人民政府之前，就是中国共产党没有从法律上取得全国政权之前。但是另一方面，《共同纲领》在当时又起着临时宪法的作用，没有《共同纲领》的制定，就没有后来中央人民政府委员会的成立，也没有后来的政务院、最高人民法院、最高人民检查院、中央人民革命军事委员会这些国家机构的建立。《共同纲领》是共产党和各民主党派协商而成的，它不是人民代表大会表决通过宪法或宪法修正案，所以《共同纲领》在中国历史上起到了临时宪法的作用。在这么一部重要的法律文件中，开始规定了新中国成立之后采取什么样的土地制度，即有步骤地将封建半封建的土地所有制改变为农民的土地所有制。这实际是要废除封建半封建的土地制度，实行农民的土地私有制。凡已实行土地改革的地区，必须保护农民已得土地的所有权。其中心意思是新中国成立后要进行土地改革，要废除封建半封建的土地所有制，把地主的土地分给农民。这就为中国土地制度的建立奠定了宪法基础。

《土地改革法》于1950年6月28日中央人民政府委员会第八次会议通过。《土地改革法》和《婚姻法》是新中国成立之后，最早颁布的两部法律，一个是废除封建半封建的土地制度，一个是废除封建半封建的婚姻制度。在这部《土地改革法》当中明确规定，“废除地主阶级封建剥削的土地所有制，实行农民的土地所有制”；“没收地主的土地”；“所有没收和征收得来的土地分配给无地少地的贫苦农民所有”；“土地改革完成后，由人民政府发给土地所有证，并承认一切土地所有者自由经营、买卖及出租其土地的权利。土地制度改革以前的土地契约，一律作废”。

（二）社会主义改造时期的土地立法（1953～1957年）

这一时期，我们党确立了一个基本路线，就是用15年甚至更长的时间，逐步进行社会主义改造，实现农业、手工业、生产资料的社会主义改造。后来3年就完成了。因此，这个时期的土地立法主要是为适应大规模的工业化建设和社会主义改造。

第一部，《政务院关于国家建设征用土地办法》，1953 年 11 月 5 日政务院第 192 次政务会议通过。1953 年起国家要开始“一五”建设，迫切需要解决建设用地的供应问题，所以颁布了《建设征用土地办法》，规定：凡兴建国防工程、厂矿、铁路、交通、水利工程、市政建设及其他经济、文化建设等所需用之土地，均依本法征用之；凡属有荒地、空地可资利用者，应尽量利用，而不征用或少征用人民的耕地良田；凡虽属需要，而对土地被征用者一时无法安置，则应俟安置妥善后再行举办，或另行择地举办；被征用土地的补偿费，在农村中应由当地人民政府会同用地单位、农民协会及土地原所有人（或原使用人）或由原所有人（或原使用人）推出之代表评议商定之。

第二部，《中华人民共和国宪法》，1954 年公布施行。这是新中国成立之后的第一部宪法，毛泽东是宪法制定委员会主任。宪法对土地制度也作了比较详细的规定：国家依照法律保护农民的土地所有权和其他生产资料所有权。因为当时经过土改之后，实行的是土地私有制，宪法写此条是保护农民的土地所有权。宪法又规定：国家为了公共利益的需要，可以依照法律规定的条件，对城乡土地和其他生产资料实行征购、征用或者收归国有。宪法写的是三种形式：征购、征用、收归国有。

第三部，《农业生产合作社示范章程草案》，1955 年 11 月 9 日全国人民代表大会常务委员会第 24 次会议通过。随着中国开始农业合作化的进程，生产资料走集体化道路，土地问题必然要涉及。《农业生产合作社示范章程草案》规定：社员的土地必须交给农业生产合作社统一使用。从字面看，社员的土地必须交给农业生产合作社统一使用，只是使用权交给了合作社，好像所有权并没有发生转移，但实质上操作基本上是所有权变为合作社的了。

第四部，《高级农业生产合作社示范章程》，1956 年 6 月 30 日第一届全国人民代表大会第三次会议通过。规定入社的农民必须把私有的土地等主要生产资料转为合作社集体所有。这是一个革命性的变化，从法律形态上构建了农村土地集体所有制度。

（三）社会主义探索时期的土地立法（1958～1977年）

由于种种原因，这个时期土地立法在相当长的一段时间内处于停滞状态，所以土地问题上的立法不多，主要是在“文革”之前及“文革”之后还有一些法律。一是《国家建设征用土地办法》，1957年10月18日国务院全体会议第58次会议修正，1958年1月6日全国人民代表大会常务委员会第90次会议批准，1958年1月6日国务院公布施行。当时还是要大规模地搞建设，这个办法主要是解决保障建设用地的供应问题。二是《农村人民公社工作条例修正草案》，1962年9月27日中国共产党第八届中央委员会第十次全体会议通过。从法的形态来看，应该是国家意志的体现，这一草案是党的意志的体现，还没有通过法律形式变为国家意志，但在当时中国的特殊背景下，这个规定发挥着法律的作用。在这个规定中将“三级所有，队为基础”的形式确立下来，规定：生产队范围内的土地，都归生产队所有，生产队所有的土地，包括社员的自留地、自留山、宅基地等等，一律不准出租和买卖。生产队所有的土地，不经过县级以上人民委员会的审查和批准，任何单位和个人都不得占用。要爱惜耕地，基本建设必须尽可能地不占用或者少占用耕地。

（四）改革开放后的土地立法（1978年以后）

从1978年全党实现工作重点转移之后，中国开始以经济建设为中心，实行改革开放。土地是生产要素，很敏感地感受到中国改革开放的进程。这个阶段又可以分为几个不同的时期。

1. 1978～1986年

这一时期颁布的第一部法规是《国务院关于中外合营企业建设用地的暂行规定》，1980年7月26日国务院发布。因为当时合资、合营走得比较快，该法规规定：中外合营企业用地，不论新征用土地，还是利用原有企业的场地，都应计收场地使用费。这是中国最早的土地有偿使用制度。

第二部是《村镇建房用地管理条例》，1982年2月13日国务院发布。土地大包干之后，农民开始致富，农民建房问题突出，为制止农民滥占耕地建房，制定了该条例。该条例规定：村镇建房必须统一规划、节约用地，凡能利用荒地的，不得占用耕地；凡能利用坡地、薄地的，不得占用平地、好地、园地；凡是就地改造的，应充分利用原有的宅基地和村镇空闲地。严禁买卖、出租和违法转让建房用地。

第三部是《国家建设征用土地条例》，1982 年 5 月 14 日国务院发布。该条例出台，是因为大规模的经济建设开始出现征地难问题。该条例规定：国家进行经济、文化、国防建设以及兴办社会公共事业，需要征用集体所有的土地时，必须按照本条例办理。禁止任何单位直接向农村社队购地、租地或变相购地、租地。农村社队不得以土地入股的形式参与任何企业、事业的经营。国家建设征用土地，凡符合本条例规定的，被征地社队的干部和群众应当服从国家需要，不得妨碍和阻挠。这反映了当时的时代背景。

第四部是《中华人民共和国宪法》，1982 年公布施行。新中国成立以来，一共有四部宪法，现行的宪法是 1982 年 12 月 4 日通过的，这部宪法在土地制度的设计上，与以前几部宪法相比有个突出特点：第一次明确规定了城市的土地属于国家所有。当时国有土地主要由两类构成，一类是新中国取得政权之后没收封建官僚资本的土地，第二类是国家在建设过程中不断征用形成的国家所有土地。但是，在当时的城市当中，还有相当大的土地是私人所有，即私房主所有，如民族资本家、工商资本家、小业主的住宅、厂房等。法律对这部分土地没有没收或收购的渠道，在 1982 年之前，这块土地的所有权实质是私人所有。1982 年宪法第一次在宪法制度上确定了城市的土地属于国家所有，农村和城市郊区的土地，除由法律规定属于国家所有的以外，属于集体所有；宅基地和自留地、自留山，也属于集体所有。从而构建了中国现代的土地所有权制度，即国家所有和集体所有。

1982 年宪法还规定了国家为了公共利益的需要，可以依照法律规定对土地实行征用。在现代宪法对待国家财产权的制度上，宣传上往往是“一边倒”，但财产权在现代宪法制度上是缺一不可的，一方面确定了私有财产神圣不可侵犯，在西方国家这是宪法的基石，另一方面宪法有一个大的变化，特别是在20世纪之后规定，私有财产权的行使不得妨害社会公共利益，国家为了公共利益可以依照法律征用土地。这构成了宪法中现代财产制度的一个整体。只承认国家为了公共利益可以征用土地，不承认土地的财产权是不对的，但只承认土地的财产权神圣不可侵犯，不承认国家为了公共利益可以征用土地也是不对的。国家为了公共利益可以依照法律征用土地，按照中国宪法规定，这条属于授权性规范，即宪法授予立法机关来确定哪些是公共利益并实行土地征用。1982 年宪法带有浓厚的时代色彩，当时土地作为最重要的生产资料，涉及社会主义制度的根基，也涉及意识形态，所以宪法明确限制了一条：任何组织或者个人不得侵占、买卖、出租或者以其他形式非法转让土地。

第五部是 1986 年 6 月 25 日第六届全国人民代表大会常务委员会第十六次会议通过的《中华人民共和国土地管理法》，这是中华人民共和国的第一部土地管理法，在中国土地管理的历史上是个里程碑。在中国，一般都是先有部门，后搞立法。但是与其他法律不同的是，先有了《土地管理法》，后根据法律设立了土地管理机构。1986 年以前土地不是统一管理，分散在农业部、建设部几个部门中，1986 年《土地管理法》确立了城乡地政统一管理，将原农业部、建设部等土地管理职能统一起来，成立了原国家土地管理局。《土地管理法》规定了土地管理的基本制度，确立了土地登记制度、城乡地政统一管理制度、建设用地管理制度、法律责任等。以这部法律为基础，基本形成了从中央到乡镇的比较完备的土地管理体系。

2. 1987 ~ 1994 年

这一时期，土地作为生产资料开始进入要素市场。土地立法有一个重要的转折，即适应社会主义市场经济的要求，主要是为了推动和促进土地市场化进程展开的。商品市场化不涉及根基，如价格放开等，真正影响市场经济深层次的是要素市场化，生产要素能否进入市场。1988 年修改宪法之前，深圳学习和借鉴香港地区及其他国家的经验，敲响了全国土地拍卖第一锤，搞土地批租，搞土地拍卖，这就与宪法发生冲突。当时的国家体改委到深圳调研后，向中央汇报时认为这项改革是应该支持的。但这与宪法是相抵触的，因此建议修改宪法。但宪法确定的是两种所有权，即国家所有和集体所有，从买卖关系上看是所有权之间的转移，这必然会出现一个新的问题，即土地私有。所以，就提出了所有权和使用权分离，所有权不动，使用权可以进入市场。所以土地使用权可以依法转让，国家依法实行国有土地有偿使用制，这就开启了土地作为生产要素按市场配置的历史进程。

1988 年出台的《中华人民共和国宪法修正案》规定：任何组织或者个人不得侵占、买卖或者以其他形式非法转让土地。土地的使用权可以依照法律的规定转让。这就是土地有偿使用制度的宪法法源，从而解决了土地公有制与市场经济的对接问题。1988 年的宪法修正案在中国的土地制度改革上具有革命性。宪法修改之后，1988 年 12 月 29 日第七届全国人民代表大会常务委员会第五次会议通过《关于修改〈中华人民共和国土地管理法〉的决定》，规定国家依法实行国有土地有偿使用制度，这个时期的土地立法以宪法为基础开始推进了市场化进程。1990 年 5 月 19 日国务院发布了《中华人民共和国城镇国有土地使用权出让和转让暂行条例》，这个条例是为了落实宪法的规定，土地使用权如何进入市场、如何监管等一套程序。中国的土地管理也开始了转变，从资源管理向资源管理与资产管理并重的转变。与此同时，国务院发布施行了《外商投资开发经营成片土地暂行管理办法》，当时是针对海南洋浦 30 平方公里的土地通过“三通一平”后给外商投资，对此争论比较大。到 1994 年针对房地产问题，全国人民代表大会常务委员会第八次会议审议通过了《中华人民共和国城市房地产管理法》，作为这个时期土地变革的最后总结，该法总结了 1987 ~ 1994 年土地市场化进程的经验、教训，对土地市场监管等作了比较详细的规定，土地出让转让市场体系的法规基本成型。

3. 1995 年至今

1995 年到现在土地立法又是一个新的阶段，随着土地市场化进程的推进，对市场化配置的方式有了更深更精的要求，在土地经济多元化的条件下，如何管好土地、用好土地又开始了一个新的探索。这个时期的主线就是土地用途管制。

这个时期的一部重要法律是现在使用的1998年《土地管理法》。这个《土地管理法》的产生有特殊性，1997年中央财经领导小组布置了一个耕地保护的调研题目，原国家土地管理局进行了一年的研究。江泽民同志和政治局常委会听取了三次汇报，最后确定了两条：一是中国必须建立世界上最严格的土地管理制度；二是冻结土地审批占用耕地一年，运用一年时间修改《土地管理法》，完善土地管理体制。所以1998年开始日夜兼程的对原来的《土地管理法》进行全面的修改，确定征地权上收，原来土地管理职责主要在市县这一级；确定占一补一制度，即占补平衡。这个《土地管理法》第一次在全国开始全民征求意见公开讨论。到1998年7月29号审议通过，没有反对票，只有三张弃权票。2004年全国人大对宪法进行了修改，将征用土地改为征收，所以《土地管理法》中的“征用”一词都改成“征收”。2004年开始，国家提出运用土地政策参与宏观调控，又赋予了土地管理新的内涵，相关法律制度的完善也需要不断跟进。

回顾中国土地立法的历史过程，应该说土地问题无论是在革命过程中、建设过程中还是在改革开放过程中，始终是中国法律制度建设的一个重点。没有土地法律制度的建设，其他问题很难突破。

二、土地立法指导思想的转变

以1986年《中华人民共和国土地管理法》的颁布为标志，中国开始了土地法制建设的历程。至1996年，10年艰辛，成就斐然：一共颁布了2部法律、9部行政法规、31部部门规章、200多部地方性法规和行政规章；土地执法体系从无到有，不断完善；土地法制的宣传普及工作正在日益深入。但是，与正在进行的经济体制和经济增长方式的根本性转变对土地法制的要求相比，中国土地法制的现状又显出了种种不适应。土地法制建设正在面临着时代的挑战，如何适应“两个根本性转变”的要求，对土地法制进行根本性改革，是一个亟待回答的问题。

推进土地法制的改革，土地法制建设的指导思想的根本转变是前提。土地法制建设的指导思想是指在土地的立法、执法、司法和守法活动中应遵循的基本理论依据和基本准则。由于指导思想在法制建设中具有长期性、超前性、稳定性、决定性等作用，因而，在法制建设中具有十分重要的地位，指导思想是否正确，直接关系到法制建设的成败。

应该指出的是，法制建设指导思想的形成决非“主观臆造”，而是来源于对社会经济关系的正确认识。和 10 年前相比，中国的社会生活发生了深刻的变化，社会关系正处在剧烈的变革中。如此深刻的社会变革，势必提出了土地法制建设指导思想的根本转变问题。

那么，中国土地法制建设的指导思想应该如何转变呢？

（一）在土地管理关系的调整上，应该由主要依靠行政审批制向主要依靠用途管制转变

在中国现行的土地法制中，行政审批制是实施土地行政管理的主要手段。《土地管理法》不仅对国家建设用地确定了限额审批制（即耕地 1000 亩以上，其他土地 2000 亩以上的，由国务院批准。耕地 3 亩以下，其他土地 10 亩以下的，由县级人民政府批准），同时，在确定是否构成土地违法行为上，也主要是以是否经过审批为尺度。《土地管理法》在“法律责任”一章中列举的主要土地违法行为——非法占地、非法转让、非法批准，都是以是否“报批”或者是否“越权”为前提的。土地管理中的限额审批制既导源于行政机关的行政属性，也导源于计划经济体制，它是和国家审查基本建设投资项目所采取的限额审批制同出一源。在计划经济体制时期，限额审批制起过重要作用，但是，随着建立市场经济体制为目标的改革的深化，这种限额审批制就显出种种不适应。由于土地管理体制是按照各级政府“分级管理”的模式建立的，“分灶吃饭”的财政体制使得地方政府成为相对独立的利益主体，加上土地作为生产要素进入市场，显示了巨大的资产价值，就使得限额审批制难以发挥应有的作用。“化整为零”、“越权审批”等等不规范的行为随之产生。据不完全统计，1991~1994年，地方应报国务院审批的建设用地项目共1080件，实际只报202件，不到18.7%。这说明，限额审批制必须进行改革。

考察世界一些国家土地管理的先进经验，我们不难发现，在土地管理中，行政审批制只有和用途管制相结合才能发挥作用。用途管制是指依照土地利用的总体要求，对不同区域或者宗地的使用性质作出规定，并依照用途性质的要求对该区域或者宗地的土地权利人的某项财产权利进行限制或者取消的法律制度。和行政审批制相比较，用途管制具有以下特点：第一，从控制的重点看，是对土地的用途进行控制，而不是面积控制；第二，从控制的手段看，用途管制实质上是法律控制，是以限制或者取消权利人某项土地权利为手段的；第三，从控制的效果看，由于是一种法律控制制度，具有稳定性，不会因政府的更迭而变化。用途管制的这些特点，决定了它在政府土地管理中的特殊地位和作用，它的最大成效就在于能够促进土地的合理利用，因而成为土地行政管理制度的核心。中国是人均耕地资源相对贫乏的国家，目前人均占有耕地0.079公顷，仅为世界人均占有耕地数的1/4，却养活着占世界21.5%的人口，全国已有1/3的省份人均耕地不足0.067公顷。同时，中国正处在工业化和城市化快速发展的时期，土地供应的需求压力较大，这种特殊的国情决定了中国必须采取比世界上其他国家更为严格的土地管理政策。因此，实行用途管制来改造行政审批制已成为土地管理改革的客观要求，土地立法必须适应这一要求。

（二）在土地财产关系的调整上，应该由注重保护静态土地所有权向注重保护土地资源利用过程中非土地所有人的权利转变

从民法学的意义上看，各项土地物权都是在土地利用过程中脱离土地所有权而逐步形成的财产权。可以说，全部土地物权的发展史，就是一部促进土地合理利用的历史。从注重土地所有权的保护到注重土地利用过程中非所有人的权利的保护，是各国在土地立法中所走过的一条共同道路。中国正处在这个转折中。

长期以来，中国实行的是土地的社会主义公有制，加之高度集中的计划经济体制，土地仅仅作为资源来管理，未作为生产要素进入市场，因而，对于土地财产关系的法律调整较为简单，在法律上只承认土地的所有权，认为所有权以外的其他物权是私有制下的特有现象。虽然在一些法令中，对抵押权、留置权有零散的规定，但也只是将之当作合同的担保制度对待。随着经济体制改革的深入，土地作为生产要素进入市场，使得中国现有的土地财产法律制度面临挑战。

在改革中，虽然中国法律中创设了土地使用权（实际上是地上权制度）制度，但是，从总体上看，中国现有的调整土地财产关系的法律制度过于简单，并且偏重于保障所有权，急需改革。改革的方向应该是在保障土地所有权权益的同时，也注重保障在土地利用过程中非土地所有者的权益。为此，需要对土地物权进行深入研究，否则，就难以适应建立社会主义市场经济体制的要求。

（三）在土地关系的法律调整上，应该由主要依靠“公法”调整向同时依靠“公法”和“私法”调整转变

“公法”和“私法”的划分，是对整个法律进行的基本划分。在“公法”和“私法”中，又可分为若干法律部门。最早将法律分为公法与私法的是罗马法学家。罗马法学家道米岑·乌力平（170－228）认为：“公法是关于罗马国家的地位的法律，而私法是关于个人利益的法律，在社会关系和私人关系中都存在某种利益。”① 资产阶级法学，完全接受了公法私法的划分。但是，对于根据什么标准来划分公法和私法，则有不同的意见。虽然理论标准不一，但在实际划分中，都是将宪法、行政法、刑法等实体法和民事诉讼法、行政诉讼法以及其他有关选举、赋税等程序法作为公法，作为私法的则有民法、商法、票据法以及其他特别法等。因受苏联法学理论的影响，中国的法学理论一直不

① 别列捷尔斯基：《查士丁尼法典的编纂历史和概况》，苏联国家法律书籍出版社1956年版，第101页。

承认公法与私法的划分，认为公法私法的划分是以生产资料私有制为基础的，私法是私有制的直接表现，并且随私有制一起发展起来，公法是以保护建立在私有制基础上的各种社会关系为目的的政权组织的法律形式。对于社会主义的法律来说，公法与私法的区分是不能接受的。因为在社会主义国家中，不存在生产资料的私有制，因而根本没有分立一门私法的基础，在经济生活中，没有“私”的因素，只有“国家利益”。还认为在社会主义国家也没有资产阶级法学家所主张的公法，即国家对属民享有片面的权利的公法。公民有参加国家活动和对国家机构实行人民监督的广泛的和实际的权利，他们有广泛的和实际的社会权利和政治自由。

随着社会主义市场经济体制的推进，中国的法学理论遇到了挑战，一些学者明确提出，在社会主义条件下，同样存在公法与私法的划分。我们认为，公法与私法划分的社会基础与私有制无关，而在于是否是市场经济，即社会资源配置是否主要通过市场机制。同时，在立法上是否承认个人利益的合法性以及政府权力有限性等政治原则。对于这些问题，中国改革的实践已作出了明确肯定的回答，因此，公法与私法的划分在中国已成为必然的趋势。

那么，土地法在性质上究竟是属公法还是私法呢?

在西方国家，土地立法走过了由单纯私法调整到私法公法共同调整的历程。在早期的土地立法中，主要是运用私法调整，或者主要通过民事法律调整。到了 19 世纪末，随着生产力的提高，人们发现，工业革命的兴起不仅仅只是带来了人类物质文明的进步，而且也引发了一系列的社会矛盾和问题，规范土地关系的法律遇到了以下几个方面的挑战：一是城市化程度的提高，使得大量人口涌入城市，使得土地所有者利用其控制的有限土地资源抬高房地产价格，与此同时，大量的城市人口大力购买和租赁生活所必需的住房。而在强调土地所有权绝对性的法律中，实际上保护的是强者，有悖于法律“公正性”的价值原则，这就提出了在法律上对土地所有权加以限制，要求其服从社会整体利益，保护弱者的基本生存权的问题。二是日趋严重的环境问题也要求对土地利用进行国家干预。三是宏观经济政策的调整，要求政府干预调控经济，也在法律上运用“公”权干预“私”权，由此产生了经济法，土地作为生产要素，也必然受到政府干预的影响。

受上述因素的作用，进入20世纪之后，土地立法的一个重要趋势就是“公法化”。土地立法公法化的主要表现是：①限制土地集中于少数人手中，采用优先收购、政府征用等方式将土地大量收归国有或公有。②限制土地所有权的行使，提倡“所有者附有义务”，规定所有权的行使不得违背社会公益。③政府以用途管制的方式对土地利用进行多方面的控制，城市规划立法、环境立法以及土地管理立法大量产生。中国的土地立法走的是一条与西方国家不同的道路。由于土地的公有制以及高度集中的计划经济体制，中国一开始的土地立法就采用了公法调整的方式。1986年之前的土地法律主要是为生产关系变革服务的，具有革命性质。1954年宪法只规定：“矿藏、水流，由法律规定为国有的森林、荒地和其他资源，都属于全民所有”，“国家依照法律保护农民的土地所有权”。1975年宪法和1978年宪法关于土地所有权的规定与1954年宪法的规定大体上相同。1982年宪法与前几部宪法相比较，对国家土地所有权的范围建立得更为明确，规定城市土地属于国家所有。其他的民事立法也具有简单的保护土地所有权的内容。1986年《土地管理法》作为中国第一部土地管理的法律，以此为基础，形成的中国的土地立法框架从总体上看，属于行政法的范畴，它的直接作用是保证土地征用以适应经济建设的需要。1990年5月19日国务院第55号令发布施行的《中华人民共和国城镇国有土地使用权出让和转让暂行条例》是在国家土地所有权条件下运用民事方法对土地利用流转进行探索的一部行政法规，虽然在内容上属于民事法规，但都采取了行政法的保护方法。随后，以此为标志中国的土地立法开始了建立私法的探索。但是，从总体上看，中国的土地立法仍然是以公法为主，这种格局与中国正在进行的改革是不适应的，应该向同时依靠“公法”和“私法”转变①。

① 北京大学法律系法学理论教研室编：《法学基础理论》（新编本），北京大学出版社1988年版，第396页。

（四）在土地法律部门的结构上，应该由单一的部门结构向多元的统一协调的部门结构转变

在法的理论中，法律部门如何划分，是一个争论较大的问题。有的认为划分法律部门只能有一个标准，即法律所调整的对象。有的主张除调整对象外，还应辅之以调整方法。有的认为除对象和方法外，还应考虑社会关系的不同主体、法规数量，保持各部门平衡和即将制定的法律等因素。但是，占主导意见的是，划分法律部门的标准，主要是法律所调整的不同社会关系，即调整的对象，同时，也应考虑法律调整的方法等因素。那么，土地法是否是一个独立的法律部门呢？这是需要回答的问题。我们的回答是否定的。我们认为，土地法作为一个独立的法学部门是能够成立的，但作为一个独立的法律部门则是不能成立的。这是因为，从土地法的调整对象看，它是调整土地关系的，而土地关系具有多重性质。一是由于土地在人类社会发展中的特殊重要性，各国宪法都将其纳入调整的范围，这样，土地关系首先表现为宪法关系；二是管理关系，即国家行政机关对土地利用进行管理所形成的管理关系，即行政法律关系；三是民事关系，即土地还可以由其权利主体依照平等、自愿、有偿的原则进行流转，也就是民事法律关系。从调整方法看，土地关系还可以运用刑罚方法来调整，一些国家在刑法中都规定了土地犯罪与刑罚，因此，刑法也同样适用于保护土地法律关系。由于土地关系与上述法律部门都有关系，因此，也就必然与宪法诉讼、行政诉讼、刑事诉讼、民事诉讼发生关联。通过上述分析，我们不难看出，土地关系是一个可以由多个法律部门调整的社会关系，因而，土地法也应是调整土地关系的多种法律部门规范的有机统一体。在理论上明确这一点十分必要，它可以使我们的土地立法从单一的行政法的范围中走出来，把关注的目光转向多种法律部门有机结合的广阔的法律沃野。

那么，如何建立多种法律部门调整土地关系的有机结合的统一的整体呢？这是需要我们认真研究的问题。

我们认为，要建立有机结合、和谐统一的调整土地关系的法律体系，应该遵循以下原则。

第一，以宪法为基础的原则。宪法作为根本大法，具有最高的法律效力，它是制定一般法律的根据和基础，因此，土地立法必须以宪法为基础。对此，大多数人是明确的，但是，对于如何理解以宪法为基础，则有不同的认识。有的人认为，以宪法为基础就应该以宪法中关于土地问题的规定为基础。这种理解是不全面的。的确，宪法在第九条、第十条中对土地问题作了较为明确的规定，这些规定是我们土地立法的直接依据。但是，土地立法的依据并不仅仅限于上述两条规定，宪法的指导思想、各项原则规定、国家机构的职权划分及其程序、公民的基本权利和义务制度都同样是土地立法应遵循的依据，如果不是全面地理解以宪法为基础，就很难形成和谐统一的土地法律体系。

第二，不与部门法的基本原则、基本制度相抵触的原则。由于土地关系具有多重性的特点，因此，在进行土地立法的过程中，必须充分认识正在制定的法律规范所调整的土地关系的性质，据此，按照调整该类性质关系的法律部门的原则进行立法活动。如果正在制定的法律规范调整的是土地行政管理关系，那么就必须与行政法的原则相一致；如果调整的是土地民事关系，那么就必须与民法的基本原则和基本制度相一致。否则，就将破坏法的内部和谐性。对于这方面的教训值得我们认真汲取。

第三，部门法之间协调的原则。由于土地法律多部门调整的特点，做好各法律部门之间的协调十分重要，“法网恢恢，疏而不漏”。要做到这一点，必须注意立法的“小配套”，即某项部门法律规范向前发展，相关的其他部门法也必须与之“配套”。比如说，农地采用管制制度之后，刑法就必须将严重破坏耕地资源的行为纳入“犯罪圈”，否则，土地管制制度就难以奏效。要做到这一点，还必须做到不越界，即不能将本来应该由某一法律部门调整的土地关系由另一法律部门调整。如果越界，不仅损害了法律的整体效益，也破坏了整个国家法律的内在和谐性。

第四，动态协调原则。社会生活总是不断变化的．法律也不可能一成不变，变是绝对的，并且一部法律和社会发展总会出现一些不协调的地方，因此，必须将土地立法与土地法律的修改、废除有机地结合起来，同时，还应把立法与法规的整理编纂有机地结合起来，这样才能在动态中实现法律部门之间的协调。

第五，层级效力原则。中国现行宪法对中国的立法体制进行了重大调整。其规定：①宪法由全国人民代表大会修改。②法律由全国人民代表大会及其常务委员会制定修改。法律分为基本法律和其他法律两种，前者由全国人大制定修改，后者由全国人大常委会制定修改。法律的效力低于宪法。③行政法规由国务院制定，其法律效力低于宪法和法律。④规章由国务院各部、委制定，其法律效力低于行政法规。⑤地方性法规由省、自治区、直辖市的人民代表大会和它的常务委员会制定，报全国人大常委会备案。其法律效力低于宪法、法律和行政法规、规章。由省、自治区、直辖市及省、自治区政府所在地的市和经国务院批准的较大的市的政府制定，其效力低于宪法、法律、行政法规、地方性法规。⑦自治条例和单行条例。由民族自治地方的人民代表大会制定，其法律效力是多层次的，根据制定机关的地位来确定。宪法的这些规定体现了保证法制统一性和照顾地方特殊性的统一，这种统一必须建立在层级效力原则的基础上，否则，将会破坏法制的统一性。

三、土地立法必须体现世界上最严格的措施管理土地的要求

土地管理始终是政府的重要职能。土地管理的职能随同国家的产生而产生，并且，在奴隶社会和封建社会，政府的主要职能就是土地管理，因为维系政权的运转主要是土地上的赋税；同时，也主要把土地分配作为社会最基本的分配形式，土地管理与财政制度紧密地连在一起。到了近代，随着人类土地利用活动的加剧，土地管理逐渐从财政职能中分离出来，成为相对独立的政府职能。到了现代，土地管理又成为调控经济的重要工具。研究土地管理的历史发展，比较各国土地管理的制度，总结发展中国家和发达国家的经验，采取最严格的土地管理措施主要有以下几个标志。

（一）完善的土地权利体系

土地制度是最重要的财产制度，公民的土地权利也是最重要的财产权利。在财产法的立法过程中，各国法律制度不尽相同，但高度重视土地物权的立法则是共同的。在法律上，土地物权的意义就在于抵抗政府权力的滥用，使人们获得稳定的利益预期。正如有的学者指出的那样，不重视公民不动产权利保障的国家，是不稳定的国家。回顾土地物权立法保障的历史，我们不难看出，土地物权体系经历了由静态到动态的过程，并且，是伴随着人类对土地利用开发而逐步形成的。在早期立法中，主要是偏重于土地所有权的保护。但是，随着人类的土地利用行为的开展，人们发现，单纯的土地所有权保护不能促进土地利用活动的有效开展，因为有的所有权人并没有开发利用土地的积极性，而有些非土地所有权人则渴望开发利用土地。这样，就形成了土地所有权之外的他物权，如地上权、地役权、准物权，以及采矿权、渔业权等等。他物权和准物权的出现，虽然对于所有权的行使有一定的限制，但对于促进土地的合理利用起了巨大作用。到了现代，随着科技、经济的发展，土地物权出现了由简单到复杂、由抽象到具体的趋势，有些国家又在传统的地上权、地役权的基础上，分离出日照权、采光权、空中权等权利。正是由于形成了严密的土地权利体系，才能保障人类利用土地的行为规范有序，也使政府滥用权利的行为得到遏制。因此，完善的公民土地财产权体系是世界上最严格的土地管理措施的法律基础。

（二）以用途管制为主导的土地利用制度

土地的利用不同于其他的物。从世界各国看，无论所有制如何，土地所有权归属于谁，在对土地的利用管理上都始终是以国家为主导的。国家对土地的利用实行统一管理是各国土地管理的共同特点。土地利用必须符合社会利益是各国法律的一条通则。那么，国家通过什么方式进行管理呢？就是用途管制。也就是说，对土地的利用有一个总体规划，依据规划，在一定区域划定土地用途分区，使用土地必须按照用途，违反用途就是违法。在美国，农场主对自己的土地也并不是想干什么就干什么。这是因为，土地的利用关系到经济的可持续发展，关系着国家的根本利益。要实施用途管制，就必须高度重视土地规划的作用。西方国家都在立法中确定，任何土地未经规划不得开发。由于有了这样的规定，就使得规划具有较强的法律约束力。

土地的利用必须是人类有意识的自觉行动，未经规划的盲目开发必然导致恶果。因此，规划一经制定就产生法律效力，规划的修改必须按照原制定规划的程序，土地部门没有变通执行的权力。

总的来说，西方国家一方面强调私有权神圣不可侵犯，另一方面强调土地的利用必须符合社会利益。这是最严格措施管理土地的主要标志。

（三）政府具有明确的土地管理的目标

西方国家在土地利用上是国家主导，作为行使具体土地管理职能的政府，在一定时期确定土地管理的目标就很重要。在不同的发展阶段，土地管理目标都不相同。在封建社会向资本主义社会过渡时期，当时土地管理的主要任务是摧毁封建的土地私有制，为现代化农业生产创造条件。所以，这一时期，土地整理就成为土地管理的主要目标。在农业社会向工业化、城市化发展的阶段，西方国家政府的土地管理目标是农地优先，保护农业用地特别是耕地。这一时期在农地转用控制上非常严格。这以后，特别是近25年来，土地管理的目标主要考虑生态效益。由于有了明确的土地管理目标，并且，土地管理目标又根据社会经济发展的状况及时调整，政府才有可能制定有关的土地政策，立法机构才有可能有效地立法，从而形成严密的土地法律体系和土地管理政策体系，使国家对土地的管理具有前瞻性的同时切合实际。这是最严格措施管理土地的必备条件。

（四）公民多途径地参与土地管理的决策过程的保障体系

土地制度是重要的财产制度，土地权利是公民的基本权利，而在对土地利用管理上是以国家为主导的，这就必然在两者之间产生矛盾。因此，需要有一套制度来保障公民参与土地管理的决策过程，从而及时、有效地维护其权利。

西方国家严格实行土地用途管制，土地利用规划一经制定即具法律效力。在规划制定过程中，通过公告、听证、辩论等制度和程序充分听取公民意见，直至全民公决。规划通过后实施前以及实施过程中，注意通过诉讼制度、司法程序保护少数人权利。此外，规划的修改也必须经过严格的程序，没有变通。这就是说，国家对土地的严格管制是以公民的充分参与为基础的。

（五）公正、独立、效率的土地司法体系

西方国家大量土地纠纷的处理通过行政司法程序解决。他们认为，土地问题专业化程度高，处理不好还会影响政府效率，因此，法院一般不予介入，而是通过隶属于政府的一个部门的行政裁判所这一制度来解决。在英国，有土地裁判所、农用地裁判所、地租裁判所、征地裁判所等若干个裁判所；在香港地区也有类似的土地审裁处。土地裁判所的特点是：①隶属于政府的某一个部；②是相对独立的一套机构；③按司法程序运作；④土地问题先行裁决。事实上，它是一裁终决，大量的土地纠纷解决于这个环节。如果对土地裁判所的裁决不服，还可诉诸法院。这是社会公正的最后一道防线。法院判决的执行也有一套相应的制度保证。公正、独立、高效的土地司法体系是采取最严格措施管理土地的保障。

（六）严密的法律责任体系

在国外，违反土地法律的责任制度是多种多样的。首先是宪法责任。在有些国家，土地问题纳入了宪法调整领域。如果一个政府在土地问题上作出的决定或行为违反了宪法，就要承担宪法责任，这个政府就可能倒台；假如一个议会通过的有关土地的法律违反了宪法，这个议会就可能被解散，重新大选。德国有宪法法院，法国有宪法委员会，美国有最高法院，它们可以宣布议会的法律无效。其次是行政责任，也称行政法责任，即土地管理部门行使行政处罚

权，包括罚款、拆除、没收等而相应承担的责任。第三是民事责任。在土地问题上，行政责任和民事责任往往交织在一起。如征地纠纷，对征地行为是否合法的诉讼主要是行政责任，而对征地的补偿标准有争议的诉讼，涉及的就是民事责任。第四是刑事责任。严重的土地违法行为要承担刑事责任。这一套严密的法律责任制度保证了土地法律、法规的严格执行。也正因为有这样一套严密的法律责任体系，这些国家在土地管理上是比较严格的。

第六章

现行《土地管理法》的立法特点、内涵与影响

一、《土地管理法》修订过程的基本特点

在中国的立法史上，新《土地管理法》是改动最大、立法速度最快、时间最短、反映较好的一部法律。过去，有的法律改动几条十几年都通不过，而这次《土地管理法》改动这么大，假如没有一个特殊原因，恐怕十年也出不来。要理解新《土地管理法》，必须对它的特点有一个清楚的认识。我认为，这次修订《土地管理法》有以下几个特点。

（一）修订《土地管理法》是党中央作出的重大战略决策

《土地管理法》改动这么大，立法速度这么快，有一个最基本的背景。我们国家是中国共产党领导的国家，推动立法主要有两种形式：一是政府主导，即国务院系统；二是党中央推动。后者比前者力度更大。从 1995 年以来，党的第三代领导集体对土地管理特别是耕地保护工作十分重视，逐步形成了一整

本章执笔人甘藏春。

套关于土地管理的基本方针和完整的政策体系，归纳起来有以下几点。

1. 中国必须采取世界上最严格的措施管理土地、保护耕地

这个任务要求是相当高的。在欧洲，虽然没有人多地少的生存危机，但他们的土地管理是很严格的，到处是保护区的牌子，没有一个城市建立在农田上。中国有人口问题，有生存压力，这是中国最大的国情。从这一国情出发，我们必须采取比世界上任何国家都更严格的措施管理土地。

2. 必须从机制、体制、法制上解决土地管理特别是耕地保护存在的问题

目前我们在土地管理中存在着很多问题，为什么长期解决不了呢？认真研究分析不难发现，最主要的还是机制、体制和法制不行。中国的土地管理体制，基本上是以块块为主的体制，权力主要集中在市、县政府。在这一体制下，地方成了相对独立的利益主体，有利益驱动。同时，土地局长由政府委任，这种体制造成了土地管理中存在的问题难以解决。在机制上，落后地区认为种粮食、保护耕地对地方财政没有贡献，吃亏了，发展林果业还可以收特产税，发展工商业收益更大。土地管理部门是先有《土地管理法》，后有土地管理机构，机构的设置是根据法律来确定的，法律确定的不合理的土地管理体制，也只有通过对法律进行修改才能解决。因此，必须从体制、机制、法制上解决问题。

3. 必须把耕地保护作为中国土地管理政策的首选目标

土地管理是随着国家的产生而产生的，有了国家，就有了土地管理。在中国历史上，无论是奴隶制社会还是封建社会，都有一个户部，它的职责就是根据田亩确定上缴的赋税。因为当时财政的维护不是像现在一样依靠货币，而主要是靠土地的赋税。随着土地兼并，社会矛盾尖锐，发生农民起义，推翻了旧朝，开始重分田地，不久又开始了新的兼并，新的循环。不同的历史阶段，土地管理的目标是不一样的。一个国家的政府采取的土地管理目标是多种多样的，而不是单一的。从中国的现状出发，土地管理的政策目标主要是：保证粮食安全和经济安全；保护国有土地资产的保值增值；保证土地市场的有效运转；保证土地收益分配关系的公正性；向社会提供全面的土地信息服务。这些目标的地位是不一样的，在中国的国情下，我们必须把耕地保护作为土地管理

政策的首选目标。发达国家大致走过了不同的历史阶段，在封建社会向资本主义社会过渡时期，土地管理政策的主要目标是土地的所有制改革，即摧毁封建的小农经济，同时通过大规模的农地整理，为实现现代化的农业生产创造条件。在欧洲工业化开始阶段，土地管理的重点是农地保护。到 20 世纪 50 年代，工业社会开始向信息社会转变，这个时期土地管理的目标主要是生态保护。日本的立法经验与中国比较相似，日本一位土地法学家说，50 年代日本整个土地管理的立法就是“大胆地干”，保证建设用地；到了 60 年代，立法思想发生变化，叫“等一等”，有些项目不是必须上的，就暂时放一下；到了 70 年代，是“停下来”；到 80 年代，是“别再干”。1989 年日本国会通过了《土地基本法》，只有十几条，原则内容与中共中央 11 号文件类似，就是把土地保护作为基本国策。无论是经济发展水平还是土地管理的目标，我们现在都与日本 70 年代的情况相类似。根据这样的政策和目标，中央提出了一个战略口号，就是必须严格保护耕地，土地管理必须保证耕地总量的动态平衡。

4. 土地管理必须和生态保护有机地结合起来，两者不可偏废

1998 年的洪灾给了我们很多的反思，过度开垦导致的自然界对人类的报复触目惊心。因此，土地管理必须解决生态保护问题。

5. 必须强化国家对土地的管理

不论是私有制国家还是公有制国家，由于土地问题涉及民族利益，涉及一个国家的长远利益，土地都必须由国家直接管理。中央为什么对土地管理那么重视？主要有两个方面：一是从对中华民族子孙后代的可持续发展着眼。江泽民同志在听取原国家土地管理局汇报时说：“我已经是古来稀的人了，我们这一代人有饭吃，那么下一代人哪儿找饭吃？”二是从国际经济、政治的激烈较量中，中国是不是能够掌握战略主动权的角度考虑。在中国这样一个大国，粮食问题实际是一个战略问题。它与日本不一样，日本是一个小国，粮食不够可以进口，但中国发生粮食恐慌，很难从世界粮食市场买到足够的粮食。我们在研究退田还湖、退耕还林的问题时，就涉及长江、黄河流域的四五千万人口，即使中国有能力养活这些人，他们的就业、发展又该怎么办？人口问题在中国很突出。

根据中央这一系列指示，中央直接组织了耕地保护问题的调研，由原国家土地管理局直接承担；组织了刑法的修改，增加了三条土地犯罪的规定；1997年发了11号文件，确立了《土地管理法》修改的指导思想和基本原则，决定冻结非农业建设占用耕地一年，利用这一年时间，修改《土地管理法》，通过修改《土地管理法》来解决土地管理的体制、机制、法制问题。由于《土地管理法》的修改比较复杂，最后中央办公厅又发了一个文件，继续冻结到新修改的《土地管理法》实施为止。这为修改《土地管理法》提供了时间，但也施加了压力。因为要听取各方面的意见，又赶上人大、政府换届，本来应该4月份出台，结果延后到8月份才出台，但这也是非常快的。为什么这么快？就是有党的第三代领导集体的战略决策。这是一个最大的背景。

（二）《土地管理法》的修订过程是党的主张和人民的意志高度统一的过程

《土地管理法》的修订过程始终是按照中央的指示精神，反复研究形成条文、原则和指导思想的。《土地管理法（修订草案）》报送到全国人大常委会以后，进行了一次立法制度的改革，即将《土地管理法（修订草案）》公布，进行全民讨论，征求人民群众意见，特别是要征求农民群众的意见。这样，全国各地都进行了大讨论，时任中央领导李鹏、姜春云还专门到一些地方进行了调查研究，一些人民群众直接写信提出意见和建议。截止1998年8月21日，写给全国人大法工委的信有650多封，写给我本人的有20多封。写信人有的是土地管理战线的工作人员，有的是小学老师，有的还是农民。大部分都赞成《土地管理法（修订草案）》的指导思想，但认为草案规定还不太严，管不住，建议主要应把基层政府管住。2月份八届人大主要研究九届人大的换届问题，议程当中不再审议法律草案。3月份新的一届国家权力机关组成，4月下旬九届人大二次会议对《土地管理法（修订草案）》进行了初步审议，同时印发征求全民意见。6月份进行了第二次审议，同时分别征求了民主党派、专家学者和一些部委的意见，又确定了一些大的原则。在此过程中充分发扬了民主。如

《土地管理法（修订草案）》第一稿中规定“城市规划与土地利用总体规划应相互衔接”，吃饭与建设谁服从谁的关系不明确，而且按照建设行政主管部门规定的标准来核定城市规模，土地管理部门怎么核定？因此，后来就改为“按照国家标准”，把“相互”中的“互”字去掉，变成“城市规划应当与土地利用总体规划相衔接”，这样就从根本上扭转了两个规划“打架”的问题。就这样一个字一个字地琢磨，第二次会议审议后又组织了专门的调查，法律委员会听取各省意见，调整了法律结构，把监督检查、土地利用总体规划、耕地保护分别作为一章。法律委员会又向委员长会议做了报告，临通过前一天又加了几条。反反复复的修改，的确是充分发扬了民主。某家报纸发表了10篇评论《土地管理法（修订草案）》的文章，一些院士级的专家发表了意见，反对力量最大的还是土地管理战线自己。这是其他任何法律都没有的。最后8月29日表决，9：00开会，9：05分表决结果出来，出席会议的代表共141人，反对票是零，弃权票是2（其中一人未按表决器），赞成票是139。在中国从五届人大以后，立法上真正没有反对票的，不多见。这反映了党的主张与人民的意志是高度统一的，都赞成中央提出的严格管地、保护耕地的主张。

（三）《土地管理法》既总结了国内正反两方面的经验，又大胆地借鉴了国际经验，是国际经验与国内经验的有机结合

修订《土地管理法》有中央11号文件作指导，但我们不知道什么叫用途管制，以及究竟应该怎么搞。所以，既要总结国内经验，更要吸取国际经验。我们认真研究了一些发达国家和地区的成功经验。用途管制不是国产货，而是进口货。为什么说新的《土地管理法》本系统不理解的最多呢？因为这个法有超前的一面。用途管制制度1995年提出，1997年就开始立法，没有太多的实践经验，主要是借鉴外国的做法。从市场经济国家看，中国必须走这一步，别无选择。大胆地借鉴外国经验，是修订《土地管理法》成功的重要原因。当然，我们总结国内的经验是正反两方面的经验，正面的有珠海的“五统一”，教训有闲置土地大量存在、房地产市场失控等。

（四）修订《土地管理法》的过程是间接民主与直接民主的有机结合

中国是社会主义国家，采取的是间接民主制，通过选举人民代表来行使权力。《土地管理法》的修订过程中把两种民主制的优点结合起来，直接征求人民群众的意见，并将之吸收入条文中。人民群众参与程度是非常高的。有一次亚洲银行与全国人大环资委召开了一个资源立法的研讨会，他们对中国修改《土地管理法》过程中立法的开放性和民主性感到震惊，认为不可想象。只有高度民主，我们才能形成统一的意志。各种反对意见公开提出来，例如要不要保持耕地总量动态平衡，要不要上收审批权，要不要调整土地收益分配等等，各种意见都争论过、讨论过，最后确定下来，大家心服口服。民主程度越高，越有利于集中统一。

（五）《土地管理法》的修订过程是改革决策与立法决策相统一的过程

中国过去推动改革，一是依靠政策，二是通过试点。在土地管理问题上，按照中央关于经济体制改革的决定，把立法决策与改革决策有机地结合起来，成功地采取了用立法手段来推进改革的方式。这次立法有很多属于超前的，例如农地转用、土地征用制度改革、土地规划制度改革，都是先通过法律来确定，随后再加以完善。这就出现了许多令人不理解的问题，甚至管地越久的人越看不懂。如建设用地管理已经不是原来的全程管理了，不同的阶段有不同的重点。过去是按项目批地，现在是用途管制，成片用地，新旧观念相互碰撞。又如土地使用制度改革，规定了出让等有偿使用方式，改变了过去有偿使用等于出让的观念，出让只是有偿使用的一种形式，租赁可能是有偿使用的主要形式，但写进法律还不太成熟。租赁权究竟是债权还是物权，许多法律问题还要慎重研究，不过将来国务院的行政法规对这些问题都可以一一解决。在土地监察问题上也做了很多改革，强调了自上而下的监督，应当给予而不给予行政处罚的，上级土地管理部门有权直接处罚，同时对不给行政处罚的责任人直接给予行政处分。这些改革力度都比较大，都要求我们有新的观念、新的思维。

（六）《土地管理法》的修订经过了十分严格的程序

在中国，立法程序一般比较严格，但这次修订《土地管理法》的程序与其他法律相比，就更为严格。它有以下几个特点。

1. 全面修改

在立法学中，法律修改有两种形式：一种是法律修正，这种形式往往只是改几条；一种是修订，这种形式一般是全面修改。《土地管理法》的修改就是采取后一种形式，即修订，也就是全面修改。在中国的立法史上，经过全面修改的只有几部法律，除了《宪法》、《刑法》、《刑事诉讼法》外，全面修改的法律，《土地管理法》是第一部。《宪法》是国家的根本大法，除此以外，中国法律有两种，一种是基本法律，即由全国人民代表大会审议通过的法律；一种是普通法律，即由全国人大常委会审议通过的法律，《土地管理法》就是属于这类法律。新旧《土地管理法》比较，可以发现只有两条保留了原法律的规定：一条是原《土地管理法》总则第 4 条关于政府鼓励科学研究的规定；第二条是原《土地管理法》第 23 条关于大中型水利、水电工程征用土地补偿和移民安置办法由国务院另行规定的规定，其他所有条文都进行了修改。从改动的幅度来看，是中国历次法律修改幅度最大的，比《宪法》、《刑法》修改的幅度还要大。

2. 国务院两次审议

1997 年 12 月国务院召开常务会议，第一次审议了《土地管理法》。在中国的立法中，提交国务院审议的法律或者法规，一般都能原则通过。但后来一讨论，国务院领导认为草案不行，须重新修改，没有通过。由此还引发了对中国立法思想的一次讨论。在《土地管理法》之前，中国正处在改革时期，立法都比较粗。从《土地管理法》之后，立法要求细，要求具体。这样，我们与国务院法制局又反复进行了协调研究。1998 年 1 月国务院召开常务会议，第二次进行了审议。在中国的立法中，国务院召开间隔时间不长的两次会议审议同一部法律草案是不多见的，说明土地管理问题确实是事关全民族的大事，也说明国务院领导对土地问题非常重视。

3. 全民讨论

在中国的立法中，法律草案一般是两次审议可以通过。这一次中间插了一个环节，即全民讨论。在我的记忆中，全民讨论的只有《宪法》。除《宪法》之外，《土地管理法》是经过全民讨论征求意见而修订出来的第一部法律。

4. 全国人大常委会三次审议

全国人大常委会以前审议法律草案都实行两审制，第一次初审，第二次通过。从《土地管理法》开始，进行了立法制度改革，以后凡属于关系到人民群众切身利益的法律或者重要法律，都要进行三次审议。《土地管理法》修改搭上了立法制度改革的第一班车。从 1997 年 5 月 16 日开始修改《土地管理法》，到 1998 年 8 月 29 日新《土地管理法》通过，历时一年零三个月，尽管坎坷很多，风风雨雨，但我们欣慰地感到，在中国的立法史上，《土地管理法》已占据了辉煌的一页，必将显现出它重要的历史地位。

二、《土地管理法》修订的指导思想和基本原则

（一）修订《土地管理法》的指导思想

立法的指导思想是指立法过程中必须遵循的理论原则。在立法过程中，立法的指导思想主要有以下几个作用：第一，指导思想决定立法的基本原则，是制定法律的灵魂。指导思想不对，整个条文就毫无用处。法律的结构有三个层次，即指导思想、原则与具体规范。指导思想决定原则，原则决定具体规范。指导思想不一定在条文中直接写出，往往隐藏在法律背后，要去体会和琢磨。第二，指导思想是解释法律的主要依据。在立法过程中，立法工作者不可能穷尽所有的问题，有一些法律界限只会在未来的实践当中慢慢摸索。解释法律时究竟是从宽解释还是从严解释，依据什么来判定解释是合法还是非法，主要依据就是立法的指导思想。

这次修订《土地管理法》的指导思想是什么？简单地说，这次修订《土地管理法》的指导思想，就是保护耕地。

第一，如果不坚持这一指导思想，就没有《土地管理法》今天这样的局面，也没有土地管理战线今天这样的格局。原地矿部与原国家土地管理局合并组建国土资源部，在职能上特别强调要加强土地管理和耕地保护。假如没有耕地保护，就没有今天的格局。与别的部门合并，卖地不更顺畅吗？我们的职责就是要限制城市规模的扩展。靠炒地皮来发展经济，只能维持一时，不能维持长久。《城市房地产开发经营管理条例》的起草权在建设部门，但土地管理部门也有一定的职责。到现在为止，比如优先购买权问题，有几个地方搞了？假如不高举耕地保护的大旗，就没有土地管理部门的利益。

第二，假如不高举耕地保护的大旗，《土地管理法》的修订就不能如期完成，也不可能全面修改。现在有那么多的闲置土地，就是没有管好土地的一个重要表现。只有把城市圈住，才能保护耕地。假如不高举保护耕地的大旗，也就没有《土地管理法》的全面修改，也不可能得到人民群众的真心拥护。所以在这个问题上，土地管理战线应该站在历史的高度，只有保护了耕地，控制了总量，城市房地产才能增值。相反，就没有土地市场。只有真正保护了耕地，土地市场才能健康发展。有人说《土地管理法》是耕地保护法，这又有什么不好？

第三，保护耕地是中国现阶段必须选择的基本目标。中央 11 号文件出台以后，我们大力进行了宣传。中国最大的问题是人口问题。1998 年南方一些地方发洪水，为什么要严防死守，不敢分洪？就是因为我们的人太多，不敢分洪，淹不起。耕地保护也是如此，我们没有第二条道路。提高科技投入要花很多钱。以色列沙漠缺水，水很宝贵，靠电脑喷灌，的确是高科技，但中国没有那么多的投资。从部门利益讲，没有耕地保护，就没有土地管理战线的大好形势；从法律角度讲，没有耕地保护，就没有新《土地管理法》的出台；从中国国情讲，在《土地管理法》研讨会上，外国专家对《土地管理法》评价很高，认为我们中国在世界上采取了比较严格的措施。美国一位专家说，美国只有保护区制度，没有像中国这样将土地分为农用地和建设用地，实行严格的用途管制。中国的立法比美国先进，这也表明中国政府是对人类负责的政府。美国世界观察研究所所长布朗向世界提出了“谁来养活中国人?”的尖锐问题，说明他对中国很关心。古巴总统卡斯特罗访华，到深圳、上海看了以后说，“你们的经济建设成就我很佩服，但是我有担心，你们把大量耕地都占了，将来中国出现粮食短缺，就要到世界粮食市场去购买，世界粮食价格就要上涨，古巴粮食全靠进口，把世界市场价抬高了，古巴就没法活了”。所以说，我们自始至终必须坚持耕地保护的思想，这个思想必须坚持，不能动摇。中国人口高峰过去以后，科技上去了，到底会怎样，谁也不好说。但是在我们这一代，必须严格保护耕地，这是立法的指导思想。

（二）修订《土地管理法》的基本原则

这次修订《土地管理法》的基本原则，我认为主要有以下几个方面。

1. 用途管制的原则

用途管制是指土地所有者或者使用者严格依照国家规定的土地用途利用土地的制度。用途管制制度是市场经济国家普遍采用的一个成功制度。瑞士苏黎士大学一位土地法专家认为，土地权利 = 私法权利 + 政府管制（公法管制）。土地有民法上的问题，要考虑民法上规定的土地权利，即私法权；但仅仅从所有权的角度看土地问题，还不完全，还要考虑政府依据公法设置的管制，土地的利用要在政府的管制下进行。在发达的资本主义国家，人们对土地问题的认识比我们深刻得多。土地是你的，但你必须按照政府规定的用途来使用，否则就是违法。用途管制的核心内容：一是必须明确依据国情对土地进行基本分类，这是实施用途管制的核心；二是土地利用总体规划是实施用途管制的基本依据；三是农地转用审批是关键；四是依据规划进行执法监察是保证。

中美刚刚恢复邦交时，中国驻美大使馆在美国首都华盛顿市买了一栋楼，为了节省开支，一半作为办公楼，一半作为居住楼。该市市政部门不同意，说：“依据华盛顿市规定，这座楼只能作为办公用房，不能作为居住用房。”

中国使馆多方疏通关系，市长说："我很同情你们的处境，但是我无权改变这个决定，因为这是华盛顿市议会通过的法律决定的。"美国佛罗里达州有一个农场主，他有一大片土地位于城市郊区，觉得种地效益低，计划改行搞房地产。他准备辞退农场工人。工人们向法院起诉，结果州法院宣布农场主败诉，理由是根据佛罗里达州的法律，这块地的用途只能作为农用地。这个农场主说："在美国，地主对自己的地并不是想干什么就干什么。"后来州政府决定动用一笔公款，采用优先购买权买下了这片土地，转租给农场工人，保证这些工人的耕作权。这些都属于用途管制。我们有些同志对用途管制不理解，认为增设了农地转用，批地就不容易了。过去我们办项目批地，办理手续保证供地就行了，对项目没有否决权。增设农地转用，就是对项目实行否决权，不符合土地利用规划就可以不供地。我们不能满足于卖地，地越卖越少，最终还是要靠土地用途管制。以后收费体制要改革，不允许乱收费，现在许多地方将土地收益作为政府的第二财政收入，使土地管理部门的地位建立在卖地上，我以为这样的地位就像建立在沙丘上，很不稳定。我们要正确地行使审批权、否决权，在实施用途管制中找到自己的位置。把城市土地盘活了，才真正有地位。这样的地位才是牢固的。

2. 合理划分各级人民政府土地管理职权的原则

在讨论《土地管理法（修订草案）》的过程中，有的同志提出，《土地管理法（修订草案）》是一部全面上收地方权力的法律，是一部影响改革开放的法律，是一部阻碍经济发展的法律。这个帽子很大，实际上他们不理解《土地管理法（修订草案）》的立法本义。1986 年的《土地管理法》对土地管理的职权划分主要是依据面积的大小，3 亩以下归县，1000 亩以上归国务院，这是根据面积的大小来划分管理的层级。这是典型的计划经济产物：你有土地法，我有土办法；你有限额，我有化整为零。因此，必须改革。怎么改？就是依据土地管理的性质、权力的性质重新划分。这次划分的总原则是：凡属于与总量控制有关的权力全部上收到中央和省两级，凡是执行性的权力全部下放到市、县政府。具体而言，中央和省有土地利用总体规划的审批权、农地转用与土地征用的审批权。土地利用总体规划的审批权最后下放了一些，规定乡镇这一级由省授权地级市审批，但是各省可以根据实际情况决定，可以授权，也可以不授权，因为将来批农地转用也将根据规划的审批权而定，规划权下放，审批权也要下放。这些权力都是涉及总量控制的权力，上收是为了强化管理。有些权力是过去根本没有的，如农地转用，因此谈不到上收。对市、县政府，该下放的权力全部下放，凡是存量土地的利用权全部下放。将来的关系是：在建设用地管理上，中央和省两级政府负责“批发”，市、县政府负责“零售”。比如某个城市要扩展，省里根据全国的土地利用总体规划和年度用地计划，确定该市农地转用的范围大小。该范围之内，单个的项目用地审批，全归市政府，不再有用地限额的限制。省里还有直接审定项目的权力，如国家和省重点工程建设项目。对农村集体土地，如宅基地、乡镇企业和乡村公益事业用地，也是采取“批发”与“零售”的关系。

农地转用按批次，落实到地块，一次批下去。这样会不会造成土地闲置？不会。我们有几条管制措施：一是土地利用总体规划与2010年城市规模的大小有控制，如果一年将土地用完，以后就别再用；二是我们有自上而下的土地供应计划；三是耕地占补必须平衡，占多少必须补多少；四是新增建设用地的收益30%上缴中央。这是抑制用地的机制。法律作这样的划分，主要是解决总量控制与盘活存量的问题，抑制城市盲目扩张，建立自律机制。对重点工程则是采取保证供地的政策。法律规定，凡属于国务院、省级的重点工程，不符合土地利用总体规划的，可以修改规划。有人认为新《土地管理法》是上收权力的法律，这一看法是不全面的。我们既有上收的一面，也有下放的一面，该下放的下放，该上收的上收，实现了合理化。

3. 强化土地执法监察的原则

执法监察是土地管理的一项重要工作。这项工作的好坏直接关系到土地管理部门的权威。这次修改《土地管理法》的一个重点，就是强化执法监察。新《土地管理法》中专门涉及执法监察的有两章，一章是监督检查，一章是法律责任，重点就是要解决土地管理执法难的问题。土地管理的执法有以下几个特点：一是违法主体具有特殊性，除了公民、法人之外，还有地方政府，越权批地非常严重。二是违法事实一经形成，纠正特别困难，土地很难恢复原状并恢复耕作，而且执法成本大、损害大。三是调查容易，处理难。即使下达了行政处罚决定书，执行也很困难，涉及人事的处理更难。这一状况如不改变，土地执法与土地用途管制很难落实到位。四是有一个传统惯性，即主要依据程序来判定是否合法，很少考虑实质性合法问题，把办理手续作为唯一的条件。真正按用途管制来看，政府虽没有越权，但如果违反了规划，就是更严重的违法。因此，要从手段、制度和机制上加强执法监察。

三、《土地管理法》修订的主要内容

（一）新《土地管理法》的核心内容是切实保护耕地

新《土地管理法》的指导思想和核心内容是切实保护耕地。一是首次将耕地总量动态平衡的目标写进了法律，并明确了省级政府保护耕地的责任。二是确立了耕地占补平衡制度，明确必须严格管理划入基本农田保护区的耕地，确实因为重点工程、线型工程要占用基本农田的，必须上报国务院。过去我们一方面划定基本农田，同时又允许占用基本农田，这是不对的。1999 年将有一个重新依照基本农田保护规划划定保护区的工作。三是规定各省基本农田至少划定 80% 以上，有些县应达 100%。四是把土地整理、土地开发复垦写进了法律，要求积极推进土地整理。将来中国解决耕地总量动态平衡的主要措施就是土地整理，开荒不能乱来，只能在土地利用总体规划确定的开垦区内进行开垦，防止过度开垦，并有计划地实行退耕。

（二）新《土地管理法》改变了分级限额审批制度，建立了用途管制新制度

一是将土地进行了基本划分，分为农用地、建设用地和未利用地。实施用

途管制主要解决一个重点，就是要控制农用地向建设用地的流转。这是实施用途管制的重要前提，也是土地管理部门的重要工作。至于建设用地内部是商业用地还是工业用地，是城市规划的事情。二是强化了土地利用总体规划的地位。这次最大的突破是理顺了土地利用总体规划与城市规划的关系，同时上收了土地利用总体规划的审批权，对其修改程序也做了明确规定。凡是不符合规划的，一律不能批，只能先改规划，后批地。三是增设了农地转用审批环节。四是确定了执法监察必须依照规划来执法。对非法占地的规定是：凡是违反土地利用总体规划的，应该拆除；对不符合规划的，应予没收。同样是非法占地，就有两种处理情况。这些立法精神都体现了用途管制。

（三）新《土地管理法》对各级政府的土地管理职责进行了明确划分

这在前面已讲述，这里不再重复。

（四）新《土地管理法》强化了对土地的执法监察

一是明确了土地执法监察的对象，对违反土地管理法律、法规的行为进行监督检查。最初的规定是“对违反本法的行为进行监督检查”，限制很死，因为土地管理法律、法规很多，修改成现在的规定，监察的范围就扩大了。二是解决了国务院土地行政主管部门案件查处权的问题。过去国家土地管理局监察司包括国家土地管理局是没有行政处罚权的，新法解决了这一问题。三是健全了七地执法的监察制度。对监察机构的人员、职责有了明确规定，明确了调查权；建立了行政处分的建议书制度，对地方政府违反土地管理法律、法规的行为，可以直接向纪检监察部门发出行政处分建议书；建立了直接处分制度，不需要纪检监察部门介入，对本系统内消极执法的行为、责任人、当事人由上级土地管理部门直接给予行政处分。这是法律赋予的职权，突破了《行政监察法》的规定，土地执法也带有行政监察的涵义。四是法律责任制度更为完善。这次最大的突破就是对越权批地的处理。政府越权批地，按照旧法，首先应该销消批准文件，宣布无效，给批地人行政处分，给用地人行政处分，按非法占地处理。这在法理上是讲不通的，因为过错责任在政府，凭什么处分用地人？这次改革，主要是由政府承担责任，由此给用地人造成的损失，政府应承担赔偿责任。用地人也要积极退出这块地，因为是不合法的，如果不退，再以非法占地处理。这个规定就比较合理、比较完善，体现了法律精神。

（五）新《土地管理法》注重了对公民特别是农民土地财产权利的保护

一是第一次将农民的承包期 30 年写进了法律。以前是以党的文件规定，这次是以法律明确规定，这为承包经营权的物权化创造了条件。二是明确了农民集体土地的产权代表。过去村民小组与村民委员会之间矛盾比较大，旧《土地管理法》不承认村民小组的地位，而由村民委员会来行使土地的使用权与经营管理权，征地时纠纷不断。这一次明确规定村民小组也可以作为农民集体土地的产权代表。三是增加对农民建设用地使用权的登记保障。原来对农民集体所有的土地只登记所有权，法律上不登记使用权。这一次明确既要登记所有权，也要登记对农民所有的建设用地使用权，同时规定改变用途要进行变更登记。新《土地管理法》还增加了公民的告知权、公告权，提高了征地的补偿标准，规划要公告，征地批准要公告，征地补偿要公告，这在一定程度上缓解了基层政府滥用权力的行为。

（六）新《土地管理法》强化了国家土地所有权权益

新《土地管理法》规定国务院代表国家行使土地所有权，这是一个大的突破，回答了国有土地由谁来代表的问题，明确国务院才是国有土地所有权的代表，省、县政府只能是根据国务院的授权具体负责国有土地的管理工作，属于派生权力，不是原始权力。同时，调整了土地收益分配关系，新增建设用地的有偿使用费 30% 上缴中央财政，70% 留给地方，专款用于耕地开发。这一条的规定是与《城市房地产管理法》相矛盾的，因为它规定城市土地出让金收入主要用于城市基础设施建设，在具体处理时后法优于前法，不一致的地方按新《土地管理法》办理。新增建设用地的收益应该是纯收益，不能与出让金完全等同，应该是扣除征地成本、拆迁成本、城市配套后剩下的纯地租部分。具体操作办法正在研究制定。

（七）新《土地管理法》明确了土地管理的基本国策

新中国成立以来，在法律文件中出现基本国策的，《土地管理法》是第一次。这表明了土地管理在国家生活中的地位，我们要珍惜这一地位。这也表明了基本国策是不能动摇的，是制定各项政策的依据。这是一个大的突破。

四、修改《土地管理法》的几点体会

第一，立法工作一定要以人民的根本利益为根据。要敢于在重大原则问题上与人民的根本利益保持一致，部门利益只有与人民的根本利益有机地结合在一起，部门利益才能得到维护。

第二，立法是多种力量相互作用的结果。我们的任务是把社会的平均值往前拉，有斗争，有妥协，要善于协调。

第三，关键是要做好自己的基础工作。有一句话说“战场上得不到的东西，永远不要指望谈判桌上得到”。例如关于土地征用问题，按产值来补偿实际上是计划经济的产物，当时我们曾经提出遵循国际惯例，改用按地价来补偿，但是我们没有实践经验。又如征用中可以给农民集体所有的土地发债券，可以入股，同样是缺乏实践。许多想法是对的，但没有实践，因此在很多问题上留下了遗憾。各地要按照《土地管理法》的原则大胆地试验，抓好试点，成熟以后，法律上还可以再完善。

第七章

当代自然资源立法趋势与中国自然资源立法思考

《中华人民共和国土地管理法》经九届全国人大常委会第四次会议修订通过，已于1999年1月1日起施行。这部法律的修订不是个别条文的变动，而是土地管理方式和土地利用方式的重大变革，是土地管理思想发生根本转变的集中体现。作为一部具有开创意义的法律，它是除宪法等基本法律外，第一部在立法思想基本原则和主要内容等方面对原法进行全面修订的法律，第一部经过全民讨论、人大常委会三次审议的法律，第一部以立法形式确立土地基本国策地位的法律。认真学习和研究这部法律，对于探讨中国自然资源立法的发展和变革趋势是非常必要的，也是十分有益的。

一、当代资源立法的发展趋势

进入21世纪以后，对于当代资源立法的发展，我们应当有一个总体的概括。笔者认为，20世纪开始之后，资源立法经历了不同的发展阶段：20世纪

本章执笔人甘藏春。

的30年代是一个大的转折，资源立法由注重开发转向了保护；到了20世纪的70年代，又发生了一次资源立法的革命，就是资源立法开始注重生态保护，这个发展态势仍在进行当中。从总体上看，当代资源立法的发展趋势有以下几个方面的特点。

（一）立法的指导思想由注重开发逐步转移到可持续发展的战略上来

资源问题与可持续发展战略的关系最为紧密。20世纪80年代中后期，一些发达国家逐步提出可持续发展战略，有些国家还把可持续发展作为一个国家战略。有的经济学家甚至主张“零增长”，认为在经济发展过程中，过去传统的模式是消耗资源，但迟早总有一个资源耗竭的问题，而且传统的经济发展模式也带来了环境污染、生态破坏等一系列问题，给人们以深刻教训。可持续发展战略正是在这种情况下提出来的，其基本内涵包括以下几个方面：

第一，可持续发展的前提是发展，其目的是为了增进人类的福利，改善人类的社会质量。人类的发展和生活品质的改善，必须建立在地球生态系统的涵容能力之内。

第二，要实现发展以满足需要，但同时应当维持生态系统的完善性，不至于因当代人类的发展而损害后代人满足其需要的能力。

第三，应当把经济发展与生态的可持续性有机地结合起来，对人类发展的基础资源的开发和利用，应当维持和建立在利用效率最大化和破坏资源最小化的基础之上。

与传统的“发展”观念相比，可持续发展更为强调在对发展概念的理解上使人类伦理道德和价值观予以更新，从而影响导致人类行为和生产、生活方式的更新。可持续发展作为一个崭新的发展观，很快得到国际社会和世界各国的一致认同，随后开始逐步成为立法的主导思想，先后在越来越多的国家资源立法中开始体现。

为实现可持续发展战略，许多国家在发展经济的同时还特别强调生态环境的保护。比如过去荷兰的“围海造田”是世界闻名的，而这几年却开始了退田还海，恢复生态。从世界范围来看，许多发达国家已经进入到一个更高的经济社会发展阶段，生态保护成为首要的目标。笔者在瑞士访问时曾发现了一个非常有趣的现象，有些庄稼种下去是不收割的，原因是要留给山上的鸟作为过冬的食物，以维护生态平衡。加拿大虽然面积广大，矿产资源丰富，但却格外注重生态环境的保护。为此，他们提高了生态保护的标准，加大了矿业公司的成本，甚至故意拖长审批周期，其目的就是要把矿业公司“逼”出加拿大，可见他们对保护本国生态环境的重视。

（二）立法内容由公法和私法的分立向公法和私法的合一转变

在传统的法学理论中，公法和私法是调整两种不同类型的法律关系的。私法讲求的是“意思自治、契约自由”的法律原则，强调主体地位的平等性、自主性、公平性和有偿性等特征，公权、行政权是不能对个人进行干预和调查的，而公法则强调政府的宏观调控。

从 1803 年法国民法典颁布一直到 20 世纪，世界许多国家按照法国戴维在《当代世界法律体系》一书的分类，把法律分成两大体系，分别是以德国民法典为代表的大陆法系和以英美法为代表的普通法系（也称英美法系），这两大法系的发展代表了整个资本主义国家法律的全貌。整体来看，两者有很多不同：一是大陆法系的渊源是以成文法为主，特点是议会立法，任何法都有法典形式。英美法的渊源则是以判例法、惯例法为主，在这些国家，法院的判例、法官的解释，包括法学家的著作，甚至几百年前的判例都可能成为审判的依据。英美法系的核心就是要遵循先例。二是法官的地位和作用不同。在大陆法系国家，法官的地位相对来说没有英美法系的国家高，他们只能是执行法律，而不能创造法。英美法系国家的法官权力要大得多，他们甚至可以宣布议会通过的法律不适用，予以撤销。在司法实践中，他们把抽象的、原则的法律条文加以引申，适用于具体案例，再由学者归纳成若干规则。三是司法体制不同。大陆法系的国家往往是行政法院和一般的刑事、民事法院分设，如法国，行政法院隶属于政府，不属于法院系统。而英美国家有行政裁判制，对纠纷的处理是先通过行政系统内部的行政裁判所，按照司法程序解决，解决不了再到法院。法院只是进行法律审查，不再重新进行事实审查，所以效率也比较高。近年来这两种法律体系也呈现出互相补充、互相融合的趋势。大陆法系国家开始重视判例，英美法系国家也制定了许多成文法。美国的立法体制则很特别，一些法是行业协会通过的，并没有经过国会。两种法律体系虽然不同，但这些国家的共同特点是公法和私法是截然分开的。私法领域的问题，政府不能干预，完全由当事人通过合同“意思自治”，而资源问题最早是属于私法调整的范围，也就是大陆法系所称的物权法，后来从物权中分离出准物权，纠纷的处理程序也完全是私法性质的。

20 世纪 30 年代以后，西方一些国家出现了国家干预主义，认为资源利用不是单纯的个人问题，它涉及全社会的利益，主张政府干预。现在许多西方国家的法学家在谈资源法律问题时，都认为资源立法是公法和私法的结合。瑞士苏黎士大学的一位教授认为，土地权利 = 私法权利 + 公法管制。这个公式在一定程度上可以说是西方国家的法学家在资源立法问题上的分歧与融合的产物。民法学家认为，所有权问题政府不能干预，而行政法学家则认为政府应该干预。而这个公式则表明，两者必须结合起来，才能实现人类社会的可持续发展。这是当代资源立法发展的一个重大趋势。同时也说明，单从民法的角度看待资源问题是不够的，必须承认政府有权力进行干预。这个趋势在未来的资源立法中将会越来越明显。

（三）资源立法的宪法化趋势明显加快

宪法是资本主义革命的产物，应当说“有国家就有法，但有国家不一定就有宪法”。中国长期的封建社会是没有宪法的。宪法是资产阶级民主政治的产物，是资产阶级在反封建过程中逐步形成的，其最早的动机就是人民通过宪法限制封建王权。法国人认为，没有分权制衡就没有宪法。中国的法学理论将宪法定义为国家的根本大法，所谓根本大法就体现在限制最高权力。因为它要限制最高权力的行使，所以它必须具有最高的法律地位，其他法律都必须严格按照宪法制定，不得与之相抵触。同时宪法还具有严格的修改程序。从总体意义上讲，世界各国的宪法在20世纪之前基本上是各国的政治工具，规定的是国家制度的基本原则，有“政治游戏规则”之称，主要是政治法。到1917年随着苏维埃政权的建立，诞生了世界上第一部社会主义宪法，从中体现了国家对经济关系的调整。在此影响下，资本主义国家的宪法也发生了变化。从1918年德国魏玛宪法开始，宪法从单纯调整政治领域转向经济社会。魏玛宪法具有突出的历史地位，它带有浓厚的社会主义色彩，规定了人民的劳动权、休息权等。应该说这部宪法的民主化程度是比较高的，但遗憾的是希特勒利用其中的第四十八条上台，最后实行了法西斯专政。20世纪50年代以后，资源、环境问题日益成为关系国计民生的重大问题，特别是发展中国家纷纷把资源问题写进了宪法，资源立法的宪法化趋势也越来越显著。

（四）资源立法的国际化趋势逐步加强

在传统的法学理论中，资源问题往往是国内法调整的范围，对象是我们传统的主权意义上的“领土”，即领土、领海、领空的范围，及于天上、地下直到岩心。这个概念来自于1803年法国民法典，它显然将资源问题归于国内立法的问题。随着经济全球化进程的加快，资源利用的全球化进程也开始了。20世纪70年代末期，联合国专门通过了“永久性自然资源主权宣言”。在海洋法领域，海洋法过去是国际公法问题，但这几年因为海底勘探的发展，资源问题已经开始凸现，一些海洋法学家已经提出了专属经济区的矿产资源法律问题等。特别是石油问题，恐怕每个国家都理所当然地受到国际上的压力。前几年，美国能源部宣布，动用石油战略储备，OPEC（石油输出国组织）国家立即提出抗议，认为美国政府干预了石油价格。可见各国互相渗透、互相影响的趋势非常明显。中国很快就要加入WTO，许多准备工作正在紧张进行。国务院要求我们按照WTO规则以及中国政府的承诺，抓紧进行《中华人民共和国对外合作开采海洋石油资源条例》和《中华人民共和国对外合作开采陆上石油资源条例》两个石油条例的修改，同时还要对与对外贸易和外商投资有关的部门规章和规范性文件进行全面清理。如果发现其中有与 WTO 规则相冲突的，必须调整，否则将会受到制裁，后果将是严重的。这就要求我们在资源立法工作中必须考虑国际惯例和国际背景，逐步加强资源立法的国际性。

二、中国自然资源立法的现状和问题

（一）中国自然资源立法的历史与现状

自然资源是人类生存与发展的基础，在社会经济发展中具有重大作用。人类征服自然与改造自然的实践，在一定程度上讲，就是自然资源的利用与保护过程。中国一直十分重视自然资源立法工作，《共同纲领》和 1954 年宪法中都有自然资源的专条规定。1982 年宪法也明确规定：自然资源属于国家所有。国家保障自然资源的合理利用，禁止任何组织或者个人用任何手段侵占或者破坏自然资源。一切使用土地的组织和个人必须合理地利用土地，等等。这些都是自然资源法的重要渊源。这一时期，中国还没有自然资源的专门法律。

十一届三中全会以后，中国开始从传统的计划经济逐步向有计划的商品经济直至社会主义市场经济过渡，对资源的利用和保护也进入一个新的阶段。作为最高立法机关的全国人大开始制定一些重要的自然资源的单项法律，如《森林法》（1984 年 9 月通过，1998 年 4 月修正）《草原法》（1985 年 6 月通过）《渔业法》（1986 年 1 月通过）《矿产资源法》（1986 年 3 月通过，1996 年 8 月修正）《土地管理法》（1986 年 6 月通过，1988 年 12 月修正；1998 年 8 月修订）《水法》（1988 年 1 月通过）等。这一时期立法进度之快、立法数量之多都是前所未有的，这充分表明随着经济的发展和改革的深化，制定自然资源方面的单项法律迫在眉睫。到 20 世纪 90 年代，中国基本形成了以《宪法》《民法通则》为基础，以《土地管理法》《矿产资源法》《森林法》等单项法律为核心，以大量的行政法规、部门规章和地方性法规、规章为补充的自然资源法律体系。可以说，自然资源的规划、保护与合理利用已基本有法可依。

（二）中国自然资源立法存在的缺陷

中国现行的自然资源方面的法律，大都制定于20世纪80年代中期，在当时，无疑促进了经济建设，在一定程度上保障了自然资源的合理利用。但这些法律毕竟制定于改革开放初期，不可避免地带有浓厚的计划经济色彩，存在着一些明显的缺陷，主要如下。

一是以行政权力配置资源，忽视市场对资源的基础性配置作用。现行的自然资源法律大都强调资源属国家所有，不得流转，只能由国家根据需要调配，自然资源的使用是无偿无期限的，忽视甚至否认市场对资源的基础性配置作用。

二是忽视资源的资产属性，难以显现自然资源的真实价值。现行的自然资源法律都强调土地、矿产、森林、草原等的资源属性，忽视甚至否认其资产属性，致使这些资源性资产长期处于粗放利用浪费严重，未能发挥其真正的作用。

三是以所有制来区别对待，当事人处于不平等地位。现行的自然资源法律大都强调所有制形式，国家对不同所有制形式的企业采取不同的管理方式。这是经济成分的不平等在自然资源管理上的直接体现，完全违背市场经济的内在要求。现代法治社会以贯彻“平等原则”为主要特征，当然也必须包括对管理对象的平等对待。

四是片面强调国家利益而忽视公民、法人和其他组织的财产权。过去，我们长期强调国家利益高于一切，集体、个人的利益必须服从国家利益，这本无可厚非。但过于强调这一点，就在实践中形成否认个人本位、不承认个人权利的局面。在资源管理法律中，过分强调国家的行政管理权，忽视公民、法人和其他组织的财产权。

五是对各级政府的职权划分不合理。中国1982年宪法本已明确了划分中央与地方国家机构职权的基本原则，但相当一段时期以来，并没有得到很好地贯彻，表现在资源管理上，本应由中央政府行使的职权却由各级政府行使，与此同时，中央政府也行使着一些应由地方政府行使的、执行性的职权，中央与地方在资源管理上的职权划分不清，直接导致资源的掠夺式利用屡禁不止，中央政府的资源管理基本目标无法得以实现。

六是单纯强调对自然资源的利用，忽视对生态环境的保护。自然界的各种资源，是整个自然生态系统的有机组成部分。人类对自然资源的开发利用活动，只有在符合生态规律、保持生态平衡的前提下，才能取得预期的经济效益。以往，我们也讲保护资源，但保护仅局限于自然资源本身，目的也仅仅是节约有限的资源。可持续发展战略要求我们不仅要保护自然资源本身，而且要保护我们赖以生存的环境。生态环境的保护，归根结底就是自然资源的保护。

七是缺乏有效的执法监督手段。现行的自然资源法律都有严格的法律规范，但保障这些规定有效实施的措施不力，操作性较差，实践中很难执行。行政执法手段软弱，不仅不利于从严惩处违法者，合理利用资源，而且不能有效打击和震慑乱占滥用自然资源的行为。

三、中国自然资源的法律变革

危机是变革的酵母。中国自然资源立法中面临的上述问题，是在市场经济体制改革的冲击下形成的。市场经济就是法治经济，有序的市场必须有完备的法制作保障。只有冲破和彻底改变计划经济体制，只有对与计划经济体制相适应的自然资源法律进行根本性变革，才能建立符合市场经济要求的全新的自然资源法律体系，才能实现自然资源管理的制度创新。

自20世纪90年代起，中国最高立法机关除继续制定《煤炭法》等自然资源单项法律外，还逐步对20世纪80年代制定的自然资源单项法律进行修改。对这些单项自然资源法律进行修改，主要是因为这些法律已不适应市场经济条件下资源管理的需要，已成为推进市场经济体制改革和建立现代自然资源法律制度的障碍。1996年8月，八届全国人大常委会第二十一次会议通过了“关于修改《中华人民共和国矿产资源法》的决定”；1998年4月，九届全国人大常委会第二次会议通过了“关于修改《中华人民共和国森林法》的决定”；1998年8月，九届全国人大常委会第四次会议修订通过了《中华人民共和国土地管理法》。

虽然这些单项法律修改的重点和内容各不相同，但是却反映出中国自然资源法律变革的总体态势，主要体现在以下几个方面。

（一）实行自然资源的有偿使用制度

长期以来，中国的自然资源实行的是行政授权、无偿、无限期使用、不得流转的制度，这种制度不能发挥市场配置资源的作用，是造成中国自然资源低效利用和浪费的重要原因之一。适应市场经济需要，变自然资源的无偿、无期限使用为有偿、有期限使用，就成为中国自然资源法律变革中头等重要的内容。

1988 年 4 月，七届全国人大第一次会议通过了《宪法修正案》，在宪法中删去了禁止“土地出租”的规定，增加了“土地的使用权可以依照法律的规定转让”的条款。1988 年 12 月，七届全国人大常委会根据宪法修正案通过了“关于修改《中华人民共和国土地管理法》的决定”，在《土地管理法》中删除了禁止出租土地的内容并增加规定“国有土地和集体所有的土地的使用权可以依法转让”。1990 年颁布的《中华人民共和国城镇国有土地使用权出让和转让暂行条例》和 1994 年颁布的《中华人民共和国城市房地产管理法》对土地有偿使用制度作了较为全面的规定。土地有偿使用制度的建立和完善，为其他自然资源有偿使用制度的建立奠定了坚实基础。

此后，1996 年修改的《矿产资源法》改变了“采矿权不得买卖、出租，不得用作抵押”的规定，以矿产资源的有偿使用为核心，确立了探矿权、采矿权有偿取得和依法转让的法律制度；1998 年修改的《森林法》也确立了森林、林木有偿使用的法律制度。

（二）合理划分各级政府的管理职权

计划经济时期，政府直接参与经济管理，中国的自然资源法律带有浓厚的行政管理色彩。市场经济客观上要求以市场而不是行政权力来配置资源。因此，重新划分各级政府的自然资源管理职权，是中国自然资源法律变革的又一重要内容。

自然资源法律变革的趋势，一方面要求明确划分政府与市场的“势力范围”，明确在自然资源管理方面，哪些主要依靠市场来完成，哪些主要依靠政府来完成；另一方面要求合理划分各级政府在自然资源管理方面的权力和职责，兼顾国家和地方利益，调动两个方面的积极性。划分各级政府的自然资源管理职权，主要是按照市场经济的内在要求，将涉及自然资源宏观决策的权力上收到中央和省级政府行使，将执行性职权下放到地方政府行使。如修改后的《矿产资源法》明确规定：国务院行使国家对矿产资源的所有权；在国家规划矿区和对国民经济具有重要价值的矿区开采矿产资源以及开采国家实行保护性开采的特定矿种的，必须经国务院地质矿产主管部门批准。对违法开采的处罚权则规定由地方政府行使。

（三）公法私法化

公法，是指以保护公共利益为目的的法律，其基本特征是政府为法律关系的一方当事人。自然资源法律是以保护自然资源的合理利用为主要目标的，因此，自然资源法应当属于公法范畴。而私法则以保护公民权利为主要目的。在社会主义市场经济中，公法与私法的作用不同，私法强调主体地位的平等性、自主性、公平性、有偿性等特征；公法则强调政府的宏观调控，强调维护保障资源管理秩序。因此，将公法和私法有机结合，也是中国自然资源法律变革的主要内容。所谓公法私法化，就是自然资源法律中越来越多地体现了私法的内容，即强调对公民和法人财产权利的保护。

修改后的《森林法》体现了公法私法化的趋势，明确规定：国家保护林农的合法权益，依法减轻林农负担，禁止向林农违法收费、罚款，禁止向林农进行摊派和强制集资。修改后的《矿产资源法》也规定：国家保护探矿权和采矿权不受侵犯，保障矿区和勘查作业区的市场秩序、工作秩序不受影响和破坏，保障设立的矿山企业开采矿产资源的合法权益。这些规定充分体现了国家对公民和法人财产权的保护。

（四）注重生态环境保护

在中国20世纪80年代制定的几部单项自然资源法中，由于在指导思想上没有把生态环境保护作为重要的立法目的，对自然资源开发中的生态环境保护缺乏具体的规定，致使这些自然资源法律难以适应生态环境保护的需要。长期以来，中国虽有《森林法》，天然森林却被砍伐不断；虽有《水法》，江河断流却越来越多。因此，注重生态环境保护，成为中国自然资源法律变革不可忽视的重要内容。

近几年，立法机关在对中国自然资源单项法律进行修改的过程中，特别注重生态环境保护的内容，强调实现人类社会的可持续发展。修改后的《森林法》建立了森林生态效益补偿基金制度，规定：国家设立森林生态效益补偿基金制度，用于提供生态效益的防护林和特种用途林的森林资源、林木的营造、抚育、保护和管理。森林生态补偿基金必须专款专用，不得挪作他用。修改后的《矿产资源法》更是全面体现了环境保护的要求，对设立和关闭矿山企业、开采矿产资源都规定了严格的环境保护的要求。

（五）对权利主体实行平等保护

在计划经济体制下，全民所有制企业和集体所有制企业的地位是不平等的，体现在自然资源立法中，就是全民所有制企业较集体所有制企业在自然资源的取得方面享有优先权。而在市场经济体制下，任何参与市场运营的主体都具有平等的法律地位，按所有制区别对待的做法，不符合市场经济的基本规律。1996年修改的《矿产资源法》就改变了各类矿山企业地位不平等的局面，规定国家依法保护矿业权人的合法权益，对各类矿山企业平等地予以保护。

（六）大胆进行法律移植

在市场经济条件下，法律移植具有十分重要的作用。法律作为人类文明成果的共同性，决定了法律移植的必然性和必要性。在自然资源立法方面，我们与世界上许多国家包括发达国家在内面临着共同的问题，即自然资源的合理利用和保护的问题，对于发达国家在自然资源立法中的成功经验大胆进行法律移植，就成为中国自然资源法律变革中的一项重要内容。如1996年修改的《矿产资源法》，对国外普遍实行的矿产资源勘查区块登记管理制度、矿业权取得和流转制度等进行了大胆移植，取得了很好的效果。

四、新《土地管理法》的典范意义

1986年颁布的《土地管理法》是中国关于土地资源管理的第一部重要法律。实施以来，对于加强土地管理，维护土地的社会主义公有制，保护、开发土地资源，合理利用土地，保护耕地，发挥了积极的作用。但是，随着改革的深化和形势的发展，这部法律已经明显不能适应加强土地管理、切实保护耕地的需要，不能适应社会主义市场经济的需要，更不能适应中华民族可持续发展的需要，必须进行修订。

党中央、国务院一直十分重视土地管理特别是耕地保护工作，1997年4月15日下发了《关于进一步加强土地管理特别是耕地保护工作的通知》，即通称的中央11号文件。在这个文件中，中央提出了一系列加强土地管理和耕地保护的措施，也提出了修订《土地管理法》的重要原则。为此，1997年5月，原国家土地管理局成立了土地管理法修改小组，历经几个月的工作，拟订了《土地管理法》（修订草案）报送国务院。国务院常务会议审议通过后，朱镕基总理签署议案提请九届全国人大常委会审议。九届全国人大常委会经三次审议，1998年8月29日修订通过了《土地管理法》（以下称新《土地管理法》），国家主席江泽民同日签署第八号主席令公布了这部法律。

新《土地管理法》关系亿万人民的切身利益，关系经济和社会发展全局，关系中华民族的可持续发展，是最重要的自然资源法之一。新《土地管理法》不但直接体现了自然资源立法的发展趋势，而且成为中国自然资源立法的典范。主要表现在以下几个方面。

（一）在立法指导思想上，从可持续发展战略出发，第一次将土地基本国策写进法律。实现了从保障建设用地供应为主到切实保护耕地为主的根本性转变

1986年《土地管理法》同大多数自然资源法律一样，是以保障经济建设为核心的。新《土地管理法》从中国的土地基本国情出发，为保证中华民族的可持续发展，以切实保护耕地为指导思想，强调了对耕地的特殊保护，将耕地总量动态平衡的目标写进法律，确立了占补平衡制度；将基本农田保护制度上升为法律，等等。耕地保护作为一条主线贯穿于新《土地管理法》的始终。

（二）在土地管理方式上，实现了从分级限额审批制度到用途管制制度的根本性转变

土地用途管制的法理基础是土地的发展权属于国家。用途管制也是市场经济国家普遍采用的有效管理土地的基本原则。《土地管理法》对用途管制制度作了明确规定："国家实行土地用途管制制度。国家编制土地利用总体规划，规定土地用途，将土地分为农用地、建设用地和未利用地。严格限制农用地转为建设用地，控制建设用地总量，对耕地实行特殊保护"，从法律上确立了这土地管理的根本制度，为其他自然资源的宏观管理树立了典范。

（三）在土地管理职权划分上，实现了各级政府职权合理划分的根本性转变

新《土地管理法》按照市场经济和用途管制的要求，依照管理职权的性质对各级人民政府的土地管理职权进行了重新划分。即将土地利用总体规划的审批权、农地转用和土地征用的审批权、耕地开垦的监督权、土地供应总量的控制权集中在中央与省两级政府。同时，将执行性的权力下放到市县政府，如：土地登记权、规划和计划的执行权、在已经批准的建设用地区域内具体项目用地的审批权、土地违法案件的查处权等。这种职权的划分有利于调动中央与地方的两个积极性，有利于引导建设用地的集约利用，有利于实现国家土地管理的政策性目标。

（四）在调整范围上，实现了从单纯调整行政管理关系到既调整行政管理关系又调整财产关系的根本性转变

土地制度是最基本的财产制度之一，越是实行严格的用途管制，就越应保护公民的土地财产权，从根本上调动人民群众珍惜土地、保护耕地的积极性。新《土地管理法》特别注重对公民特别是农民土地财产权的保护：一是规定农民土地承包经营权受法律保护，承包经营期限为30年，将党的政策上升为法律；二是明确农民集体所有土地产权代表是村集体经济组织或者村民委员会、村内农村集体经济组织或村民小组、乡（镇）农村集体经济组织，为建立新型的农民集体所有土地的财产组织形式提供了法律依据；三是解决了农村集体建设用地使用权的法律保护问题，规定“农民集体所有的土地依法用于非农业建设的，由县级人民政府登记造册，核发证书，确认建设用地使用权”；四是赋予了公民知情权和监督权，规定“乡（镇）土地利用总体规划应当划分土地利用区，根据土地使用条件，确定每一块土地的用途，并予以公告”，“国家征用土地的，依照法定程序批准后，由县级以上地方人民政府予以公告并组织实施。被征用土地的所有权人、使用权人应当在公告规定期限内，持土地权属证书到当地人民政府土地行政主管部门办理征地补偿登记”；五是改变了过去在土地管理实践中行政机关的违法批地行为由用地者同时承担法律责任的做法，规定“非法批准征用、使用土地，对当事人造成损失的，依法应当承担赔偿责任”。

（五）注重资源的资产属性，实现了从以资源管理为主到资源和资产管理并重的根本性转变

新《土地管理法》在强调保护耕地资源的同时，也特别注重对国有土地资产的保护，规定“全民所有，即国家所有土地的所有权由国务院代表国家行使”，为国有土地资产产权代表的确立提供了法律基础。同时，新《土地管理法》调整了土地收益分配机制，规定“自本法实行之日起，新增建设用地的土地有偿使用费，百分之三十上缴中央财政，百分之七十留给有关地方人民政府，都专项用于耕地开发”。这些规定既维护了国家土地所有权权益，又从机制上改变了地方政府“多卖地，多收益”的做法。

（六）在土地利用方式上，实现了从外延粗放型到内涵集约型的根本性转变

长期以来，中国实行的是外延扩张的土地利用方式，这是造成各项建设乱铺摊子、重复建设、土地粗放利用的重要原因之一。目前，中国城镇现有40%的土地属于低效利用，全国还有174万亩闲置土地。新《土地管理法》适应两个根本性转变的要求，建立了土地用途管制的法律制度，形成了一系列抑制建设用地盲目扩张的新机制，包括调动农民保护耕地的积极性；鼓励各级政府盘活存量建设用地；实行占补平衡制度，促进用地者自觉节约利用土地等。这些规定将有力地促进建设用地走内涵挖潜、集约利用的道路。

（七）在执法监督上，实现了从传统的土地监察到建立现代土地执法监察体系的根本性转变

法律的监督检查条款，对于保证法律的实施具有十分重要的意义。联合国粮农组织早在1985年的《立法在发展中国家土地利用规划的作用》的报告中就曾提出：“为确保决定得到遵守，应有一些揭露不遵守决定行为的手段，并且有足够的权力在发现此种行为时加以制止。但发展中国家大多数自然资源法律在这方面是软弱无力的。总的说来，大多数法律中没有监督办法。”联合国粮农组织所指出的问题在中国自然资源立法中就普遍存在着。在中国目前所颁布的八个有关自然资源的单项立法中，只有新《土地管理法》设有“监督检查”一章。这一章是修改过程中根据全民讨论的意见增设，它明确了土地执法监察的对象，赋予国务院土地行政主管部门对土地违法案件的查处权；它完善了执法监督制度，赋予土地行政主管部门在履行监督检查职责时的调查权、制止权、行政处分建议权以及直接行政处分等权力；它与《刑法》的有关规定相衔接，加大了土地违法的刑事处罚力度。新《土地管理法》有关监督检查的规定，为中国其他自然资源的单项立法树立了典范。

（八）注重生态环境保护

新《土地管理法》虽然将耕地开垦作为实现耕地总量动态平衡的重要措施之一，但也非常注重耕地开垦中的生态环境保护问题。保护生态环境作为一项重要原则，贯穿于新《土地管理法》的全篇：一是保护和改善生态环境，保障土地的可持续利用，是编制土地利用总体规划的一项重要原则；二是开发未利用土地，必须在保护和改善生态环境、防止水土流失和土地荒漠化的前提下进行；三是开垦未利用的土地，必须经过科学论证和评估，在土地利用总体规划划定的可开垦区域内，经依法批准后进行；四是禁止毁坏森林、草原开垦耕地，禁止围湖造田和侵占江河滩地；五是根据土地利用总体规划，对破坏生态环境开垦、围垦的土地，要有计划有步骤地退耕还林、还牧、还湖。

（九）大胆吸收和借鉴国外管理土地的成功经验

作为一部全面推进土地管理改革的法律，新《土地管理法》改革决策与立法决策相结合，特别注意借鉴和吸收市场经济国家和地区的成功经验。在土地管理方式上，它借鉴了美国、英国、加拿大以及中国台湾地区所普遍实行的土地用途管制制度，对中国分级限额的审批制度进行了根本性变革，建立了以保护耕地为核心，以控制农用地转为建设用地，控制建设用地总量为主要内容的中国的土地用途管制制度；在土地利用方式上，它借鉴了德国、法国、日本等国家关于土地整理的规定，对现阶段中国土地整理的重点作了明确规定，即“国家鼓励土地整理。县、乡（镇）人民政府应当组织农村集体经济组织，按照土地利用总体规划，对田、水、路、林、村综合整治，提高耕地质量，增加有效耕地面积，改善农业生产条件和生态环境”。

法律变革的实现需要众多条件做保障。《土地管理法》修订的速度之快、内容之丰富、意义之深远，开创了自然资源立法之先河。这虽然与立法工作者的辛勤工作密不可分，但更为重要的是，依法治国的政治背景、改革开放的社会环境、民主科学的立法体制为这部法律的顺利修订提供了保障，奠定了基础。我们坚信，新《土地管理法》确定的法律原则和规定，必将经受历史的检验，具有长久的生命力；我们坚信，随着时间的推移，新《土地管理法》在中国的自然资源立法史上，必将以保障可持续发展、改革的彻底性和立法的民主开放性载入史册；我们坚信，新《土地管理法》的顺利实施，必将有力地推动中国自然资源法律变革的进程。

第八章

土地利用总体规划制度的形成与发展

一、引 言

中国正处于工业化、城镇化快速发展的关键时期，人地关系日趋紧张，人口、资源、环境与发展之间的矛盾尤为显著。中共十八届三中全会提出“使市场在资源配置中起决定性作用和更好发挥政府作用”、“建立城乡统一的建设用地市场”等改革议题，对空间规划体系的深化与发展提出了新的要求和方向。土地利用总体规划作为空间战略和公共政策，对彰显土地价值、协调人地关系、实现可持续发展具有重要作用。

中国业已实施了两轮土地利用总体规划，第三轮土地利用总体规划也已实施至中期，对社会经济发展发挥了一定的作用，同时也面临一系列严峻挑战，为进一步探寻规划存在问题和原因，有必要对规划的编制、实施、管理和发展脉络进行系统性回顾。

20 世纪 80 年代以来，随着人口、资源、环境和发展问题的日益突显，土

本章执笔人林坚、马珣、孙海清。

地利用规划研究逐渐成为土地科学研究领域的关注重点，相关研究成果丰富。在理论研究方面，严金明等从六个方面诠释了土地利用规划的本质，提出了规划调控的战略导向[①]。郑振源分析了第二轮土地利用总体规划失灵的原因，提出改革规划目标、控制性指标、市场配置等方向[②]。师武军系统分析了土地利用规划体系建设现状、存在的问题及对策建议[③]。林坚、黄大全、邓红蒂等分别从省域、市域、评估制度建立等方面评价了土地利用总体规划实施成效情况，揭示了存在问题并提出建议[④⑤⑥]。陈银蓉等探讨了科学发展观指导下的市场经济、以人为本、绿色规划等理念在土地利用规划修编中的运用[⑦]。蔡玉梅综述了土地利用规划主要研究领域的进展，提出土地利用规划研究应以空间规划为平台等发展趋势[⑧]。通过梳理既有文献，发现对三轮土地利用规划发展历程的系统性总结较少，相关研究多侧重规划的某个角度或时点进行定性或半定量的分析。鉴于此，本文通过对中国土地利用总体规划进行全面而系统的综述研究，剖析土地利用总体规划的理论、方法及发展趋势，旨在充分发挥土地利用总体规划在宏观调控中的作用，为中国土地利用总体规划制度的建设与发展提供指导。

---

① 严金明，刘杰："关于土地利用规划本质、功能和战略导向的思考"，载《中国土地科学》，2012年2期，第4~9页。

② 郑振源："土地利用总体规划的改革"，载《中国土地科学》，2004年第4期，第13~18页。

③ 师武军："关于中国土地利用规划体系建设的思考"，载《中国土地科学》，2005年第1期，第3~9页。

④ 林坚，毕崇明："基于用地状态偏离度的省域土地利用总体规划实施状况差异研究"，载《中国人口·资源与环境》，2008年第4期，第108~113页。

⑤ 黄大全，林坚，梁进社，赵俊："北京市土地利用总体规划执行情况的评价方法"，载《地理科学进展》，2008年第5期，第79~86页。

⑥ 邓红蒂等："土地利用总体规划评估制度建设研究"，载《中国土地科学》，2012年第7期，第4~9页。

⑦ 陈银蓉："科学发展观与新时期土地利用规划修编"，载《中国土地科学》，2005年第1期，第3~7页。

⑧ 蔡玉梅，谢俊奇，赵言文等："2000年以来中国土地利用规划研究综述"，载《中国土地科学》，2006年第12期，第56~61页。

二、第一、第二轮土地利用总体规划历程总结

（一）第一轮土地利用总体规划（1986～2000年）回顾

改革开放以后，随着国民经济快速复苏与发展，耕地持续减少，建设占用耕地问题突出，长期实行的低效、分散的土地利用管理局面急需改善。1986年，基于“十分珍惜和合理利用每一寸土地，切实保护耕地”的基本国策，国家土地管理局作为统筹管理土地问题的单位正式建立。同年颁布的《土地管理法》中第一次明确了各级人民政府编制土地利用总体规划的法律责任，规定“各级人民政府编制土地利用总体规划，地方人民政府的土地利用总体规划经上级人民政府批准执行”，土地利用规划的编制与实施进入法制管理的轨道。1987年，依照《关于开展土地利用总体规划的通知》（国办发［1987］82号文）的要求，中国首次尝试编制全国土地利用总体规划纲要，并从省、地（市）、县三级层面甄选试点城市编制规划，在此基础上，制定了《土地利用总体规划编制审批暂行办法》和《县级土地利用总体规划编制规程》。此后，全国、省、地（市）、县、乡（镇）五级土地利用总体规划的编制和实施工作逐步拉开序幕，该轮规划以1985年为基期，规划期为2000年，并展望到2020年和2050年。

第一轮土地利用总体规划主要特点是在计划经济背景下，旨在实行耕地特殊保护，结合农业区划编制，规划指标以年度计划的形式逐级分解落实，并通过自上而下的行政管理手段进行调控。第一轮规划初步建立起的土地利用规划体系，在协调各类用地、合理开发利用等方面发挥了重要作用，为完成《国民经济和社会发展十年规划和第八个五年计划纲要》和实现社会主义现代化建设第二步战略目标提供了用地保障，在中国土地利用中具有里程碑的意义。

（二）第二轮土地利用总体规划（1997～2010年）回顾

面对耕地骤减、土地利用粗放、违法用地屡禁不止的严峻形势，中央发布《关于进一步加强土地管理切实保护耕地的通知》（中发［1997］11号文），强调规划应以耕地保护为重点、严格控制占用耕地、统筹安排各业用地等问题。随后，国家土地管理局通过《关于认真做好土地利用总体规划编制、修订和实施工作的通知》部署开展了各级土地利用总体规划的编制和修订工作，明确提出耕地总量不减少，达到耕地占补平衡，并根据控制指标的层层分解来实现规划目标。1998年，修订通过的《土地管理法》，第一次将土地利用总体规划列为专项章节，明确规定了规划的目标、原则、编制、审批、实施、修改及相关法律责任等，建立了土地用途管制制度，进一步提高了规划的法律效力，加强了国家对土地利用的宏观调控和统一管理。同时，各地组织开展了各级土地利用总体规划的编制、修订和实施工作，基本农田保护区体系也逐步形成。1999年《全国土地利用总体规划纲要（1997～2010年）》经国务院批准实施，到2001年31个省（区、市）和81个城市的土地利用总体规划全部批准实施，其他地方各级土地利用总体规划也陆续批准实施。第二轮规划以1996年为基期，2010年为规划期，并展望2030年。

第二轮土地利用总体规划以刚性指标控制和土地用途管制为特征。在耕地保护方面，提出耕地总量动态平衡的目标，严格控制农用地转用，取消农用地转为建设用地的分级限额审批制度，由中央确定耕地保有量、基本农田保护率、建设占用耕地量、开发整理补充耕地量等指令性控制指标，自上而下层层分解下达至乡镇，各级政府按指标开展土地利用总体规划的编制；另外在用途管制方面，该轮规划加强控制建设用地总量，通过配置土地统计和土地信息系统的手段，实施土地用途分区管制。在总结土地管理历史经验的基础上，第二轮规划对贯彻落实中央关于加强土地管理切实保护耕地的精神、强化土地利用总体规划对城乡土地利用的整体调控作用、巩固土地利用总体规划的法律地位发挥了重要作用。由于该轮规划配合了国民经济和社会发展“九五”计划和

2010年远景目标，适应了社会主义现代化建设第二步战略目标的发展阶段需求，采用的耕地保护方式和刚性指标调控手段，加强了土地宏观管理和实行土地用途管制，被广泛喻为“真正立起来的规划”。

（三）前两轮土地利用总体规划遭遇的主要问题

第一轮规划首次在全局范围内部署开展了从国家到乡镇的五级规划编制和实施工作，重点强调“一要吃饭、二要建设”的原则，对于加强当时土地宏观管理、协调各业用地矛盾、保护耕地及合理开发利用土地资源等方面发挥了积极作用。但由于该轮规划在中国尚处于起步和探索阶段，缺乏相关规划理论和方法技术，各地规划编制的水平差距很大，其计划经济色彩浓厚，受计划经济模式的困扰较大，使得规划的科学性和可操作性不高，规划在实施过程中暴露出的问题也十分突出，其他规划往往突破土地利用规划，对“违规”行为的处理没有明确的法律依据，土地利用规划的长效机制没有充分发挥。

第二轮规划是在规划理论、方法、内容等方面都有了较大的发展，在规划编制及实施成效上有了长足的进步，与土地利用规划密切相关的占用耕地补偿制度和土地整理制度也得以建立和深化。但限于特殊的历史背景和政策诉求，该轮规划仍较为偏重单一的耕地动态平衡目标，五级规划体系职能分工不明确，对未来发展预见性也不充分，没有体现地区之间经济发展、自然资源等的差异，规划指标的刚性很强，而弹性不足，分配式的计划管理模式使得规划指标多被突破或提前透支。第二轮规划虽然着重强调耕地的总量动态平衡，但到2002年已有20多个省突破了2010年的耕地保有量指标①，指令式的规划指标加上高度集权的审批制度使得土地利用总体规划失灵或错位，用地需求与供地紧缺间的矛盾尖锐，使得规划的权威性不足、深度不够及可实施性仍不理想。

① 蔡玉梅，谢俊奇：“改革开放以来中国土地利用规划的评价”，载《国土资源科技管理》，2005年第3期，第57~61页。

三、第三轮土地利用总体规划的创新与问题

（一）第三轮土地利用总体规划的形成历程

面对市场经济、全球化、人地矛盾尖锐化等新形势，在中央发展战略和地方发展需求的双重影响下，以指标调控为核心的前两轮土地利用规划，由于缺乏充分的空间管制手段，逐渐在规划实施中暴露出“管得住数量、管不住空间”的问题。2001 年，《国民经济和社会发展第十个五年计划纲要》将严格执行基本农田保护制度，保持全国耕地总量动态平衡等作为十五计划指标。国土资源部在总结上一轮土地利用总体规划编制和实施经验的基础上，分别于 2002 年、2003 年开展了县级和市级土地利用总体规划试点工作，第三轮土地利用规划工作正式启动。2004 年《关于深化改革严格土地管理的决定》［国发（2004）28 号文］中强调严格管理土地利用方向、规模、重大布局等原则性规划修改。同年，国土资源部《关于开展土地利用总体规划实施评价和修编前期调研工作的通知》中要求对第二轮土地利用总体规划的实施情况进行系统评价。随后，各地展开了资料搜集调研、规划实施评价、重大问题研究及政策建议论证等前期工作。2005 年，《国土资源部关于做好土地利用总体规划修编前期工作的意见》（国办发（2005）32 号文）中部署开展了围绕清查耕地、建设用地、违法用地、规划和计划执行情况的“四查清、四对照”工作，旨在探索推进节约集约用地，严格保护耕地的途径、机制和保障措施。2008 年，国务院批准并颁布的《全国土地利用总体规划纲要（2006～2020 年）》涉及耕地和基本农田保护、建设用地节约集约利用和结构布局优化、生态建设、土地利用空间管制、规划实施保障等问题，明确提出“建设用地空间管制”的理念，在此基础上，土地利用规划由“用途管制”进一步延伸到建设空间与非建设空间的“空间管制”，从而形成了建设用地“三界（规模边界、扩展边界、禁止建设边界）四区（允许建设区、有条件建设区、限制建设区、禁止

建设区)”的管控体系。

第三轮规划强调以耕地保护、土地用途空间管制为核心，同时兼顾经济可持续性、生态合理性和社会可承受性。该轮规划在严格保护耕地数量的基本前提下，通过指标调控、用途控制与空间管制手段，强调规划刚性与弹性并重，禁止与引导相结合，旨在加强各业用地布局整合、结构优化，土地节约集约利用理念贯穿规划编制和实施过程中，土地利用规划职能向用途控制、空间管制、开发时序、环境容量等转变，规划体系也向经济社会发展与空间规划相结合的方向转变。

（二）第三轮土地利用总体规划的主要创新

前两轮土地利用规划工作主要集中在对耕地实行特殊保护和数量指标调控，严格限制农用地转为建设用地，并明确各类用地管制规则及改变土地用途的法律责任。在总结前两轮规划经验和教训的基础上，第三轮土地利用规划从传统的“基于耕地特殊保护的用途管制”演进为“基于三界四区的建设用地空间管制”，在强调基本农田保护的同时，重视对建设用地的空间管制。第三轮规划通过“三界”的划定加强对建设用地边界的控制，通过明确“四区”的范围落实空间管制区域，并采取土地利用年度计划、农转用制度、项目预审、督察执法等手段保障规划实施。以“五级规划、计划调控、三线两界保资源”为特点的土地利用总体规划框架得以搭建，重点强调耕地、基本农田、建设用地规模“三线”规模控制和基本农田边界、城乡建设用地边界“两界”空间控制，并通过地理信息系统等空间信息技术进行广泛而深入的辅助。第三轮规划的一系列措施对于缓解“粮食危机、生态危机”两个硬约束条件，配合工业化、城镇化、农业现代化“三化”战略的推进，实现社会经济的可持续协调发展具有重要意义。

（三）中国三轮土地利用总体规划的对比分析

第一轮土地利用规划按照行政区建制，纵向初步形成涵盖全国、省、地

(市)、县、乡镇的五级规划体系，重点关注耕地保护，突出土地适宜性评价与利用，采取八大类的用地分类体系，运用自上而下的指标调控管理手段，逐级分解落实规划指标，以应对当时耕地保护、指标调控的规划管理诉求。

第二轮土地利用规划以分配指令性控制指标为特征，围绕耕地总量动态平衡、建设用地总量调控的核心要求，采取土地用途管制的调控手段，规划由单一目标的数量控制转向有限目标的指标控制，强调刚性控制，对于遏制建设用地无序扩张、保护耕地、保护生态环境起到了积极的作用。

与第一、第二轮规划相比，第三轮土地利用总体规划目标趋向多元化，强调以耕地保护为前提，以严格控制建设用地为重点，以节约集约用地为核心，以强化空间管制为突破口，着力解决“吃饭、建设和生态环境保护”的关系。该轮规划从土地指标管制迈向了建设用地空间用途管制，强调“耕地保护、指标控制与空间管制”并重，重视规划的分区引导与弹性调控，体现出多元化目标、多种利益相互博弈的公共政策属性。

（四）第三轮土地利用总体规划面临的主要问题

随着中国工业化、城镇化进程的加快，第三轮土地利用总体规划已实施至中期，其不足之处也日益显现，主要表现在四个方面：一是横向不协调，土地利用总体规划、城乡规划、主体功能区规划和生态功能区划四类空间规划，由于法律支撑、制度基础、不同部门主管等因素，彼此间规划目标差异大，分类标准不统一，不利于统一管理和规划的有效实施；二是纵向不衔接，由于规划编制时间较长，省市级规划与县乡级规划的基期图件及基数不一致，导致县乡用地规模与省市规划下达的规划目标不衔接；三是机制不健全，土地利用总体规划作为一项公共政策制度，对于精细化管理方式和土地产权问题关注不足，对于乡村用地发展问题研究有待加强；四是地位不权威，规划调整与修改较为频繁，“规划规划，纸上画画，墙上挂挂”的现象仍然存在，并缺乏有效的约束规定，土地利用规划的整体管控作用尚未充分体现。

四、现阶段土地利用总体规划面临的新形势

（一）市场决定性作用与更好发挥政府作用

中国土地利用规划的发展轨迹与中国社会经济发展具有同步变化的态势①。随着十八届三中全会关于“让市场在国有建设用地配置中发挥更大作用，进一步扩大土地权能”等改革议题的提出，由“计划型行政管理”向“市场型经济引导”转变成为深化改革的必然途径之一。市场作为土地资源配置的主要载体，决定了市场参与者将以市场为导向来确定土地用途。现有规划失灵的原因之一在于政府对资源配置的调控无法决定市场参与主体的行为，也无法替代市场参与主体做出经济行为的决策选择，因而，试图精准确定“每一块土地用途”的乡镇级土地利用规划面临着巨大的挑战。

规划必须与市场相结合、强调市场对资源配置的引导作用是现阶段土地利用规划面临的新要求之一。土地利用规划在无法确定“种什么”、“建什么”的情况下，应将管理思路转向“能不能建”、“要不要种”，重点在于“能不能建”。在协调各方利益和科学预测的基础上，土地利用规划应更多地体现区域经济发展和土地资源现状的差异，考虑市场经济下土地利用不确定性的特点。另一方面，土地利用规划在防止政府公权对土地所有者与使用者私权进行过度干预的同时，也要避免过度放任私权而造成干预不足②。这就需要摆正政府应有的角色，通过创新行政管理方式转变政府职能，在确定符合市场经济和公共利益的方向后，着重约束和调控市场配置失灵的部分，充分利用行政管控、市场引导、经济激励的手段，加强战略、规划、政策、规程的制定和实施。规划作为

① 董祚继：“中国现代土地利用规划研究”，南京农业大学，2007：107。

② 王向东，刘卫东：“土地利用规划：由概念和本质属性谈起”，载《国土资源情报》，2011 年第 10 期，第 54 ~ 60 页。

一种政府行为，是对市场失灵的一种纠正，并以此在社会发展的过程中发挥重要作用[①]。因此，把握市场决定性作用、更好发挥政府作用，对于全面构建现代市场体系、促进发展方式转变、正确履行政府职能、增强政府公信力和执行力、确保规划能适应瞬息万变的市场发展要求等方面，将产生广泛而深远的影响。

（二）加快生态文明建设与健全用途管制制度

“加快推进生态文明建设，用制度保护生态环境”，是土地利用规划在新时期需要面对的另一命题。作为五位一体建设的重要抓手，生态文明建设提出按照人口资源环境相均衡、经济社会生态效益相统一的原则，控制开发强度，调整空间结构，促进生产空间集约高效、生活空间宜居适度、生态空间山清水秀。配合加快生态文明建设的时代诉求，土地利用规划应强化规划编制和实施中的环境保护意识，建立相应的生态安全保障措施，探索可兼容的“三生空间”规划体系，形成生产、生活、生态空间的合理结构和管制界限，明晰土地利用规划中的生态保护底线，加强区域土地利用中生态保护的经济补偿，实现效率与公平的协调统一，以应对资源约束趋紧、环境污染严重、生态系统退化的严峻形势。

另一方面，土地利用总体规划作为中国土地管理制度的重要组成部分，也是实施土地用途管制制度的基础。《土地管理法》明确规定：“国家实行土地用途管制制度。严格限制农用地转为建设用地，控制建设用地总量，对耕地实行特殊保护。”因此，土地利用规划的核心之一在于用途管制，在于明确各业土地利用的管制规则和法律责任，并以最底层、空间比例尺最大的乡镇土地利用总体规划作为用地管理的主要依据。因此，健全中国土地用途管制制度，既是落实土地利用规划整体管控的职责，又是保护生态空间、推进生态文明建设的需要。

---

① 王万茂：“市场经济与土地利用规划——关于规划修编思路的探讨”，载《中国土地科学》，2003年第1期，第9～15页。

（三）坚持最严格的耕地保护制度和节约用地制度

基于耕地特殊保护的用途管制是土地利用规划发展历程的一条主线，毫不动摇坚持最严格的耕地保护制度是中国长期实行的一项基本国策。耕地保护成本与收益承担主体的不一致是耕地保护规划难于落实的根本原因[①]。土地利用规划应坚持强调耕地保护，划定责任制永久基本农田，严守耕地保护红线和粮食安全底线，用制度约束行为主体的权利与义务关系，确保实有耕地数量基本稳定，并将此作为处理好保护粮食安全和建设发展关系的前置条件。以“严格管控、严守底线、动态平衡”为原则的耕地保护制度，不仅表现出经济效益，还具有广泛的社会保障和生态建设的意义，对于切实维护农民土地权益、解决“三农”问题、保持社会和谐稳定具有深远意义。

当前中国人多地少的基本国情没有改变，粗放利用土地的现象依然突出，通过盘活存量建设用地，节约和集约利用土地是缓解土地供需矛盾，保障新时期社会经济持续稳定发展的必然选择。必须坚定不移推进节约集约用地制度，严控增量，盘活存量，优化土地利用结构，提升土地利用效率，切实提高城镇建设用地集约化程度。对于缓解城乡建设用地供需矛盾、优化城乡建设用地格局、提高城乡建设用地利用水平、实现可持续发展等方面具有重要作用。

五、未来土地利用总体规划发展建议

（一）把握土地利用总体规划在空间规划体系中的功能作用

中国空间规划的实质是基于土地发展权的空间管制[②]。如何把握土地利用

---

① 孟晓晨，赵星烁：“中国土地利用总体规划实施中主要问题及成因分析”，载《中国土地科学》，2007 年第 6 期，第 19 ~26 页。

② 林坚，许超诣：“土地发展权、空间管制与规划协同”，载《城市规划》，2014 年第 1 期，第 26 ~34 页。

总体规划在空间规划体系中的功能作用成为值得深入讨论的问题之一。城乡规划、土地利用总体规划、主体功能区规划和生态功能区划虽同属空间规划体系，都关注资源配置、城乡统筹与经济发展等命题，但由于归属住房和城乡建设部、国土资源部、发展与改革委员会、环境保护部四个不同部门行使管理职能，在规划编制主体、规划范围与时限、指标体系及技术标准等方面存在差异，彼此间缺乏统一的衡量标准和协调机制，尚未形成统一有序的格局，以致难以相互衔接、协调。

城乡规划以“五级规划、三个层次，一书三证管建设”为特点，通过划定禁止建设区、限制建设区、适宜建设区“三区”和蓝线、绿线、黄线、紫线“四线”，作为实施城乡规划空间开发管制的重要手段①，并通过建设项目选址意见书、建设用地规划许可证、建设工程规划许可证、村镇建设工程规划许可证“一书三证”制度加强对项目的管控。土地利用规划以“五级规划、计划调控，三线两界保资源”为特点，强调耕地、基本农田、建设用地规模“三线”规模控制和基本农田边界、城乡建设用地边界“两界”空间控制，并通过土地利用年度计划等手段保障规划的实施。主体功能区规划以“两级规划、四类分区，政策区划管协调”为特点，通过划分“优化开发、重点开发、限制开发、禁止开发”四类主体功能区分区，提出国土开发强度控制、七类配套政策引控目标，但其对空间管制的实施手段尚不明确。生态功能区划以“两级规划、三级区划，功能分区保本底”为特点，提出全国范围的生态调节、产品提供与人居保障三类一级分区及其他两级分区，但其对空间管制的实施手段也尚不明确。上述四类空间发展规划各具特点，其共同发展趋势是强化空间管制，走向规划协同是大趋势，关键在于共同责任下的协作配合，把握好各级规划在空间规划体系中的功能作用，以保生态安全和粮食安全“红线”与稳增长、保就业、保民生、保稳定“底线”作为四类空间规划的发展目标，

① 李枫，张勤：“‘三区’‘四线’的划定研究——以完善城乡规划体系和明晰管理事权为视角”，载《规划师》，2012年第11期，第29~31页。

统筹生产组织、空间布局和制度安排，实现产业布局、土地利用结构、生态环境的综合优化，减少各类规划之间的矛盾，更加强调新形势下的人地和谐、经济转型优化、资源环境保护、区域协调发展等问题。

（二）土地用途管制要从“二维”管制迈向“四维”管制

土地用途管制是国际上普遍实施的土地管理制度，也是中国土地利用管控体系的核心。通过拓展土地用途管制的领域、协调空间规划管理体系、完善法律保障体系，以最大限度满足社会公共利益是未来发展的重要方向。在尊重业已形成的土地权利体系、公共利益和合法的私人财产权的基础上，完善土地权益管理，扩大土地用途管制职能，以有效彰显土地价值和土地财产权。加强各类空间规划的协调，明确不同规划的主导职能，梳理空间规划体系，是未来保障土地用途管制制度实施的关键之所在。以土地利用规划为核心，构建用途管制“一张图”，并在市县层面探索各类空间规划的协调衔接途径，增强政府统筹经济社会与城乡空间资源配置的能力，强化土地规划整体管控。同时，加强公众参与土地用途管制规则和内容的编制、批准和执行过程，加快用途管制相关法律法规立法保障。土地用途管制需要迈向包括土地用途、平面布局、立体利用、权益保障的“四维”空间管制。

（三）探索乡村地区控制性土地利用规划体系

未来土地利用规划应拓展方向，积极探索在广大乡村地区实施积极有效的空间管制手段。与城市土地不同，乡村土地主要由农业用地构成，它侧重于利用土地的生产功能与生态功能，土地的利用方式受制于土地的适宜性[①]。推进乡村地区控制性土地利用规划体系建设，强化对乡村地区的统筹管控作用，建立集建区外土地精细化管理的规划编制和管理体系，使集建区内外土地利用规划和管理体系形成互补、互动、互通的局面。

---

① 欧名豪：“土地利用规划体系研究”，载《中国土地科学》，2003 年第 1 期，第 41 ~ 44 页。

上海市郊野地区（单元）规划作为融合城市规划和土地规划需求的一次有益探索，通过对城市辖区范围内、集中城市化地区之外的乡村地区编制土地精细化管理体系，围绕建设用地减量化的政策核心，结合土地整治规划、城乡建设用地增减挂钩规划与城乡规划的内容，重点解决城乡用地布局、土地整治项目分解等问题，使其在规模布局、指标落实和资金统筹等方面保证一致。对乡村地区控制性土地利用规划体系的探索，将有利于节约集约利用土地、统筹城乡协调发展，对推进新型城镇化、破解城乡二元结构、解决“三农”问题具有重大的现实意义。

六、结论与讨论

随着中国社会、经济、政治体制不断转型完成，未来土地利用规划的内涵和外延也将发生深刻的变革，“可管理”、“可实施”与“可评判”的规划是土地利用总体规划发展的目标与趋势，应坚守粮食安全、生态安全两类底线，围绕空间管制与合理利用，明确城乡生产、生活和生态“三生空间”范围，协同各类相关规划，注重从权责分工、共同责任、法律构建、违法违规、市场机制等方面进行统筹设计、有序推进，实现国土空间规划体系的完善与协调。

第九章

土地整治发展历程与展望

一、概　述

土地整治是人类在生产实践活动中对土地利用进行干预，以协调人地矛盾，实现永续利用的行为。广义的土地整治即是对土地进行开发、利用、改良、治理、修复和保护等活动的总称。土地整治以获取土地利用的社会效益、经济效益、生态效益三者协调统一的综合效益为原则，以保护和改善生态环境为前提，以改善农业生产条件和提高土地的集约化利用程度为手段，以土地资源的可持续利用为最终目标。

不同国家和地区以及同一国家和地区的不同发展阶段，土地整治的目标和重点有所不同，管理程序也有所差异，但从本质上都体现了对土地利用布局的调整和土地利用现状的治理。其中以德国、荷兰、日本和中国台湾地区最具有代表性。德国是世界上最早开展土地整治的国家，亦称土地整理，其初始目的是为了改善农业和林业的生产条件，合并分散田块，调整田间道路，以满足机

本章执笔人吴铮。

械化耕作要求。随着经济发展，土地整治为建设准备土地和将大型基础设施建设打乱的地块重新规则化。现代的土地整治，则是以实现城乡生活等值化理念为原则，促进村庄革新和农村发展，注重生态与景观保护，改善人们的生存环境。荷兰土地整治是依据空间规划目标，通过土地所有权和土地用途的调整，改善农村地区土地利用布局和结构。日本土地整治又称作土地区划整理，实质上是一种将基础设施建设与居民地块调整相结合的开发方式。中国台湾地区土地整治称作土地重划，包括农地重划、市地重划和社区重划，其目的是改进土地利用环境与提高土地利用效能和价值。中国的土地整治是借鉴国际经验，结合中国实际形成和发展起来的，系指对低效利用、不合理利用、未利用土地以及因生产建设活动和自然灾害损毁的土地进行整治，提高土地利用效率的活动。根据土地整治内容的不同，土地整治可分成农（用）地整理、农村建设用地整理、城镇工矿建设用地整理、土地复垦、宜耕后备土地资源开发等五种类型。根据土地整治性质和范围的不同，土地整治又可分为农村土地整治和城镇土地整治。土地整治是落实最严格的耕地保护制度和最严格的节约集约用地制度，促进农业现代化和城乡协调发展，建设生态文明和美丽中国的重要措施。土地整治制度也是在社会转型期伴随着土地管理制度创新需要不断完善的一项新制度。

二、土地整治的发展历程

中国是一个土地开发历史悠久、农耕文明灿烂的国家。有学者认为，中国最早的土地整治活动可追溯到公元前 1066 年西周时期的井田制度。据《周礼·遂人》记载：“凡治野，夫间有遂，遂上有径，十夫有沟，沟上有畛……川上有路，以达与畿。”这就清楚地说明了当时田块、渠道和道路的布置形式，表明当时的人们已经开始了以规整田块、兴修渠道和建设道路为主要内容的土地整治活动。在不同的历史时期，诸如开荒、围垦、屯田等不同形式的土地整治活动一直在持续。然而，现代意义上的土地整治则是在改革开放后才逐步展开，有组织、大规模开展土地整治只有十几年的历史。

（一）探索起步阶段（1986～1997年）

20世纪70年代末期实行改革开放后，伴随着工业化城镇化发展，生产建设占用耕地数量快速增加，耕地面积持续减少，仅1985年就减少1500万亩，引起中央政府高度关注。1986年3月，中共中央、国务院以中发7号文下发《关于加强土地管理制止乱占耕地的通知》，明确“十分珍惜和合理利用每寸土地，切实保护耕地”是必须长期坚持的一项基本国策。同年6月，全国人大通过的《中华人民共和国土地管理法》将“合理利用土地，切实保护耕地”作为立法主要目标，并对国有荒山荒地滩涂开发和生产建设损毁土地复垦做出原则规定。1987年，全国首次土地开发经验交流会在辽宁省本溪市召开，会议号召加强土地开发以保持全国耕地面积相对稳定。1988年建立国家土地开发建设基金，明确了具体开支范围，其中就包括开垦荒地、围垦滩涂和整治改良中低产耕地。同年，国务院颁布了《土地复垦规定》。针对耕地面积锐减、土地资产流失局面，1997年中共中央、国务院以中发11号文下发《关于进一步加强土地管理切实保护耕地的通知》，明确要“实行占用耕地与开发、复垦挂钩政策”，第一次正式将“土地整理”写入中央文件并界定内涵，提出要“积极推进土地整理，搞好土地建设”，并且规定“原有建设用地的土地收益全部留给地方，专款用于城市基础设施建设和土地开发、中低产田改造；农地转为非农建设用地的土地收益，全部上缴中央，原则用于耕地开发”。相关法律和政府规范性文件的相继颁布实施，表明土地整治相关工作开始纳入政府工作内容，并由国家主导开展。

这一时期中国土地整治工作立足于借鉴海外经验，在实践中探索土地整治的实施途径。1988年，德国巴伐利亚州农林食品部土地整理局和汉斯？塞德尔基金会在山东省青州市南张楼村开展了“土地整理与村庄革新”的试验，也称“巴伐利亚试验”、“城乡等值化试验”，目的是借鉴德国模式，通过土地整理改善农民的生产条件、生活条件和生态环境，提高农民生活水平，建设布局合理、功能齐全、生活舒适的新农村，使之成为全国典范。各地也结合实际，在推进土地整治工作方面进行了摸索和尝试。截至1997年底，全国已有400多个县开展了一定规模的土地整治实践，并形成一批典型，如以江苏苏南地区和浙江湖州市为代表的结合基本农田建设开展的农田整治，以上海为代表的农民住宅向中心村和小集镇集中、乡镇企业向工业园集中以及农田向规模经营集中的“三个集中”综合整治，以安徽六安地区为代表的“田、林、路、渠、宅、塘、渔、墓”八位一体小区综合治理，以及以河北、天津、湖北、安徽等地为代表开展的村庄土地整治。

（二）发展壮大阶段（1998～2007年）

从20世纪90年代中期开始，中国工业化城镇化发展逐步进入快速发展阶段，各类建设用地需求持续增加，加上生态退耕战略得到实施，全国耕地数量一度锐减，1999～2004年年均净减少2000万亩以上，粮食总产也在2003年达到1990年以来的最低值。出于保护耕地资源、保障粮食安全考虑，国家进一步将土地整治作为实现耕地总量动态平衡的重要举措予以推进。1998年修订的《土地管理法》规定：“国家实行非农业建设占用耕地补偿制度”、“国家鼓励土地整理”，“新增建设用地的土地有偿使用费，百分之三十上缴中央财政，百分之七十留给有关地方人民政府，都专项用于耕地开发”，明确了土地整理的法律地位和土地整理的资金来源。《土地管理法实施条例》规定：县、乡（镇）人民政府应当按照土地利用总体规划，组织农村集体经济组织制定土地整理方案，并组织实施。2004年国发28号文《关于深化改革严格土地管理的决定》重申“严格执行占用耕地补偿制度”，定期考核土地开发整理补充耕地情况。“鼓励农村建设用地整理，城镇建设用地增加与农村建设用地减少相挂钩”等要求。1998年国土资源部及国土资源部整理中心成立后，会同有关部门加大了土地整治推进力度，陆续出台了一系列加强土地整治的规章制度、专项规划和技术标准。

随着《土地管理法》的修订和实施，1998年以来，中国土地整治总体上进入到有组织、有规范和有比较稳定投入的新阶段，土地整治规模、投入资金快速增长，取得了显著成效。1998 ~2007 年间，全国通过土地整治补充耕地 4042 万亩，大于同期建设占用耕地面积 3129 万亩。土地整治逐渐受到各级政府的高度重视和广大群众的普遍欢迎，开始真正深入人心，成为一项名副其实的“惠民工程”。

（三）跨越发展阶段（2008 年以来）

2008 年十七届三中全会的召开是中国土地整治发展历程上的重要节点。全会明确提出要“大规模实施土地整治，搞好规划、统筹安排、连片推进”，在中央层面第一次正式提出“土地整治”的概念，土地整治进入了新的发展阶段。2010 年，国务院以国发 47 号文下发《关于严格规范城乡建设用地增减挂钩试点切实做好农村土地整治工作的通知》，2011 年国务院颁布实施《土地复垦条例》，2012 年国务院批准《全国土地整治规划（2011 ~2015 年）》明确了十二五时期土地整治的战略布局。2013 年国务院批准《全国高标准农田建设规划（2011 ~2020）》，提出了高标准农田建设任务。2008 年以来，国家部署了土地整治重大工程和示范省建设，开展了以农村土地建设用地整理为主要内容的城乡建设用地增减挂钩试点和城镇低效土地再开发、低丘缓坡未利用地开发等试点，珠三角地区开始探索以“三旧”改造为主要内容的城镇工矿建设用地整理，进一步丰富和拓展了土地整治的内涵和功能。所有这些表明，土地整治从整治对象上已经涵括农用地、建设用地和未利用地等三种土地类型，从范围上开始主要由农村土地向城镇工矿用地延伸。

总体来看，20 世纪 80 年代中期以来，特别是近 15 年来，土地整治工作得到长足发展，内涵不断深化、外延不断拓展、目标不断丰富，初步实现了以增加耕地数量为主向增加耕地数量、提高耕地质量、优化用地结构和布局、改善农业生产条件和农民生活条件、促进生态环境建设的转变，总体上呈现出“规模扩大、内涵拓展、目标多元、效益提升”的发展态势，社会关注和认知程度不断提高，综合成效日益凸显。

三、土地整治成效分析

（一）维护了耕地数量的基本稳定和质量的提升，巩固了国家粮食安全的资源基础

保障粮食安全是推进中国特色农业现代化的首要目标，最根本的措施则是保护耕地。当前和今后一段时间，中国人口持续增加和消费持续升级将带来粮食需求持续增大。但是，耕地数量减少、质量偏低、后备资源不足和污染加重，以及气候变化等，都对粮食安全构成威胁。另外，随着工业化城镇化梯度推进，东南沿海优质耕地大量流失，中国耕地分布重心趋于不适合发展高效农业地区，粮食生产重心从秦岭—淮河以南转移至北部和中西部地区，“北粮南运”粮食产销格局面临日益严重的水土空间错位。在生物技术取得重大突破前，粮食产销结构性矛盾不会根本改变，粮食供求将长期处于紧平衡甚至脆弱平衡状态。为巩固粮食安全基础、提升粮食安全保障程度，亟须通过农村土地整治缓解耕地过快减少、提高综合生产能力。近年来，土地整治围绕保障国家粮食安全，通过治理低效利用、不合理利用和未利用土地，恢复利用生产建设破坏和自然灾害损毁土地，以及推进城乡建设用地增减挂钩、城镇低效用地再开发、工矿废弃地复垦利用和低丘缓坡荒滩开发利用等，从增加耕地数量、提高耕地质量和减少建设占用等方面促进了耕地保护，提升了粮食综合产能，夯实了国家粮食安全的资源基础。2001～2012 年间，全国通过土地整治新增耕地 5000 多万亩，超过同期建设占用和自然灾害损毁的耕地面积，保证了全国耕地面积基本稳定，成为耕地“红线”牢不可破的根本原因所在。全国建成适应现代农业发展要求的高标准、成规模基本农田 3 亿亩，经整治的耕地质量平均提升 1～2 个等级，粮食单产普遍提高 10%～20%，新增粮食产能 130 多亿斤。可以说，通过土地整治实现的耕地数量基本稳定和质量稳步提高，为全国粮食生产“十连增”提供了基础保障，促进了新增千亿斤粮食工程的实施，巩固了农业现代化基础。

（二）改善农村地区的生产生活条件，有效破解了农业现代化制约因素，促进了农业增效、农民增收和农村发展

农业基础设施薄弱，田间排灌设施陈旧，沟渠、道路配套性差，成为农业现代化短板。全国主灌区骨干工程完好率不足40%，个别地区可灌面积减少50%；农田有效灌溉面积不足全部耕地50%。加上装备较为落后、科技水平不高以及耕地质量较差，农业生产"靠天吃饭"局面仍在持续，自然灾害频发、受灾面广量大、成灾损失严重极大困扰着农业的现代化。据统计，2001～2010年间全国因灾损毁耕地年均高达57.5万亩。农业基础设施薄弱还使得农业生产规模化、集约化、机械化和标准化经营受限，加上管理理念较为落后，农业生产的市场竞争力不强，农业作为弱势产业的地位固化，防范市场风险能力较低。为改善农业生产物质条件、增强抗御风险能力，亟须通过农村土地整治提高基础设施建设水平、改变基础设施落后局面。

近年来，农村土地整治以建设高标准基本农田为重点，对田、水、路、林实施综合治理，大力推进土地平整工程，合理确定田块规模、适当规整田块形状、提高田面平整程度；完善田间道路和防护林网系统，优化道路林网格局，提高田间道路荷载标准、通达程度，增强林网防护能力；加强建设农田灌排工程，提高耕地灌溉比例和灌溉用水利用系数，增强农田防洪排涝能力。土地整治在很大程度上破解了农业发展的基础设施瓶颈，缓解了农业基础设施长期薄弱局面，规模化、集约化、机械化、标准化生产水平显著提高。通过村庄治理，改变了农村散、乱、差的面貌，农民居住相对集中，农民住房条件、农村基础设施和公共服务配套设施大大改善，促进了城乡协调发展，特别是一些地方在推进农村土地整治中，注重保持农村特色，保留传统的农耕文化和民风民俗中的积极元素，使现代城市和现代农村经济社会和谐相融、现代文明和历史文化交相辉映；农民通过参与土地整治工程施工，还直接增加了劳务收入，土地整治因而成为解决农民工就业、增加农民收入的有效途径；另外，通过实施土地整治项目，增强了农民的科学观念，提高了农民的参与意识、自我发展和自主管理能力，有利于培育适合新时代发展要求的新型农民，并促进了农村文

明社区建设，增强了农民的民主意识，加快了农村民主管理进程。

近10年来，随着大批土地整治工程项目相继开展和发挥作用，土地整治工作的“强农”效应突出，全国农业生产条件明显改善，机械化耕、种、收水平就提高了20余个百分点；土地整治的“富农”效应初显，每亿元土地整治投资，工程施工所需的社会劳动力投入约占总投资的20%左右，可创造当地社会劳动力需求150万多个用工，“十一五”期间，全国土地整治惠及9100万农民，项目区农民人均收入增加700余元，参加土地整治工程的农民劳务所得合计超过150亿元；土地整治的“惠农”效应凸显，仅“十一五”期间，全国就直接投资2390多亿元整治低效、废弃农村建设用地约300万亩，一举改变了有关地区农村的散、乱、差面貌，项目区实施后农民人均年收入提高了30.1%。另外，土地整治在促进老、少、边、穷地区农村发展和社会和谐稳定方面发挥了重要作用，成为中国推进扶贫开发工作、消除贫困的一项重要举措

（三）优化城乡土地利用结构和布局，促进了城乡统筹和经济社会一体化发展

由于工农产品剪刀差惯性犹存，中国农民人均收入增长乏力，城乡收入差距直到2012年仍然高达1∶3.10；农村建设历史欠账较多，基础设施配套和公益设施建设滞后，农民尚未享受均等化的基本公共服务；管理体制上存在二元分割，导致生产要素城乡流动限制较多，工业化城镇化发展“缺土地”、农业现代化“缺资金”、城乡统筹发展“缺平台”问题较为突出；城乡土地利用缺乏统筹协调，城镇粗放蔓延、农村无序建设现象普遍，农村居民点占地与城镇占地“双扩”局面仍未改变。为构建城乡一体化发展新格局，亟需通过农村土地整治搭建平台，消除生产要素流动障碍，促进城乡协调发展，让城乡人民共享经济社会发展成果。针对城乡二元结构事实存在导致的生产要素流通障碍，土地整治特别是期间试点推进的城乡建设用地增减挂钩努力构建统筹城乡发展的抓手和平台。近年来，各地深入贯彻落实科学发展观，围绕城乡统筹发展战略，积极探索开展农村建设用地整理、城乡建设用地增减挂钩、工矿废弃

地复垦利用和城镇低效用地再开发等土地整治工作。通过开展农村集体建设用地整治，不仅增加了耕地面积，还进一步拓展了城乡经济发展空间。一方面，利用节约出来的一部分集体建设用地，引导财政资金和民间资本投入农村开展综合整治，明显改善了农村村容村貌和生产生活水平，切实增强了农村自身发展能力；另一方面，通过挖潜集体建设用地并在优先满足农村发展需要前提下，将节约的土地指标调剂到城镇，既拓展了工业化城镇化发展空间、促进了工业化城镇化快速发展，返还收益还加快了新农村建设，实现了土地要素城乡之间合理流动和经济社会发展成果城乡共享。

（四）改善土地生态环境和修复受损生态系统，促进了生态文明建设

经济效益、社会效益和生态效益相统一是土地整治遵循的基本原则。在推进土地整治过程中，针对一些地区土地退化程度较为严重，以及自然灾害损毁和生产建设破坏土地现象较为普遍的情况，综合运用工程、生物等措施，着力改善土地生态环境，修复、提升土地生态功能。在农用地整理中综合采取工程、生物、物理、化学、耕作等措施，着力改善土地生态环境、提高生态涵养能力，并在控制土地沙化盐碱化和减轻水土流失等方面发挥了重要作用；土地复垦通过塌陷区和采空区充填、尾矿库造田、排土场改土造林以及风景观赏区建设等，有效修复了矿区生态系统、恢复受损生态功能。总体来看，通过土地整治对生态系统的修复和保护，基本实现了生态安全和粮食安全的有机结合、促进了区域生态环境质量的整体提升。

资料显示，土地整治工作在促进全国生态文明建设方面作用显著。仅“十一五”期间，全国各类土地整治工程通过开展坡改梯和实施坡面防护建设等治理水土流失面积2176万亩，通过实施农田防护林工程种植农田防护林2.7亿株，通过推广应用节水灌溉技术促进工程区灌溉水利用率从0.3～0.4提高到0.6以上，通过土地复垦大幅度提升了废弃土地复垦率，修复和改善了生态环境。土地整治在改善部分地区生态环境质量方面更是发挥了不可忽视的重要作用：西北干旱地区通过农用地整理，治理了大面积盐碱地，提高了植被覆盖

率，增强了防风固沙能力；西南地区结合生态退耕加大保水、保土、保肥的“三保田”建设力度，既治理了水土流失，又保障了粮食生产，实现了生态安全和粮食安全的有机结合；长三角、珠三角等人口产业密集地区，通过建设高标准基本农田，更加突出了耕地在维护和改善区域生态环境中的作用。

四、土地整治发展展望

土地整治发展到今天，从范围上不再局限于农村地区，整治对象也不再局限于农用地，而是对全域土地的整治，其目标更加多元化，呈现出区域综合性、多功能性、多效益性特点。2012 年 3 月，《全国土地整治规划（2011 ~ 2015 年）》（以下简称“十二五”全国土地整治规划）由国务院批准实施，明确了土地整治总体战略，确定了“十二五”期间再建成旱涝保收高标准基本农田 4 亿亩、补充耕地 2400 万亩等一系列目标任务；2013 年 10 月，国务院批复《全国高标准农田建设总体规划》，提出到 2020 年建成旱涝保收的高标准农田 8 亿亩，亩均粮食综合生产能力提高 100 公斤以上。两个国家级规划全方位描绘了中国今后一个时期土地整治的宏伟蓝图，拉开了新一轮土地整治的大幕。

今后一个时期中国土地整治要适应社会转型发展的新形势新要求，以保护耕地，维护国家粮食安全为首要目标，以生态文明理念为引领，以城乡一体化发展为根本要求，大规模建设旱涝保收高标准基本农田，有序推进农村建设用地整理，积极开展城镇工矿建设用地整治，加快土地复垦，完善土地整治制度，全面提高土地整治综合成效，促进农业现代化和新型城镇化的协调发展。

（一）以大规模建设旱涝保收高标准基本农田为重点，大力推进农用地整理

按照“以整治促建设、以建设促保护”的思路，大力推进农用地整治，

加强耕地质量建设，有效引导耕地集中连片布局，加快建成一批旱涝保收高标准基本农田，夯实农业现代化基础。要建立基本农田建设集中投入制度，继续实施基本农田保护示范区建设，积极实施基本农田整治重大工程，着力加强高标准基本农田示范县建设。建成的高标准基本农田应实行永久保护，确保其持续发挥效益，任何建设项目应予避让。

农用地整理重点区域主要应集中在：华北平原区、长江中下游平原区、东北平原区、华南丘陵平原区、浙闽丘陵平原区、云贵高原区、黄土高原区、四川盆地及秦巴山地区、内蒙古高原区、新疆天山山麓绿洲区。

（二）以改善农村生产生活条件为前提，有序推进农村建设用地整理

农村建设用地整治要以“空心村”整治和“危旧房”改造为重点，充分考虑农民实际承受能力，尊重农民意愿，合理开发利用村内废弃地、腾退宅基地和闲置地，促进中心村镇建设，引导农民集中居住、产业集聚发展，全面提高农村建设用地利用效率。要按照有利生产、方便生活和公共服务均等化的要求，合理进行村庄功能分区，完善农村道路、水电及生活垃圾、污水处理等基础设施，健全教育、医疗卫生、文化娱乐等公共服务设施，推进人居环境综合整治，为农民建设幸福家园和美丽乡村。

农村建设用地整治还要注重对乡土文化的传承，加大力度保护列入保护名录的历史文化名村和民居，保留当地有特色的农耕文化和民俗文化，保护人文景观、自然景观和生态环境。不提倡、不鼓励在城镇规划区外拆并村庄、建设大规模的农民集中居住区，不得强制农民搬迁和上楼居住，要慎砍树、禁挖山、不填湖、少拆房。

（三）以推进土地节约集约利用为出发点和落脚点，积极开展城镇工矿建设用地整治

要贯彻落实中央城镇化工作会议精神，城镇建设用地整理特别是优化开发的长三角、珠三角和环渤海地区，要以盘活存量、优化结构为主，积极推进旧

城镇、旧工矿以及“城中村”改造，促进土地节约集约利用，提升土地价值，改善人居环境，促进生产空间集约高效、生活空间宜居适度、生态空间山清水秀，形成生产、生活、生态空间的合理结构。

旧城镇改造的重点是对基础设施落后、人居环境恶劣、奇零细碎或与城镇功能定位不符区域的更新改造，合理引导城镇工业用地布局，控制生产用地，保障生活用地，增加生态用地，创造舒适宜人的城镇环境，提高城镇综合承载能力。要注重保护历史文化街区，保护地方特色建筑，延续历史文脉，避免大规模拆旧建新对古城历史风貌造成不利影响。探索增减挂钩指标安排与中心城区建设用地效率提高的联动机制，加大土地、财政等政策支持力度，建立促进城镇更新改造的激励机制。旧工矿改造重点是优化工矿用地布局，盘活土地资产，提高工业用地效率，实现从粗放型向集约型转变，充分挖掘现有工矿用地潜力，改善工矿区基础设施及生态环境。

（四）以合理利用土地和修复生态为目的，加快土地复垦

按照“快还旧账、不欠新账”的原则，加快历史遗留损毁土地复垦，全面推进生产建设活动新损毁土地复垦，及时开展自然灾害损毁土地复垦，改善土地生态环境，保障土地可持续利用。土地复垦重点区域应集中在：冀东煤炭钢铁基地、黑吉辽煤炭钢铁有色金属基地、冀南晋南豫北煤炭钢铁基地、晋陕蒙煤炭化工基地、苏鲁皖煤炭钢铁有色金属基地、豫中煤炭基地、鄂赣闽有色金属钢铁煤炭基地、湘粤有色金属建材基地、广西有色金属建材煤炭基地、川滇黔渝有色金属钢铁化工基地。

全面摸清历史遗留损毁土地复垦潜力，综合考虑土地损毁类型、损毁程度和复垦可行性等因素，尊重自然规律，统一规划、合理安排土地复垦方向、规模和时序。应加大政府复垦资金投入力度，积极吸引社会投资进行复垦，激励土地权利人自行复垦。

按照“谁损毁、谁复垦”的原则，全面推进生产建设新损毁土地复垦。复垦义务人应按要求编制土地复垦方案，在生产建设工艺和方案中落实土地复

垦各项要求。复垦任务要纳入生产建设计划，复垦费用列入生产建设成本或项目总投资。

（五）以严格保护和改善生态环境为根本要求，适度开发未利用土地

宜耕后备土地资源丰富的地区，可以在保护和改善生态环境的前提下，选定重点区域，科学论证、统筹安排，适时适度、科学合理开发耕地后备资源，补充有效耕地面积，加强新增耕地质量建设，促进形成国家粮食战略后备产区。

第十章

节约集约用地的理论、经验与对策

一、推进节约集约用地的国情背景分析

中国位于亚欧大陆东部、太平洋西岸，地理位置独特，地形地貌复杂，气候类型多样；疆域广大，陆域面积960万平方公里，海域面积300万平方公里，陆地边界2.28万公里，大陆海岸线长1.8万公里。正如《全国主体功能区规划》对中国国情的描述，“巍峨的群山，纵横的河流，广袤的草原，肥沃的农田，辽阔的海洋，是中华民族的美好家园。自古以来，中华民族在这里繁衍生息，创造了辉煌历史和灿烂文化。新中国成立以来特别是改革开放以来，中国现代化建设全面展开，工业化城镇化快速推进，一家家工厂不断涌现，一条条公路纵横南北，一座座城市拔地而起，一个个村庄焕然一新，我们的家园发生了深刻变化。”总体而言，中国国土空间和资源利用呈现如下特征。

本章执笔人林坚、许超诣、张禹平、罗洁。

（一）人口众多、资源相对不足的国土格局

1. 幅员辽阔、资源相对不足的国土

中国国土资源总量丰富，但一些重要资源人均占有量明显低于世界平均水平，人均耕地、淡水、森林和草地分别只有世界平均水平的1/3、1/4、1/5和1/3，人均矿产资源探明储量只有世界平均水平的1/2（图10.1）。资源相对不足已经成为中国经济社会发展的重要制约因素。

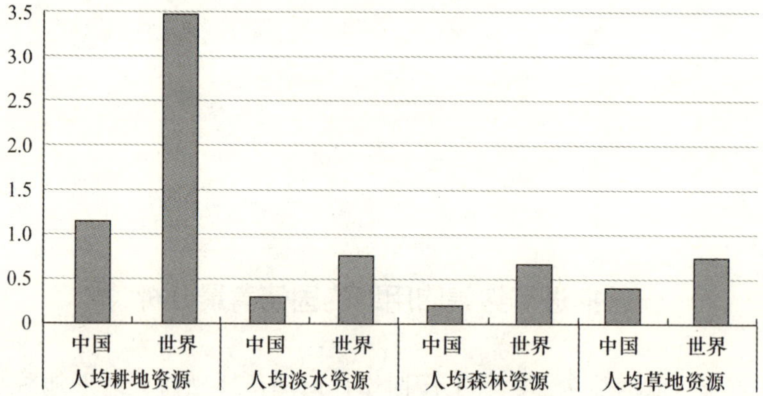

图10.1　中国和世界人均资源对比

2. 地域差异大、类型多样的国土

中国地势自东向西呈现海拔差异明显的三大阶梯，平原、丘陵、盆地、山地、高原分别占陆域面积的12%、10%、19%、33%和26%，各地区自然、经济、社会和人文条件差异显著，形成了多样化的国土空间开发利用方式。

3. 变化剧烈的国土

改革开放以来，中国经济社会发展迅速，这一时期也是中国国土变化最为剧烈的时期，人口和产业在空间上的集聚不断改变与塑造着国土的空间格局，城市群相继崛起，基础设施网络已延伸至国土的各个区域，土地利用结构发生显著变化，尤其是耕地减少、建设用地增长迅速。1996～2008年，全国耕地净减1.24亿亩，减幅达6.4%；建设用地净增388万公顷，增幅达13.3%，其中城镇工矿用地增幅达51.5%（图10.2）。

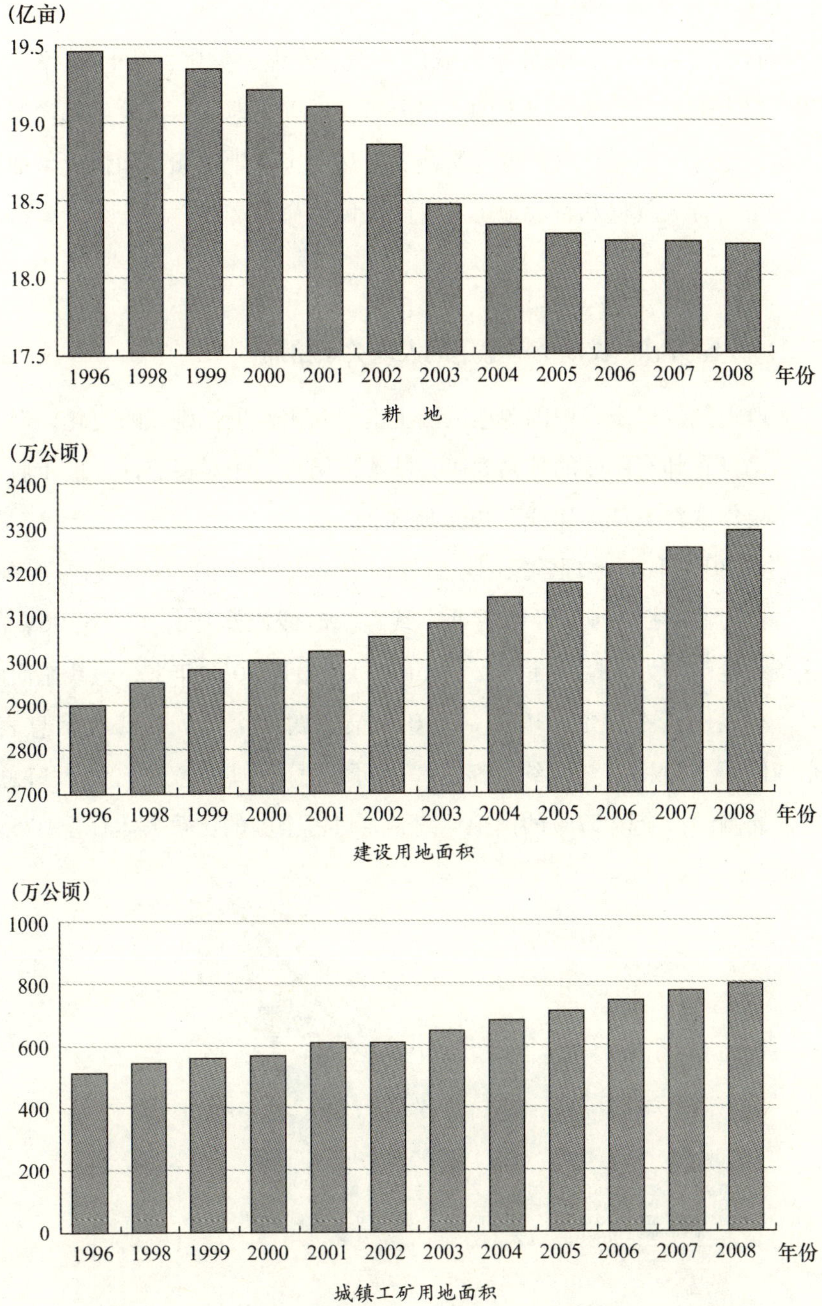

图 10.2　1996~2008 年全国耕地、建设用地和城镇工矿用地变化

4. 自然灾害频发的国土

中国自然灾害种类多、分布地域广、季节性强，灾害共生性和伴生性显著，70%以上的城市、50%以上的人口分布在地震、地质、气象、海洋等自然灾害严重的地区。受全球气候变化影响，自然灾害发生的频率和强度呈加剧之势。近年来，特大气候和特大地震灾害给人民生命财产和经济社会发展造成了重大损失。

（二）分异明显、长期基本稳定的人地关系格局

尽管改革开放以来，中国各地区国土空间利用发生了剧烈的变化，但人口和经济活动分布却有明显的分异规律，基本格局长期相对稳定，人地矛盾、用地矛盾主要集中在“胡焕庸线”以东地区。

20世纪30年代，地理学家胡焕庸提出中国人口分布的分割线“瑷珲－腾冲线”，即今黑龙江黑河至云南腾冲一线，当时线以东居住了全国96%的人口，这条线也被称为“胡焕庸线”（图10.3）。最近30多年来，该线东西两侧的人口分布比例基本稳定。1982～2010年最近四次全国人口普查信息表明，该线东南侧国土面积占全国约43%，一直承载了全国94%左右的人口总量；而该线西北侧约占全国57%的国土空间，人口占全国的比重大体稳定在6%左

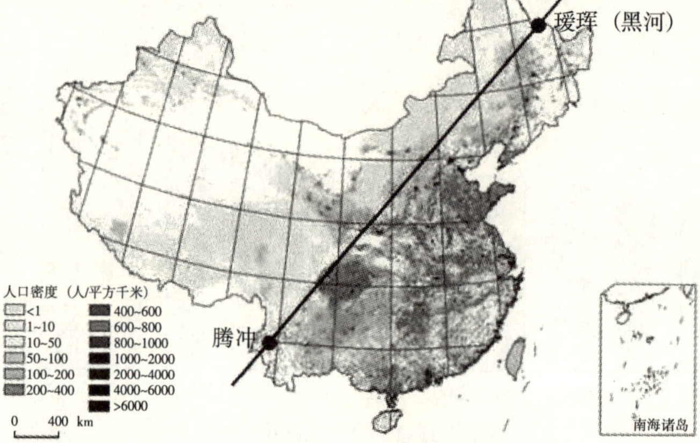

图10.3 “胡焕庸线”

右。同时，该线东南侧的国内生产总值占比长期保持在94%以上，两侧的建设用地比例也比较稳定。

之所以形成上述格局，和“胡焕庸线”的地域分界线特点有密切关系。“胡焕庸线”与400毫米等雨量线、地貌分界线、文化分界线等基本重合。该线东南侧以平原、丘陵、水网、喀斯特和丹霞地貌为主，是中国传统农耕文明发祥地，国土空间较宜开发；线西北侧主要包括新疆、西藏、青海全域，甘肃、宁夏、内蒙古大部及云南、四川、陕西、黑龙江等小部分，但不包括西部大开发中的成渝地区、关中地区、滇中地区等，地貌类型以草原、沙漠和雪域高原为主，是中国历史上的游牧文化区，生态脆弱区域居多，不宜大规模、高强度开发。

（三）可开发空间不足与过度开发态势并存的局面

1. 相当有限的可开发空间

中国陆地国土空间居世界第三位，但山地多，平地少，约60%的陆地国土空间为山地和高原。《全国主体功能区规划》提出，适宜工业化城镇化开发的陆地国土空间面积仅有180余万平方公里，这一空间必须考虑粮食安全等多种需求。由于中国城镇化主要衍生于以农耕文明为基础的聚落，工业化主要依托现有聚落，因此，适宜工业化城镇化开发的国土也基本分布在胡焕庸线东南侧（图10.4）。

但是，扣除高山、大川等，胡焕庸线东半壁适宜人类居住的空间并不大。参考中国科学院承担全国城镇体系规划专题的研究结论，京津沪粤浙等25个省区市适宜人类居住的I类适宜居住空间只有166万平方公里左右，相当于1个新疆的规模，2010年人口规模已高达12.46亿人。

2. 不可忽视的扩张性开发

改革开放以来，“胡焕庸线”东南侧的国土开发活动全面展开，目前国土开发程度（即建设用地占陆地国土面积的比重）较高，特别是主要经济区和中心城市的国土开发程度已经达到或超出发达国家水平。欧洲一些国家国土面

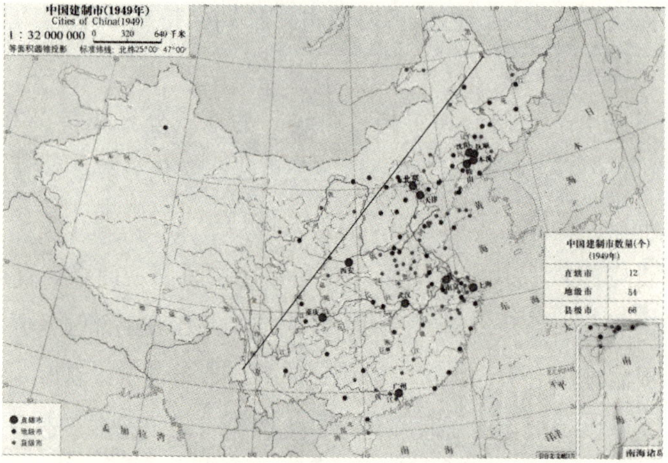

1949 年

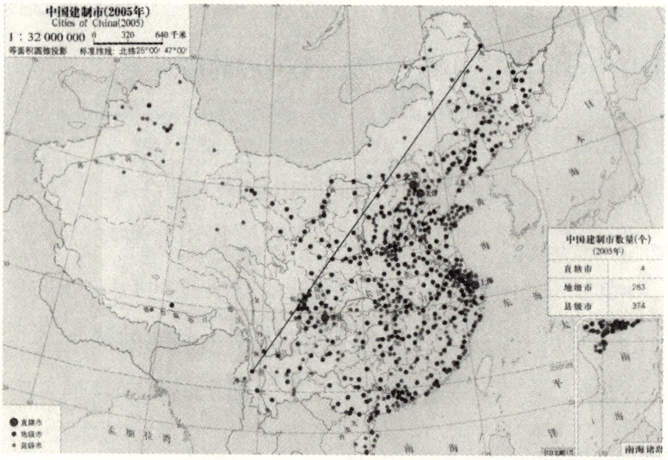

2005 年

图 10.4　中国城市空间分布

资料来源：王静爱，左伟：《中国地理图集》(2010)。

积不及京津冀、长三角、珠三角等区域，国土开发程度都不足 13%，而中国上述三个地区都已经接近或超过 15%。上述地区的中心城市，如广州、深圳、上海、北京、天津等开发程度超过或接近国外大都市地区的上限值 25%，深圳、上海和北京平原地域甚至超过或接近 50%。

扩张性的国土开发带来不容忽视的用地浪费和结构不合理现象。一方面，用地粗放浪费严重。一是城镇快速扩张，用地粗放，新城、新区建设呈现低密度、分散化态势。据遥感影像对比分析，2006～2009 年，全国 84 个重点城市（包括主城区和新城、新区等城市组团）建设用地规模从 2.7 万平方公里扩大到 3.1 万平方公里。其中，有 10 个城市扩张规模在 35% 以上。二是农村建设用地规模大、布局散，效率低。村庄建设用地中，空心村、空闲用地比重达 10%～15%，村庄综合容积率不足 0.2（图 10.5、图 10.6）。三是产业用地效率不高。目前，工业用地容积率仅为 0.3～0.6，2010 年，全国工业产出率较高的上海市产出水平仅为 20 世纪 80 年代纽约和东京水平的 1/3 和 1/6。四是部分交通基础设施和高校园区等过度超前超标准建设，宽马路、大广场、大水景等形象工程相当普遍。

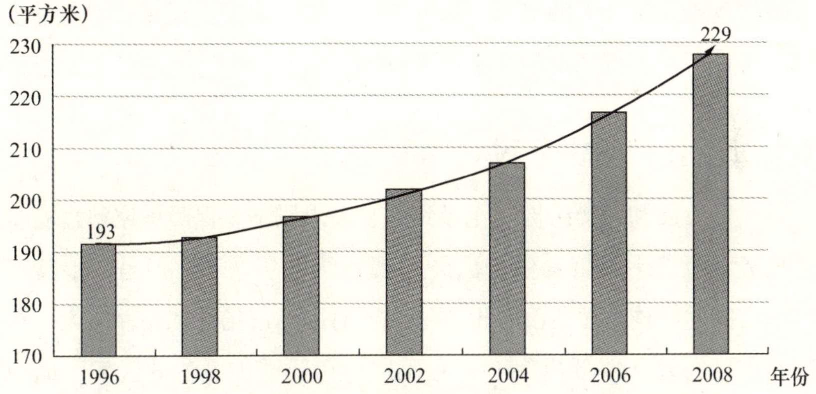

图 10.5　全国人均农村居民点用地历年水平图（1996～2008 年）

图 10.6　“空心村”现象

另一方面，用地结构不合理。在城镇化进程中，城乡建设用地结构调整缓慢，农村建设用地特别是农村居民点用地并未随人口减少而下降，1996～2008年间增长了771平方公里，导致农村人均居民点用地水平不断加大，从193平方米增长到229平方米，城镇和乡村承载人口的能力差异在不断扩大，从1.33∶1扩大到1.71∶1。工业化进程中，工矿仓储用地占新增建设用地供应总量的比重长期居高不下。从新增土地供应看，1997～2005年间，该比重每年都在40%以上，到2007年更是高达57.7%，东南沿海部分城市甚至超过60%，其结果城市内部工业用地比重偏大，2008年，不少城市工业用地比重超过30%，远高于国外城市不足15%的水平。

土地利用的粗放浪费和结构不合理加剧了资源紧约束下的供需矛盾，也为未来节地挖潜提供了巨大的空间。采取切实手段，改变上述粗放浪费的土地利用状况，将使中国建设用地释放出巨大的潜力。

（四）各类各业用地相争不断加剧的局面

一是人口发展和食物结构变化导致粮食需求剧增，保障国家粮食安全的耕地保护任务艰巨。中国粮食生产已经实现连续七年增产，但是，粮食产销之间、供求之间的结构性矛盾没有根本改变，对国际市场的依赖性加大。中国人口发展目前已经处于“低出生率、低死亡率和低增长率”的区间，但由于人口基数过于庞大，今后一段时间中国人口总量仍将缓慢增长，直到2030年左右达到约14.5亿人的峰值后才转入人口零增长。同时，人口城乡结构转变，不但带来粮食生产人口减少和粮食消费人口增加，也带来食物消费结构升级，导致更大的粮食需求。按照未来人口、复种指数、粮食产量等参数，对保障粮食安全需要的耕地进行了估算，按照粮食自给率保持在95%以上，2030年耕地必须守住红线。

二是生态文明建设力度加大，维护生态安全用地需求增加。建设生态文明，是中国改善民生、建设“资源节约型、环境友好型”社会的需要，也是应对全球气候变化、实现国际承诺的需要。目前，中国中度以上生态脆弱区域占全国陆地国土空间55%，其中极度和重度脆弱区域占比近30%。在“十二五”和更长一段时期，中国必须保障生态安全，落实《全国林地保护利用规划纲要（2010～2020年）》提出的2020年全国森林保有量较2005年增加4200万公顷左右（6.3亿亩）的规划目标，并努力使森林覆盖率到2050年达到26%以上；继续推进天然林资源保护、京津风沙源治理、三北和长江中下游等重点地区防护林、野生动植物保护及自然保护区建设、重点地区速生丰产用材林基地建设等生态建设重点工程。

三是工业化城镇化处于关键时期，建设用地需求刚性增长。中国目前仍然处在工业化中后期，工业化、城镇化持续推进，基础设施建设力度不断加大，尤其伴随中国逐步进入上中等收入国家乃至高收入国家，人民群众对健康、休闲、出行等产生新的需求，建设用地需求将呈刚性增长。近年来一系列区域发展规划、区域发展指导意见和综合配套改革方案的相继出台，以及各类开发区扩区发展等，都导致建设用地需求激增。

四是农业现代化推进促进农业结构调整，“经粮争地”现象普遍，也成为耕地减少的重要原因之一。1997～2008年间，农业结构调整导致耕地净减少1427万亩，占全国耕地净减少量的11.4%。因此，中国在未来一段时期，严格保护耕地、保障粮食安全的任务不但没有减轻，反而形势更加严峻。

综合考虑未来保障粮食安全的耕地、工业化城镇化发展的建设用地，以及生态文明建设的林地、草原发展等需求，加上100多万平方公里难以利用的戈壁、沙漠、冰川、裸地等，960万平方公里的国土如何布局，将成为一个全民族需要共同思考的重大问题。

在粮食安全和生态建设“两个硬约束”下，工业化、城镇化和农业现代化必须走节约集约用地之路，并且需要结合中国国土开发空间的基本格局，因地制宜、有的放矢地走出一条土地资源利用新路子。

二、节约集约用地的理论内涵分析

（一）节约集约用地的历史渊源

节约集约用地中国自古就有，1949 年后得到高度重视。在中国，《资治通鉴》提到："地力之生物有大数，人力之成物有大限，取之有度，用之有节，则常足；取之无度，用之不节，则常不足"，强调资源利用要节约、不可浪费；最早的农书《齐民要术》提到："凡人家营田，须量己力，宁可少好，不可多恶"，强调土地不能广种薄收、粗放利用，应该精耕细作、集约经营。

1949 年后，党和国家高度重视节约用地问题。1956 年《国务院关于纠正和防止国家建设征用土地中浪费现象的通知》要求节约用地、纠正和防止浪费土地。1958 年国务院颁布的《国家建设征用土地办法》明确规定："国家建设征用土地，必须贯彻节约用地的原则。"1986 年颁布的第一部《土地管理法》规定："国家建设和乡（镇）村建设必须节约使用土地。"1995 年，党的十四届五中全会提出两个根本转变之一的"经济增长方式从粗放型向集约型转变"，也推动了中国土地资源集约利用的探索，1998 年第八个全国土地日的主题就是"土地与未来——集约用地，造福后代"。进入 21 世纪后，随着土地资源紧约束和土地需求日增的矛盾加剧，党中央、国务院高度重视节约集约用地问题，2004 年国务院下发《关于深化改革严格土地管理的决定》，提出"实行强化节约和集约用地政策"，明确"建设用地要严格控制增量，积极盘活存量，把节约用地放在首位，重点在盘活存量上下工夫"；2008 年，国务院发布《关于促进节约集约用地的通知》，中共十七届三中全首提"最严格的节约用地制度"。

2008 年《国务院关于促进节约集约用地的通知》明确指出："切实保护耕地，大力促进节约集约用地，走出一条建设占地少、利用效率高的符合中国国情的土地利用新路子，……是中国必须长期坚持的一条根本方针。"

（二）节约集约用地的相关概念解析

1. 对土地利用的认识

按照中国《土地管理法》对土地的分类，涉及农用地、建设用地和未利用地，可以简略地将土地利用分为农地利用和建设用地利用两类，两类土地利用方式有所区别。其中，农地利用过程中，对农地的开垦与种植是对土地的直接利用，因为农地种植的产物是农产品，农产品又直接用于消费或生产；而建设用地的平整与开发类似于农地的开垦与种植，其开发的产物是生产和生活空间，建设空间还需要经过进一步的配置和利用才能最终发挥其作用。因此，建设用地利用有阶段性，可以区分为土地开发和建设过程的初级利用和在已开发的建设空间中增加要素投入的次级利用。

2. 土地节约利用

节约与浪费相对。土地浪费既存在“量”的浪费（如土地闲置、多占少用等），也存在“质”的浪费（如用地效率低下等）；土地节约利用更强调一种“减量化”理念，可用可不用，尽量不用；能少用的，尽量少用。换言之，土地节约利用就是在满足土地使用基本功能和不降低土地利用的经济、社会、生态效益前提下，通过采取一系列政策、经济和技术措施，减少对土地资源的消耗。即用地力求节省、杜绝浪费，不占或少占耕地。因此，土地节约利用（尤其建设用地节约利用）突出强调“量”的问题，强调对增量土地的利用控制。

3. 土地集约利用

（1）土地集约利用起源于农业经营，是“精耕细作”的代名词。早在两千多年以前，中国古代文献就有集约经营思想的论述。最早的农书《齐民要术》提到：“凡人家营田，须量己力，宁可少好，不可多恶。”强调土地的经营不能广种薄收，宁可少而精，直接表达了精耕细作、集约经营的思想。明代《沈氏农书》指出：“以二亩之壅力，合并于一亩”可以“一亩兼二亩之息”，即提高单位面积的投入，可取得更好的收益。此外，马克思也提出自己的见解："在经济学上，所谓耕作集约化，无非是指资本集中在同一土地上，而不是分散在若干毗连的土地上。"而《汉语大词典》给予的定义为："农业上指在同一面积上投入较多的生产资料和劳动，进行精耕细作，用提高单位面积产量的方法来增加产品总量（跟'粗放'相对）。这种经营方式叫做集约经营。"由此可见，集约利用土地强调对存量土地的利用。

（2）"集约"概念在中国社会经济领域的发展与转变经济增长方式有着密切的关系。1995 年中共十四届五中全会提出："积极推进经济增长方式的转变，把提高经济效益作为经济工作的中心，实现经济增长方式从粗放型向集约型转变，……形成有利于节约资源，降低消耗，增加效益的企业经营管理机制。"其中，集约型的经济增长方式指高产出、高效率、高质量、低消耗地实现经济增长，注重内涵发展、质量提高、追求效益，依靠科技进步和结构优化升级，实现规模经营和合理布局生产力等达到经济的增长；粗放型的经济增长方式则指高投入、高消耗、低产出、低质量地实现经济增长，注重外延扩张、数量扩展、靠资金和资源的不断投入和积累支撑经济增长的速度。

（3）经济学上的"集约"利用是边际报酬递增递减律和要素间的替代效应在起作用。按照土地的"边际报酬递增递减律"，强调在技术条件不变的前提下，可变生产要素（资本、劳动力等）同投入量不变的固定生产要素（如土地）相结合进行生产时，随着可变生产要素投入量增加，产出即生产活动的报酬会经过由递增转为递减的过程。这一过程可分为三个阶段：第一阶段随着可变要素投入量的增加，表现为平均报酬、总报酬和边际报酬都一起上升，属于规模经营阶段；第二阶段是边际报酬递减，但随着投入的增加，总产出仍在增长，一直到最高点为止，仍属于合理的土地集约利用阶段；第三阶段可变要素投入的边际报酬为负，是一种不合理的过度经营方式。图 10.7 中的点 x_3 为土地利用的集约边际（intensive margin），在这一点上，可变要素投入的边际成本与其边际收益相等，土地的边际产出为 0。一块农地的集约边际主要受土壤肥力和当前生产技术的影响。上述土地集约利用实质上是在探讨土地作为一种空间要素，当其成本固化后，非土地生产要素的投入变化引发土地产出变化的问题，即空间成本固定化条件下的边际报酬递增递减律。

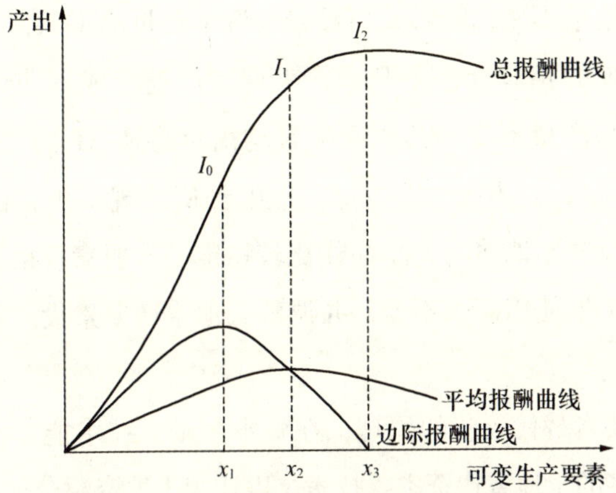

图 10.7　土地的边际报酬递增递减率

而从要素间的替代效应看，在一定预算约束下，增加一种要素的消费将以减少对另一种要素的消费为代价。

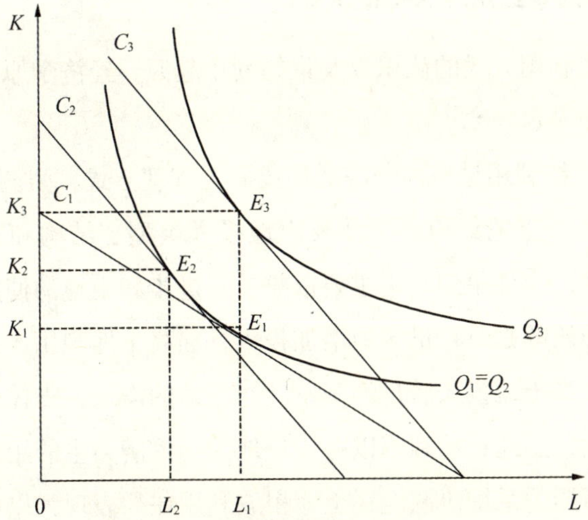

图 10.8　要素价格与厂商生产决策

注：K = 资本；L = 土地；Q = 产量

如图 10.8 所示，在厂商采用两种价格给定的生产要素——土地（L）和资本（K）生产产品（Q）的生产决策模型中，当厂商调整生产要素组合的时间足够充分，土地价格的变化可能使土地和资本的使用量均发生变化。假设由于土地的自然供给量不变，随着人口数量与资本存量的累积，土地资源的相对稀缺性上升，土地的相对价格上升，并表现为厂商等成本曲线 C_1 发生转动。如果厂商保持产品产量不变，其要素配置均衡点将从 $E1$ 向 $E2$ 移动：土地使用量从 L_1 减少到 L_2，资本投入量从 K_1 上升至 K_2。现实中，由于土地位置固定性等特点，厂商使用地块的大小往往比较稳定。当要素价格发生变化时，厂商可能优先保持土地使用面积不变，并调整其他生产要素投入量，直到实现新的均衡（E_3）。

因此，依照要素替代效应的原理，在资本短缺、技术能力不足的阶段，投资者倾向于以更多的土地替代资本、技术，以让渡土地资源合理价值为代价来吸引投资、技术，土地趋向粗放利用；而土地资源趋向紧张，资本、技术条件具备后，将以加大资本和技术的投入来替代土地要素，土地集约利用程度加大。

（三）对节约集约用地的特征认知

结合对土地利用方式的认识以及集约利用起源、经济学原理分析等，可以形成如下认识。

（1）土地集约利用是一种经济活动或经营管理方式，强调内涵发展。

（2）宏观上，土地集约利用涉及土地投入类型、结构和速度问题。在土地投入类型方面，土地集约利用主要依靠技术进步和土地的使用效率提高来支持经济增长，强调的是对存量土地增加投入，提高土地利用产出和效率；土地粗放利用，是以高土地投入满足经济发展对土地的需求，支撑经济增长。在土地投入结构方面，土地集约利用以存量土地内涵挖潜为主的用地方式，强调土地利用结构和布局的系统协调性；土地粗放利用往往表现为以增量水平扩张为主的用地增长方式，各类用地类型之间的整合性较差，结构不合理。在土地投入速度方面，土地集约利用属于质量效益型，注重土地投入的时序控制，不是通过土地快速扩张获得效益，而是注重追求提升已开发土地的集聚效益；土地粗放利用是速度效益型，土地效益是依附于土地扩张速度获得。

（3）微观上，土地集约利用是一个动态发展的过程，土地集约利用与否存在初级利用和次级利用集约状况的多种组合。现实生活中，我们可能观察到低入住率的高层住宅楼和花园式高科技工厂，前者属于初级利用集约、次级利用不集约，后者则初级利用不集约、次级利用集约。

（4）中国国情决定需要追求土地初级利用、次级利用和总体利用效果的多重集约，但可能存在不同组合。包括：第一，土地初级集约利用。指土地开发建设和空间的生产，追求利用强度最大化。在市场、规划、技术条件许可下，初级利用存在不断追求高强度的动力，受制于法律、制度、规划的约束。第二，土地次级集约利用。强调建设空间上要素的配置，追求产出效益最大化，是一个不断动态提升的过程。第三，建设用地集约利用。如何在有限的土地资源上，尽可能提高其对建筑、人口、经济的容受能力或承载能力的问题，即土地初级利用、次级利用和总体利用的多重集约。

（四）小结："耗地少，效率高，结构优，可持续"是节约集约用地的重要目标

总结节约用地和集约用地的关系，节约用地重在降低土地资源消耗，尤其是新增建设用地消耗，强调减量化；集约用地重在提高存量土地的利用效率，集约用地可以带来节约用地。通过节约集约用地，将促进土地可持续利用。

为此，中国未来的土地资源利用新路子应建立在"耗地少，效率高，结构优，可持续"的节约集约用地思维上。"耗地少"，各类经济活动尤其是建设少占地、不占或少占耕地，以较少的土地消耗支撑更大规模的经济活动和经济增长；"效率高"，坚持经济效益、社会效益和生态效益的协调统一，达到单位土地承载能力和产出率高的目标；"结构优"，就是坚持各类土地利用合理布局与结构优化，促进区域之间、城乡之间、城镇和乡村内部、产业之间协调发展；"可持续"，坚持当前用地和长远用地相结合，不靠透支子孙后代的土地资源谋发展，保持土地资源代际公平与永续利用。

三、节约集约用地国内外经验分析

（一）节约集约用地的国际经验

1. 国土空间利用的高密度发展趋势

根据世界银行《2009年世界发展报告：重塑世界经济地理》，世界半数以上的生产活动位于5%的陆地区域，北美欧盟和日本的人口不到10亿，所拥有的财富占到全世界3/4以上。世界区域经济发展格局的主要经验是提高密度、缩短距离、减少分割。即提高人口和经济在特定区域的集聚程度，如形成都市圈、城市群、大都市连绵区等；加强区域之间的经济、社会联系，缩短彼此的时空距离；降低贸易壁垒，减少摩擦。而整体的土地利用则向高密度发展演变。

观察世界上一些发达国家的经济密度分布特点，美国主要经济集中在一些城市群地区；类似的，东京是世界最大的城市，日本1/4的人口，即3500多万人拥挤在不足日本总面积4%的土地上。

从1960年到2000年，世界主要城市的人口密度变化呈现两大趋势：高密度城市的城市化地区人口密度有所下降，低密度城市的城市化地区人口密度在1980年代后则出现了由减到增的态势。东京、新加坡、香港、上海、巴黎和苏黎世等城市化地区的人口在过去的40年里稳步下降，而原来以低密度、私人汽车为发展模式的北美城市人口密度出现了由减到增的转变。这种转变反映了世界城市发展理念的转变，过去以低密度扩张的模式越来越被推崇紧凑密集型发展的城市精明增长模式（Smart Growth）所取代。

2. 节约用地的国际制度经验

（1）加强农地保护。

日本制定了《国土利用计划法》《农地法》《农地转用许可标准制定办法》等农地保护法律制度，对农地利用审批严格，违法行为制裁严厉。日本农业通过增加投入和提高生物技术水平来提高土地生产率，走土地节约型农业发展道路。

韩国政府早在20世纪50年代就制定了《农地改革法》和《整顿农地改革事业特别措施法》，这两个法主要明确了农地分配、农地流转、政府扶持农地政策、政府农地收益，以及农村土地区划整理事务风方面的有关规定。从20世纪80年代起，政府为控制城市开发对农地的大量占用及滥开发对农地的破坏，制定了一系列土地法令，对农地采取了严格的保护措施。《国土利用管理法》明确规定在国土利用规划中将全国土地确定为5种不同用途地域，其中对农林地域的利用作了很严格的限制。制定《城市规划法》《土地区划整理法》，以达到有效利用城市土地，避免新占大量农地的目的。颁布《农地保护利用法》，设立农地基金。该基金主要来源于转用农地前征收的农地造成费。所谓农地造成费主要指需要转用农地者，在取得农地转用许可证之前，为保证开垦相当数量和质量的农地而必须缴纳的费用。占用农地必须付出相当于相邻地区土地价格的费用。韩国还颁布《农地扩大开发促进法》，规定政府必须从财政收入中拿出一定资金，用于开垦扩大农地。

（2）严格的土地征用法律制度。

日本和韩国都是土地私有制国家，在国家进行土地征用过程中会出现很多困难。两国在协调利益主体矛盾和保障公众效益的基本出发点上确立了一系列严格法律制度。

日本在1951年颁布的《土地收用法》中明确规定，从公共利益出发可以征用所需的土地，公共利益包括依照《城市规划法》进行的公路等的建设，依据《河川法》进行的水库、堤防等防洪设施的建设，根据《港湾法》进行的港湾建设等，公共利益界定十分具体，操作性较强。实施征地的主体资格必须得到建设大臣或者相应都道府县知事的批准，他们都严格按照土地征用的公益性进行审批。其土地征用程序包括以下步骤：提出征地申请；对土地和建筑物进行登记；申请征用委员会的裁定；让地裁定；征用终结。日本土地征用的赔偿主要分为以下五种：一是征用损失赔偿。即按被征用财产经济价值的正常市价计算赔偿额，一般参考较近地区的交易价格确定；二是通损赔偿。即对权利者因土地征收而受到的附带性损失进行赔偿；三是少数残存者补偿。水库等大型公共事业建设，使建设地区的社会本身遭受破坏，多数人要搬迁，但少数人残存下来，对这些残存者因脱离生活共同体而造成的损失，而给予的适当赔偿；四是离职者赔偿。土地权利者的雇佣人员因土地被征用而失业，而对失业者给予的适当补偿；五是事业损失赔偿。即对公共事业开发后造成的噪音、废气、水质污染等损失进行适当赔偿。总之，日本的土地征用，无论从征地程序还是补偿标准上，都做到了有法可依，并照顾到了土地所有人的利益。

韩国土地征用的目的是增进公共福利与私有财产权的调节，并促进国有土地的利用。韩国在宪法规定的基础上，为保证公共用地的顺利取得，分别制定了《土地征用法》《有关公共用地取得及损失补偿的特例法》。土地征用的程序为：起业人所兴办的公益事业首先必须经韩国建设部的认定；起业人自认定后公告之日起一年内，与土地所有人或相关人协议取得土地。若无法达成协议，可在公告之日起一年内，向管辖土地征用委员会申请裁决，若不申请，则导期丧失认定的效力；土地征用委员会接受申请裁决时，立即公告，随后进行调查审议；对地方土地征用委员会裁决不服的，可向中央申请异议；若不服中央土地征用委员会的异议裁决的，可提起行政诉讼。韩国对于符合征用范围也作了具体规定，即国防、军事需要；根据法律需要修建的铁路、公路、港湾、供水排水、供电、煤气等建设事业；国家、地方政府指定的单位以出售为目的的修建的住宅等建设事业。关于征用土地的赔偿，起业者对土地所有者及其他有关权利者的补偿包括地价补偿、残余地补偿、迁移费用以及损失补偿等。

（3）规范土地交易。

日本在规范土地交易方面的主要制度是确定交易“限制区域”，对其交易进行申报以及划定交易监视区。日本的都、道、府、县各地方政府在自己的行政区范围内确定“限制区域”，限制区域一经确定，其时效一般为 5 年。在这个区域内的土地交易如果面积超过一定的标准，就必须得到地方政府的批准。土地交易双方正式签订交易合同以前，必须向地方政府提出申请，政府对土地交易主要是从土地交易价格和土地使用目的两个方面进行审查。交易价格审查以交易土地附近的地价水平及政府确定的限制价格为依据，使用目的审查以城市规划要求为依据。另外，政府还通过对企业买卖土地设置多种税金，来防止土地倒卖行为。为了有效控制较小规模土地的价格，日本在1987年建立了土地交易监视区制度。凡是地方政府认为土地价格上涨过快，影响了土地合理利用的地区，可以根据法律确定为地价监视区。这样就将要求申报的土地面积缩小，对土地交易申报起补充作用。

韩国主要包括四方面对策：一是土地的交易许可制和申报制。该制度规定；在指定的管制区域内，一切土地交易都要由政府审查其利用目的和价格，经过审查合格以后才发给许可证，如果不发给许可证，便不能进行所有权转移登记。许可证发放的条件是，自己居住用土地，区域发展所需要的营业用土地等。对于交易预定价格明显偏高、违背公共设施和自然环境保护目的而使用土地者，不发给许可证。如果申报价格在基准价格一定水平以下时，政府也要劝告他按基准价格以上的价格再申报。若不听劝告，由政府经营的土地公社使用先买权，按申报价格购买。二是公示地价制度。公示地价制度统一由建设部掌管，实行地价管理一元化领导，具体做法是：全国范围内选定20000个标准地进行地价评定，评定结果每年一次公布，作为土地交易的指标和土地收购补偿的计算基准。三是宅地上限制度。如1990年公布的《宅地所有上限法》规定汉城、釜山等六大城市内的住宅用地、最大所有面积不能超过300坪（约1000平方米），其他市镇村的城市开发区域，最大所有面积不能超过400坪（约1320平方米）。四是土地买卖实名制。为杜绝利用他人名义进行不动产投资、避法、逃税、隐匿财产等违法行为，规定所有关于不动产的权利，必须以实际所有人的名义进行登记。

（4）认证空闲土地的政府干预交易。

日本建立了空闲地制度。一旦某一土地被确定为空闲地后，由地方政府向土地产权人发出空闲地通知，土地所有者接到通知后，应在6周的时间内向地方政府提出对空闲地利用或处分的计划。地方政府根据上交的有关材料将进一步提出促进该土地利用的意见。如果地方政府认为当事人提出的对空闲地的处理意见仍有不妥之处，可以向当事人提出更改或改进计划的劝告。如果当事人在接到劝告后，不服从劝告，不修正原计划，地方政府就决定将这幅土地进行交易，并在欲购土地的地方公共团体中选择购买者，通知其同空闲地当事人进行交易协商。接到通知后，购买者与空闲当事人在6周之内达成交易协议。空闲地交易价格，如果在限制区域内则以土地交易许可制的价格为基础，如果在限制区域外，则以土地交易申报制的价格作为基准。然后再参照土地取得时的价格及管理费用来决定，地方公共团体与空闲地当事人的交易协商仍不成功的，而其土地对住宅、公益事业建设又非常重要，地方政府可根据城市规划及其他土地利用规划的要求采取强制征用等进一步措施。

3. 节约集约用地的各国和地区实践

（1）精明增长。

20世纪50年代以来，发达国家和地区的城市化普遍进入郊区化阶段。北美和欧洲的郊区化演变成了低密度的城市蔓延，导致了城市平均通勤距离增加、交通拥挤、城市基础设施的规模效益下降、能源消耗增加、环境恶化、污染加重以及城市中心区衰退等一系列环境和社会经济问题，引起了西方各界的广泛关注。

1997年，由马里兰州为通过《精明增长与邻里保护法案》引出“精明增长”在美国媒体上的首次讨论。精明增长是一种在提高土地利用效率的基础上控制城市扩张、保护生态环境、服务于经济发展、促进城乡协调发展和人们生活质量提高的发展模式，使经济增长而不伴随拥堵、环境恶化和蔓延发展的问题（Tom Daniels，2001）。2000年成立“美国精明增长协会（Smart Growth Network）”，提出精明增长的10条原则（ICMA and the Smart Growth Network，2002）。虽然学术界对精明增长的反应各不一样，但长期实行增长管理确实有效地遏止了城市的蔓延，保护了土地和生态环境，是一种值得提倡的城市空间发展思路（冯君，2007）。总结起来，精明增长的目标、措施和技术手段集中在开敞空间保护、成长边界管理、紧凑发展、老地区的复兴、公共交通、区域规划协调、资源和负担共享等方面（表 10.1）。

表 10.1　　　　　　　　精明增长工具箱

精明增长措施	技术手段
开敞空间保护	规制控制（环境限制、分区控制、开发权控制等）
	减缓和契约限制
	税收激烈
	土地许可
成长边界	地方城市成长边界
	区域城市成长边界
紧凑发展	传统邻里开发
	公共交通导向的开发
	公共交通村落
老地区的复兴	市中心和主要街道的再开发项目
	棕地再开发
	灰地再开发
公共交通	地方公共交通项目
	区域公共交通项目
区域规划协调	区域政府
	区域权威机构
	区域基础设施服务区
	州规划动议
资源和负担共享	区域税收共享
	区域可负担住房项目

精明增长较为典型的实践例证有：1997 年，波特兰市发布《地区规划 2040》（Region 2040），为波特兰市中心的紧凑发展和辐射性的交通网络建设作出了完整的规划，意在通过实践精明增长理念摆脱美国传统的城市和社区发展模式。1998 年，波特兰市开始实行一种新的城市发展计划——LUTRAQ 计划，目的是在城市开发中尽量减少土地的消耗、机动车交通和空气污染；强调街道的相互联系，使公共交通更加便利和舒适；强调混合功能以及符合人性尺

度的设计和宽敞空间。划定“城市增长边界”控制城市蔓延；加强高密度和旧城区可利用空地发展；确立以公共交通为主、高速公路发展为辅的交通发展模式。

在其他实践方面，马里兰州1997年通过“精明增长地区法1997”、“农村遗产法1997”、“棕地复兴计划”、“创造就业机会税收鼓励计划”和“就近工作居住计划”5项立法提案，成为促进马里兰州精明增长的核心动力。美国联邦政府提出了5项与精明增长有关的政府计划：从国家税收中拨出7亿美元给各州和地方团体，鼓励他们深入开展城市美化运动；61亿美元用于缓解交通拥挤；16亿美元致力于减少空气污染；5000万美元用于空气质量项目上；4000万美元用于防止犯罪；1000万美元用于鼓励家长参与地方学校的设计。

1997年至今，美国约有2/3的州选择了精明增长。最早实施精明增长策略的波特兰市至今人口增长50%，而土地面积仅增长2%①。但是也有学者发现美国人口增长集中在大城市边缘地区；土地调控政策严格的旧金山、西雅图等中心城市房价高，住房紧缺，这些现象表明精明增长策略并没有完全达到其最初的目标，还有待进一步完善（孙娟，2006）。

（2）紧凑城市。

紧凑城市最先由Dantzig和Satty于1973年在其出版的专著《Compact city: a plan for a liveable urban environment》中提出（方创琳等，2007）。而1990年，欧洲社区委员会（CEC）于布鲁塞尔发布绿皮书，首次公开提出回归紧凑城市形态，其最基本的事实依据是许多欧洲历史城镇保持着紧凑而高密度的形态，并被普遍认为是居住和工作的理想环境。

提倡紧凑城市的重要人物Breheny对紧凑城市的定义是：促进城市的重新发展，中心区的再次兴旺，保护农地，限制农村地区的大量开发，更高的城市密度，功能混合的用地布局，优先发展公共交通，并在其节点处集中城市开发。“紧凑城市”追求在于：①功能紧凑：通过城市要素功能上的相互联系，

① 资料来自中国地籍网http：//www.diji.com.cn/xl-16-19-368.html。

相互作用，形成一个有机的功能实体，通过功能间互补作用，减少通勤量，以实现紧凑型城市的目标。②规模紧凑：提高城市要素承载能力，例如人口密度、建筑密度等。③形态紧凑：在规模及功能配置既定的条件下，通过城市空间分布模式的优化以达成城市的紧凑。

与美国城市的蔓延增长不同，欧洲城市普遍具有紧凑性特征。欧洲城市建设的大量实践表明，城市紧凑发展有助于提供经济上可行的市政设施并促进社会的可持续发展，但这并不以降低城市生活的品质为代价，也不意味着环境的过度拥挤和绿色开放空间的缺失。事实上，实现城市的紧凑发展在一定程度上也可以保护城市的绿色开放空间的。紧凑发展坚持人与自然和谐共生的绿色城市设计原则，在每个城市设立禁止开发区，保留耕地和农田，一般表现为大型绿色楔形地带与城市建成区相嵌的城市形态。其中环城绿带的影响较为广泛，已经成为英国抑制城市过度扩张的基本政策（徐小东等，2009）。

1935 年，英国大伦敦区域规划委员会提出“以建立开放空间的绿带来保存公共开放空间和游憩空间”的提案。自 1955 年起，建立了绿带政策和相应的控制开发政策。到目前为止，绿带政策已经在英国实行了 50 余年。1979 年，全英国绿带总面积为 7215 平方公里，到 1993 年仅英格兰地区就有 14 条绿带，总面积为 15557 平方公里，1997 年又增加到 16500 平方公里，占英格兰面积的 13%，其中大伦敦绿带面积最大，约为 4860 平方公里，最宽处约有 35 公里（图 10.9）（贾俊等，2005）。

从交通方面考虑，紧凑城市理论的优点在于对乡村的保护、出行较少依靠小汽车、减少能源的消耗、支持公共交通和步行自行车出行、对公共服务设施有更好的可达性、对市政设施和基础设施供给的有效利用、城市中心的重生和复兴等（方创琳等，2007）。其主要策略之一是遵循“公共交通导向型开发”（Transit Oriented Development，简称 TOD）原则，将城市土地利用规划和城市道路交通规划结合起来，在公交线路的沿线尤其是在站点周边建造新城和开发区，对各种社会问题进行充分研究和把握，统筹各类资源，这种经济上欣欣向荣的新城和开发区与大城市相比，具有更好的宜居性（徐小东等，2009）。

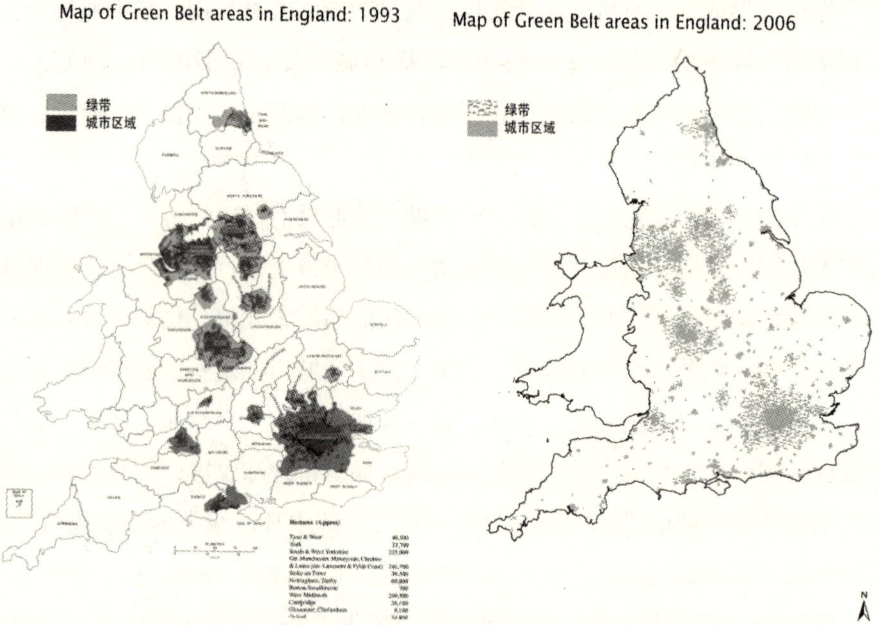

图 10.9　英格兰地区 1993 年和 2006 年绿带分布变化

（3）土地循环利用。

土地循环利用是根据土地资源的现有特性对其综合开发、充分利用以及废弃、污染土地的再利用，通过各环节的合理利用、反复回用，发挥土地资源的多种用途，以提高土地利用率的土地利用方式。国外对土地循环利用的实践主要体现在“棕地开发”上。1980 年，美国定义“棕地”为“废弃及未充分利用的工业用地，或是已知或疑为受到污染的用地”；英国称其为存量建设用地，为“已开发、部分或全部遭废弃、闲置或无人使用的土地”。

①美国的棕地再开发。美国是棕地再开发策略最积极的倡导国和实践国，截止 2000 年，棕地再开发使美国新增 55 万个就业机会和 24 亿美元的税收。政府从法律、金融、政策等方面大力支持。

②英国的存量土地开发。英国土地循环利用的主要方式称为存量土地开发建设。利用存量土地的做法主要有两种：一是充分利用老城区遗留下来的在功能上已不适应的建筑物，进行内部更新改造，改变使用功能。二是充分利用工

业废弃地，中央政府对废弃地改造采取了多种鼓励、支持的政策，各级政府比较注意把废弃地的开发、利用与实现资源和经济的可持续发展结合起来，成立了专门的开发机构。开发商根据政府的规划许可，采取先治理，改善周边环境后再开发建设的做法。中央政府明确规定，为加快废弃地的改造，方便居民就近上班，减少家用轿车数量，新增住宅建设要集中在城区内，多数新住宅要在存量土地上建设。

为保护生态环境，促进社会经济的可持续发展，英格兰很早就开始重视存量建设用地的使用。存量建设用地包括空闲和废弃地以及当前使用中的土地两大类，其中空闲和废弃地包括已开发用地中的闲置地、废弃的土地或者建筑、空闲的建筑三类；使用中的土地包括地方规划中已规划土地、有再开发潜力但无规划的土地两类。英格兰政府在 1998 年开始实施国家土地利用数据库的调查工作，为土地再开发提供依据。通过评价存量地开发潜力，制定合适的土地利用政策。1989 ~ 2008 年，英格兰大约一半的建设利用存量建设用地，另一半利用发农业用地、未开发城市用地和其他未开发土地。使用存量建设用地的比例在 2000 ~ 2005 年有明显增加，使用农地和未利用地等非建设用地的比例明显减少（图 10. 10）。而且，无论是使用存量用地还是农地、未利用地，土地集约利用程度都有所提高。

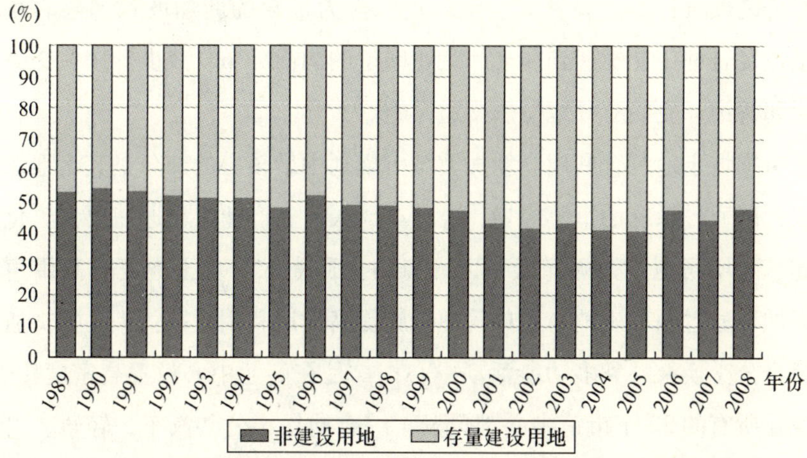

图 10. 10　英格兰建设使用存量建设用地和非建设用地比例（1989 ~ 2008 年）

除了非建设用地转为建设用地比例下降以外，随着英格兰建设开发进程减慢，每年非建设用地转为建设用地规模也明显减少。1989 年利用农用地、未利用地等非建设用地 81 平方公里，2008 年相应的仅有 28 平方公里。总体上看，农用地转为建设用途的土地量减少明显（图 10. 11）。

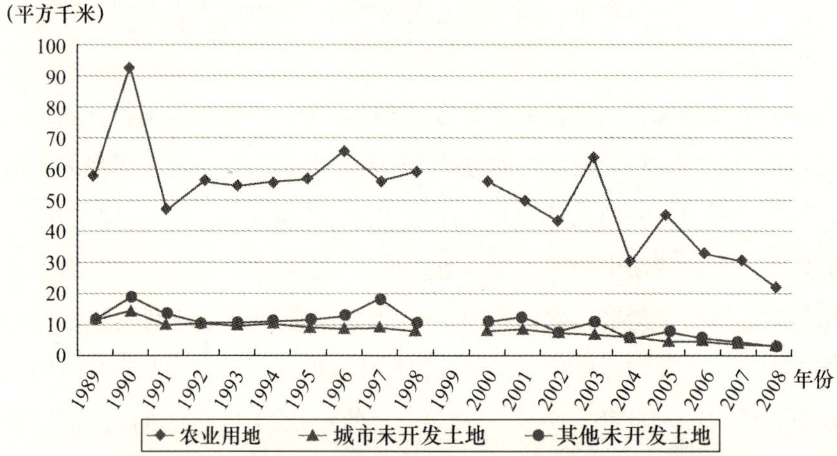

图 10. 11　英格兰建设使用农用地和未开发用地的总量规模

资料来源："土地利用变化：存量开发的建设用地"（http：//www. communities. gov. uk）。1999 年用地数据未统计，政府仅公布了估算的各类用地比重。

（4）土地复合利用。

经济高度发达、人口密集、土地资源极为稀缺的新加坡和香港的经验表明，土地复合利用能够达到住宅和就业岗位的均衡分布，减少钟摆式交通引发的能耗和污染，更能有效地使用交通设施。

①新加坡土地复合利用。新加坡城市规划中最核心的部分是其土地综合规划模式，即通过系统的市镇规划，合理布局人口、产业、交通三要素，化解城市交通、环境问题，大幅降低市区人口的交通需求。从土地复合利用角度来看，新加坡通过两项土地与人口管理措施提高土地利用效率：一是把交通节点建成综合公交换乘站和多功能活动中心；二是在商业中心设置高密度住宅区。新加坡在所有的 22 个市镇中心都设置了综合地铁、公共汽车、轻轨、出租车的综合公交换乘站。在外围三个较大的区域中心设置大规模的综合换乘站。此

外，这些交通中心还附加许多其他社会功能，如购物、餐饮、医疗、图书馆、邮电、影院、行政和其他公共服务等。在这些综合中心附近设置高密度住宅区，包括公共住房和私人住房，让居民出行更加方便、快捷，通过这样的人口、交通和综合服务中心的空间布局，大大减缓路面交通的压力（刘云华，2011）。

另外，新加坡在中央商业区和区域商业中心内部或附近设置了大量的住宅区，特别是大量的公共住房。这样的安排可以使大量服务于中心区的高、中、低层从业人均就地解决住房问题，减缓中心区的交通压力。由于中心区地价昂贵，单靠市场化的土地管理模式无法实现这一设想，需要政府管理的介入。

②香港土地复合利用。同样面对人多地少的困境，香港高密度发展是其唯一的选择。除了建筑布局紧凑化以及土地利用高密度以外，香港还提倡：第一，注重旧城重建，采取新镇建设和旧城重建相结合的方法，解决土地不足的问题。第二，注重土地利用立体化。通常土地利用分为地面、地上和地下三个层面。地面主要用于构建城市的主要交通，地上主要用于建筑修建，地下主要用于修建地铁和周边的购物场所。第三，注重对不同类型空间的综合利用。例如，将不同的楼层分别用于商业、居住和办公；将地铁口建在超市的底下，既节约了用地又为超市带来了客源。

在合理的复合用地布局情况下，土地的产出水平有所提高。通过周边环境的改善，如公共设施的增加、购物环境的改善等，弥补用地不平衡造成的生产、消费和交换失衡。此时增加土地投入水平有利于提高用地的经济、社会等综合效益。以香港中环中央商务区（CBD）为例，此区域商业用途的土地价格非常高，但政府在CBD中心地段修建了著名的香港中心公园，占用CBD大面积的土地。中心公园使CBD不仅适合办公，更为在CBD及附近工作的员工提供良好的工作环境，提升了CBD的吸引力和地段的经济价值（赵思凡，2009）。香港提出以社区为核心的综合用地模式。社区集居住、商业、娱乐、公共配套于一身，各类用途的用地面积不超过整个社区面积的2/3。任何社区都是立体使用的，地面以上为私人空间，包括居住、商业等，地面及地下基本属于公共空间。敞开式的设计主要用于连接公共交通和布局公共设施。

③巴黎的地下空间高效利用。巴黎最主要的特点之一是其发达便捷的地下交通网络。巴黎地下空间的发展起因于当时地面交通所遇到的困难。从1850年计划改造巴黎到现在，综合开展利用地下空间，建设多重地下空间网络已经历了很多发展模式。从20世纪60年代拉德芳斯新区到1980年代的地下公路网计划，巴黎地下建筑的合理性在城市规划中获得承认并形成网络。地铁是巴黎一道最亮丽的风景线。100多年前开始兴建的巴黎地铁，目前已建成14条专线，380个地铁站，全线总长211公里，将整个巴黎紧紧连在一起。它每天运载乘客440万人次，全年达11.6亿人次。地铁每年运行里程高达4000万公里，巴黎的地下建设了83座地下车库，可容纳43000多辆车，弗约大街建设有欧洲最大的地下车库，地下四层，可停放3000辆车。大量建设停车场是城市正常运转的重要条件，停车场建于地下可节约大量土地。

④荷兰多样化集约土地利用模式。20世纪80年代末，荷兰提出“多样化集约”的土地利用模式。为防止大都市蔓延失控，促进形成城乡平衡发展的空间形态，并为高标准的环境质量提供条件，多样化集约的土地使用政策已成为荷兰可持续发展发展的一个重要组成部分。通过规划引导城市空间混合利用：Zuidas地区位于荷兰阿姆斯特丹国际机场和交通枢纽边缘，形成一个办公、居住、文化、商业混合的高速发展地区（图10.12）。

（5）用地结构随产业结构调整。

①日本东京。东京是日本土地利用强度最高的城市。同时，东京都尤其是都心四区（包括：千代田区，中央区，港区和新宿区，总面积60.33平方公里）的土地资本集聚程度很高，都心四区平均建筑容积率达到了3.32。日本的产业结构调整促进了土地利用集约化程度的逐步提高。20世纪80年代以后，东京的工业用地面积呈逐年递减的趋势，随着城市的日趋成熟，第三产业比重加大，住宅旅游休闲用地上升，工业建设用地面积逐年递减，工业从业人员也逐年减少，1995年到现在基本上稳定在每公顷就业人数在170人左右。东京工业用地平均产出仍呈稳步上升的趋势，地均增加值增长了2倍多。可以看出，地均增加值增长的动力来源于产业结构提升与资本（容积率）的密集投入。

图 10.12　荷兰 Zuidas 地区鸟瞰

②美国纽约。纽约是美国的经济中心，同时也是世界级国际性大都市、世界金融中心、世界贸易中心、世界文化和信息中心之一，全球最大的海港之一和国际政治中心之一。2000 年，纽约市共有人口 800 万人，个人收益总额超过 3000 亿美元。17 世纪初曼哈顿以商业立埠，19 世纪在工业革命推动下，纽约制造业很快发展起来，19 世纪末已成为美国制造业中心。“二战”结束后，随着美国全国产业结构的调整与变化及传统工业部门的衰落，纽约的制造业开始步入衰退期。从 1950 年到 2001 年，制造业的就业人数由 103.9 万人降到 2001 年的 23 万人。而服务业，金融保险和房地产业以及各级政府部门就业人口和比重持续上升。后工业化时期，纽约的功能正越来越从物质生产中心功能向为生产和流通服务的金融中心、服务中心、信息中心、管理中心和科学、文化、教育中心等功能演变。与之相适应的土地利用方式也发生变化，逐渐向高密度、高产出的方向发展。

（二）节约集约用地的国内经验

1. 节约集约用地的政策历程

前文已经述及，1949 年后，党和国家高度重视节约用地问题，出台了一系列节约集约用地的政策文件。特别是2008年，国务院专门发布《关于促进节约集约用地的通知》其具体要求涉及五个方面（表10.2）：①按照节约集约用地原则，审查调整各类相关规划和用地标准；②充分利用现有建设用地，大力提高建设用地利用效率；③充分发挥市场配置土地资源基础性作用，健全节约集约用地长效机制；④强化农村土地管理，稳步推进农村集体建设用地节约集约利用；⑤加强监督检查，全面落实节约集约用地责任。

表10.2　《国务院关于促进节约集约用地的通知》的主要要求

标　题	条　目
一、按照节约集约用地原则，审查调整各类相关规划和用地标准	（一）强化土地利用总体规划的整体控制作用 （二）切实加强重大基础设施和基础产业的科学规划 （三）从严控制城市用地规模 （四）严格土地使用标准
二、充分利用现有建设用地，大力提高建设用地利用效率	（五）开展建设用地普查评价 （六）严格执行闲置土地处置政策 （七）积极引导使用未利用地和废弃地 （八）鼓励开发利用地上地下空间 （九）鼓励开发区提高土地利用效率
三、充分发挥市场配置土地资源基础性作用，健全节约集约用地长效机制	（十）深入推进土地有偿使用制度改革 （十一）完善建设用地储备制度 （十二）合理确定出让土地的宗地规模 （十三）严格落实工业和经营性用地招标拍卖挂牌出让制度 （十四）强化用地合同管理 （十五）优化住宅用地结构
四、强化农村土地管理，稳步推进农村集体建设用地节约集约利用	（十六）高度重视农村集体建设用地的规划管理 （十七）鼓励提高农村建设用地的利用效率 （十八）严格执行农村一户一宅政策
五、加强监督检查，全面落实节约集约用地责任	（十九）建立健全土地市场动态监测制度 （二十）完善建设项目竣工验收制度 （二十一）加强各类土地变化状况的监测 （二十二）加强对节约集约用地工作的监管 （二十三）建立节约集约用地考核制度

2. 节约集约用地的地方实践

在国家大力促进节约集约用地的政策导向下，全国许多地方借鉴国外“紧凑城市”和“精明增长”模式，进行了城市更新、“三旧改造”和“工业梯田”建设等多种实践探索，积极创新节地利用模式，提升单位土地承载人口、经济和建设的强度。节地模式包括立体开发、复合利用、循环利用和劣地优用等。

（1）立体开发。

立体开发，就是将土地平面扩张转变为立体发展，节约占地面积。较为典型的例子有：“人车竖向分流”节地模式、“工厂立体化”建设等。

①“人车竖向分流”节地模式——长沙新河三角洲因地制宜的旧城改造尝试。长沙新河三角洲在旧城改造规划设计中，因地制宜，利用地形高差、有效整合空间资源，将城市平面扩张变成立体发展，将容积率由 2.0 增至 2.8，开发强度提高 40%。同时，实施立体组合、空间利用、人车分流、集中安置的规划理念，采用浏阳河沿线地块完全架空等节地模式，可节约用地 207.51 公顷，比传统开发模式相比直接节地达 13.6%。

图 10.13　长沙新河三角洲旧城改造的人车竖向分流开发模式

②“工厂立体化”建设——河北藁城四药集团立体仓储。在河北藁城四药集团占地 180 亩，投资 13 亿元的新厂区里，只建了 3 个立体设计智能化、机械化程度很高的自动化仓库，就解决了全厂 1 万多吨货物仓储问题，合计每

亩投资强度达1500万元。自动化仓库的存储量是传统平面物流散储的7倍，相当于节省了6/7的占地面积。

图10.14　石家庄藁城市四药集团立体仓储

（2）复合利用。

在区域、城市重要交通枢纽、节点上，加强精细化设计，建设综合性交通换乘中心和多功能经济活动中心；推行多设施共用土地，实现各种形式的复合利用。

①综合性交通换乘中心和多功能经济活动中心——北京东直门交通枢纽。北京东直门交通枢纽地处东直门立交桥东北角，项目规划总占地约15.44公顷，其中建筑用地约9.8公顷。该工程功能非常复杂，有六种交通方式（环线地铁、城市铁路、机场线、出租车、市区及长途公交车、自行车）在枢纽内进行换乘，包括：公交枢纽站、至首都机场的轨道交通车站、绿化广场、写字楼、酒店、公寓、商场、会展中心、相应的车库和配套附属管理用房等。开发

总建筑面积约70万平方米，枢纽总建筑面积约8.2万平方米。

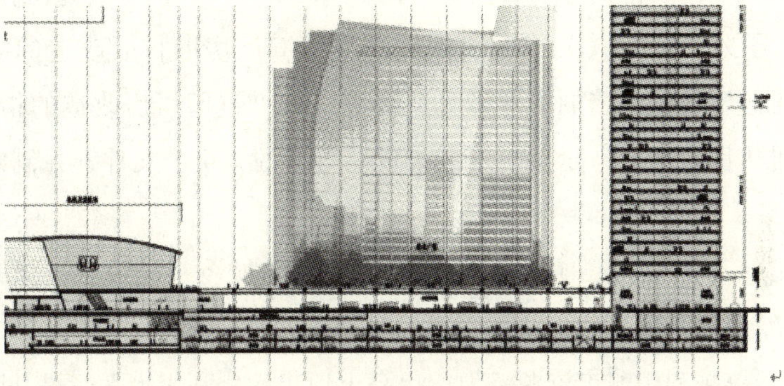

图10.15　北京东直门交通枢纽综合开发立面图

②多设施共用土地——武汉经济技术开发区复合利用“三边”和高压走廊用地。“三边”（路边、水边、山边）土地按规划用途多为绿化用地，将加压泵站、开闭所、变电站等公用设施尽可能地安置在这些部位。另外，一方面投巨资进行线网改造入地工程，一方面协调供电部门，在保证线路安全的前提下，在高压走廊下建设停车场，满足企业的大量需求，最大限度提高土地综合利用效率，仅此一项，挖潜和扩大增量建设用地1200余亩。

（3）循环利用。

循环利用，推行旧城、旧村等改造，废弃地再利用等，促进土地二次开发。

广东省从2007年开始，全面推进旧城镇、旧厂房、旧村居“三旧”改造。以下以广东佛山市为例分析。

广东省佛山市是一个以工业为主、制造业发达的工业城市。2008年GDP达4333亿元，占广东全省GDP的1/9。由于传统粗放的土地利用方式，佛山市大量土地低效利用，土地后备资源匮乏，经济社会发展对土地的强大需求与建设用地供给有限之间的矛盾越来越明显。为综合整治市内大量存在的用地布局不合理、利用效率地下的旧城镇、旧厂房和旧村居，2007年，佛山市人民政府决定开始尝试和实施“三旧”改造工作，并专门出台了《印发关于加快推进旧城镇旧厂房旧村居改造的决定及3个相关指导意见的通知》（佛府［2007］68号）（以下简称“佛府68号文”），指导“三旧”改造工作的进行。“佛府68号文”包括《关于加快推进旧城镇旧厂房旧村居改造的决定》及《佛山市推进旧城镇改造的指导意见》《佛山市推进旧厂房改造的指导意见》《佛山市推进旧村居改造示范村居建设的指导意见》4个文件，并制定了一系列规划方案。

通过“三旧”改造，广东佛山市改造和完善城乡基础设施，提升城市功能，改善发展和人居环境，从而满足发展和市民生活需求。“三旧”改造对佛山市进一步挖掘利用城市资源潜力，提高土地集约化利用水平，提升区域城市功能和城市品位，强化城市管理，把佛山建设成适宜创业发展和生活居住的花园城市产生了重要作用（图10.16）。

西南涌（改造前为臭河，改造后为景观带）

天富来工业城（改造前的简易厂房，改造后为现代化的工业商住小城）

图10.16 广东佛山市“三旧改造”前后效果对比

（4）劣地优用。

劣地优用，在保护生态、技术可行、工艺允许的前提下，推行“工业梯田”、废弃土地复垦、荒山荒坡及丘陵地利用，将不可建设用地变成可用之地，从而充分挖掘各类土地的使用价值，实现地尽其用。

①回填造地——重庆市万州区将不可建设用地变成可用之地。重庆市万州区改造不可建设用地，将符合城市规划、有土地开发整理增值潜力的溪沟、河滩地进行整治，现已对龙宝河、驷马桥沟等12处不可建设用地实施筑堤回填造地（图10.17），增加土地面积186.51公顷。此外，对北山移民示范区淹没后高达140米的山坡沟坎，通过“移山填壑，沿江造地，再造北山”的大胆设计，组织当地群众采用就地深水采吸沙砾回填法，取土380万立方米进行回填，获得了40公顷新地。

通过回填造地，安置移民近2万人；解决了移民开发建设所形成的大量建筑垃圾、弃土无堆场的难题；将填沟造地和库岸整治相结合，为国家节约库岸治理资金5000多万元。

图10.17　重庆市万州区大河回填造地工程

②废弃砖瓦厂复垦利用——河北省黄骅市。河北省黄骅市充分利用砖瓦窑废弃地，实现变废为宝。白庄五金工业区用120万方宅基用土填补工业区内两座废砖厂窑坑及大庄村一座废砖厂，平整土地950亩，保障了11个建设项目的用地需求。目前白庄工业区已成为中国北方最大的紧固件生产基地，2009

年创汇 9000 万美元，白庄村民充分享受到了节约集约用地带来的实惠，该村的做法被河北省政府誉为“白庄模式”。

3. 节约集约用地的技术探索

节地技术创新主要是推进土地污染治理、土地修复的新技术研发，推动中国矿山废弃地、受污染工业用地等的再利用。土地污染治理有“化学、生物、物理”三种方法，必须根据实际情况，采用多种方法，综合治理，全面规划，使污染的土壤得到合理的利用。推进交通、水利等工程节地技术创新，可以采取填低垫高，壤土盖面，筑堤护岸，扩大泄洪断面，建造防护林带等方法实现“水中捞地”；加快节能省地型住宅、地下空间开发等新技术研制。

（1）土地污染治理与修复。

土地污染治理有“化学、生物、物理”三方法。

①化学方法。通过施用石灰、磷酸盐、氧化铁等物质，调节土壤 pH 值，使重金属转化为难溶的形态，降低在土壤溶液中的浓度，从而减轻土壤重金属对作物的毒害。改良土壤质地，增施有机肥料，增加土壤胶体对重金属离子和农药的吸附能力。

②生物防治。有些植物如向日葵对重金属具有很强的吸收和富集能力，连续种植几年可明显地降低土壤中重金属的含量。向土壤施入有机物质，提高微生物活性，或向土壤接种特殊功能的微生物，加快有害物质的分解。

③物理防治。对污染严重的土壤，可以采用换土、客土、翻土深埋等方法，稀释污染物。

上述方法在不少地区得到应用。例如，珠三角开展“蔬菜基地重金属污染治理工程”，进行了菜地土壤重金属污染调查，通过对全市主要蔬菜生产基地土壤、灌溉水和蔬菜重金属污染状况进行调查与评价，摸清重金属污染现状、污染分布与程度，有针对性地研究降低蔬菜重金属的土壤调控技术和叶面调控技术，同时和华南农业大学合作研究低富集蔬菜和高富集作物进行间、套种的边生产边修复的污染土壤修复技术，调控土壤理化性质和重金属生物有效性，抑制重金属向植物体内的迁移。

此外，“表土剥离”、“移土培肥”等方式也大量推行。譬如，吉林省前郭县开展土地开发整理与推行建设占用耕地“表土剥离”相结合工作，将被占用耕地耕作层的土壤剥离，用于土地开发整理新垦造耕地和劣质耕地的土壤改良，这不仅可以使宝贵的黑土资源保存下来并实现再利用，而且对有效保护耕地资源，提高补充耕地质量，改善生态环境，促进农业增产都具有十分重要的意义。重庆市开县实施移土培肥，为抢救宝贵的耕作层，改善库区生产与生态环境，移土培肥，将三峡水库即将淹没的优质耕园地耕作层土壤，剥离转移到海拔在182米以上、距三峡库岸5公里以内的瘠薄园地上，同时配套“坡改梯”等土地整理及相关配套工程项目，抢救并合理利用肥沃耕作层，以提高淹没线以上瘠薄园地质量和综合生产能力。

（2）交通、水利等工程节地技术。

浙江省衢州市在动态调整中节约用地。黄衢南高速公路经过的大溪沿是重要良田，公司调整了原设计方案，将路改成桥梁，500米长的桥为当地节约25.9亩土地（图10.18）。二是建路造田两相宜。取土、弃土与复耕相结合，尽可能地保证原生态。一期工程新造田地30亩，以每年150元/亩的价格对外承包发展效益农业，实现了高速公路建设、村镇土地整理、新增耕地和农民群众利益多赢的格局。二期工程隧道多，隧道进出洞的处理对环境影响不小，建设施工人员根据“零开挖”自然进洞法，保护了洞口的植被，山坡、植被受到保护的同时，也减少了隧道入口的占地。

图10.18　黄衢南高速公路

四川省射洪县在水利工程等建设中采用“水中捞地”模式。一是在三个较大型水电工程建设中，采取填低垫高，壤土盖面，筑堤护岸，扩大泄洪断面，建造防护林带等方法“水中捞地”477.4公顷。二是利用防洪抢险工程建设“水中捞地”173.3公顷。三是在城市建设水系改造中“水中捞地”35.8公顷。

（3）节地型住宅设计。

在节地型住宅建设中，住宅顶层借助采用坡屋面和退台的设计可以取得节地的效果。坡屋面与退台设计的根本意义在于，使五层的住宅间距获得六层的面积和七层的高度。坡屋面和退台的节地源于控制住宅间距的檐口计算高度的降低，源于从住宅用地中减去一层住宅高度所形成影区的面积，这样也就节省了住宅用地。

同样，调整建筑布置形式也可能取得节地效果。按照《北京市建筑设计技术细则》对间距的计算要求，板楼朝向与正南夹角在20°～60°时，建筑间距系数可降低为1.4H。规划设计时充分利用朝向与日照的关系，摆好住栋，以节省土地，对活跃小区规划的布局形式也有一定好处。

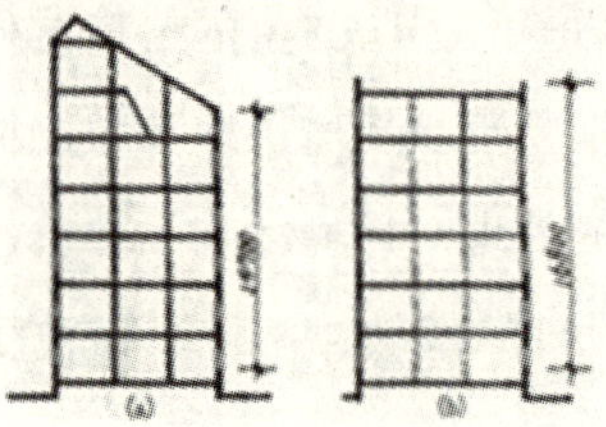

坡屋顶比平屋顶节地

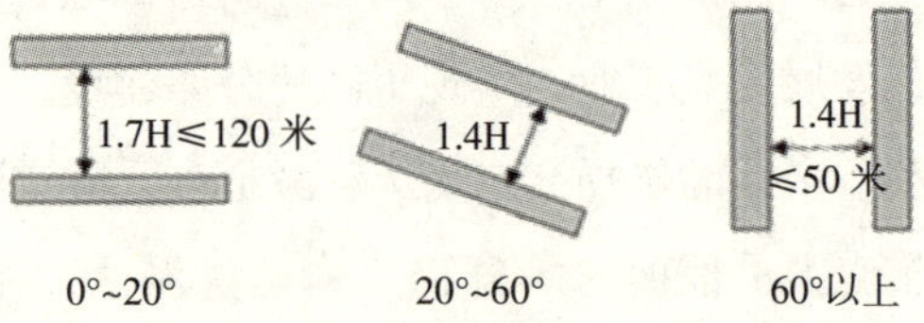

板楼斜向布置能节地

图10.19　节地型住宅规划布置

（4）地下空间开发技术。

在地下空间开发等新技术研制上，上海隧道工程公司早在1963年就结合上海软土地层对盾构掘进机、预制钢筋混凝土衬砌、隧道掘进施工参数、隧道接缝防水进行了系统的试验研究。自主研制的网格挤压盾构辅以气压，解决了“豆腐里打洞”难题。2006年开工的上海长江隧桥工程采用直径15.45米的两台泥水盾构掘进两条7.5公里的隧道，再次刷新盾构隧道纪录，成为全球直径最大、距离最长的公路隧道。

四、推进节约集约用地的对策建议

（一）不断培育节约集约用地的共同责任意识

土地是民生之本、发展之基，不论在农业社会还是工业社会，善用土地资源，对民生、财政、经济社会发展都有着极其重要的作用，“强本而节用，则天不能贫”，必须树立节约集约用地的全民共识。

长期以来，人们对中国人多地少国情有所认知，但对可利用国土空间不足、适宜利用的人均土地资源量少、地域差异大、土地供需矛盾异常尖锐等资源国情认识不足，资源忧患意识不强，必须全面加强土地资源的国情宣传和教育，不断强化节约集约用地的共同认识。由于传统经济发展模式和路径依赖决定了粗放的土地利用方式，在经济社会发展的各个领域，难以形成珍惜和合理利用土地的自觉意识，全社会用地主体节约用地的共同责任感和使命感不足，应当培育节约集约用地的全民意识。节约资源和保护环境是中国的基本国策，是经济社会发展的内在要求，是世界各国发展的共同趋势，必须树立节约集约用地的国家理念。

土地资源利用与管理的观念要转变。树立土地资源节约观，从宣传教育、法制建设、政绩考核、财税体制、标准规范等方面贯彻节约资源和保护环境基本国策，逐步形成与资源节约型社会相协调的土地资源利用模式。树立土地资源利用的整体观，实现土地资源的数量管控、质量管理和生态管护三位一体的管理模式。树立土地资源利用的效益观，推进土地的资源、资产、资本三位一体管理，实现土地资源的实物形态、要素形态与价值形态相结合的综合管理模式。

节约集约用地的责任要共担。正如胡锦涛总书记在中共中央政治局第三十一次集体学习会上所强调的，各级党委和政府要把土地管理工作纳入重要议事日程，建立健全党委领导、政府负责、部门协同、公众参与、上下联动的工作格局，建立健全耕地保护责任考核体系，严格土地管理责任追究制。国土资源管理部门要积极主动服务，不断提高土地管理工作水平，各有关部门要密切配合，加强统筹协调，形成工作合力。

（二）科学统筹区域、城乡的土地利用

统筹国土空间开发利用布局，构建“整体疏、局部密”国土开发格局，推进区域差异化发展。应充分发挥政府的主导调控作用，进一步完善国土资源宏观调控机制，健全国土空间规划体系，统筹国土开发、利用和保护。中国应在长江三角洲、珠江三角洲、环渤海等区域，形成若干个人口和产业高度集聚、有影响力的城市群，推动形成以大城市为中心、中小城市为骨干、小城镇为依托、中心村庄为基础的城乡空间体系，构建“整体疏、局部密”的国土利用总体格局。从国土空间开发基本格局来看，胡焕庸线东南侧仍是未来新增人口的主要承接地域，应选择全国主体功能区规划确定的重点开发区域，高效集约发展一批城市群，承担起吸纳人口和产业转移的重任，共建共享基础设施，减少重复建设，提高国土空间利用效率，实现节约集约用地；在胡焕庸线以西，应选择产业基础好或有资源条件、且适合开发建设的区域，通过据点式开发、集约发展，引导人口和产业集聚，提升空间利用效率。

优化城乡土地利用结构。首先，发挥土地多样化功能。城市规划布局应充分考虑耕地的生态功能，发挥耕地作为城市“绿心”、“绿带”的功能大力建设集中连片、旱涝保收的高标准基本农田。其次，顺应城镇化发展趋势，建立与人口城镇化进程相匹配的城乡用地协调互动机制。推进农村土地整治，规范实施城乡建设用地增减挂钩试点，加大农村空心村治理、废弃土地复垦力度。城乡建设用地布局调整和结构优化，应按照城镇化发展的一般规律，结合新农村建设和农业现代化发展的要求，充分考虑农民生活、农业生产、传统村落风貌保护等方面的需要，循序渐进，稳步推进。再次，逐步优化调整城镇内部用地结构。积极推进产业用地的功能调整，逐步降低工业用地在城镇用地中的比重。最后，稳步推进产业用地结构优化。继续发挥产业用地政策的调控作用，

及时更新禁止、限制用地项目目录，优先保障国家重点发展的基础设施、民生用地和影响国民经济全局的基础工业项目用地供应，严格控制资源消耗高、环境危害大和产能过剩行业用地，支持高新技术产业和新兴战略性产业落地，推动产业结构优化。

（三）强化用地规模、布局和效率的管控体系

强化三线两界一评价。耕地保护、基本农田保护、建设用地控制要有规模约束的三条红线；基本农田、城乡建设用地要有空间约束的两类边界；规划、项目的节地评价和节约集约用地考核要有质量约束的评价制度体系。其关键是：一是发挥土地利用总体规划整体管控作用，管住三线两界；二是强化节地监测考核，推进节地评价制度和节地标准体系建设。

发挥土地利用总体规划整体管控作用。一方面要强化耕地保有量、基本农田保护面积和建设用地规模（含新增建设用地规模）等规划、计划指标管理；二是要严格划定基本农田，做到图、责、权和利相一致；三要严格建设用地空间管制，做好城乡建设用地边界管控。划定城镇、村庄发展的规模边界和扩展边界，控制城镇、村庄盲目扩张，促使边界内各类城乡建设用地结构不断优化、效率不断提升。

建立规划和项目节约用地评价制度，完善节约集约用地目标考核责任制。建立健全节约集约用地基础信息调查、评价和披露机制；综合运用高科技手段，加强监测监管，定期开展建设用地节约集约利用调查与评价，并公布相关信息，接受社会公众监督；逐步加大责任考核力度，强化责任追究与约束。

健全节地标准体系，提供节地评价保障。按照节约集约用地要求，建立行政区域经济社会发展耗地、工程项目投入产出耗地等用地效率控制指标。完善建设用地节约集约利用的技术标准规范等，严格人均用地、用地结构等标准控制，完善工程项目建设标准和用地标准，形成强制执行并定期更新的制度发挥规划的管控作用。

（四）改革完善节约集约用地的机制

在市场机制方面，尽管中国土地市场化进程不断推进，但国有土地双轨供应机制依存。一方面，要严格限定和缩小划拨用地范围。对具有竞争性、取得经营收入、市场改革条件成熟的交通、能源、水利等基础设施、城市基础设施以及各类社会事业用地中的经营性用地先行有偿使用，直至逐步取消双轨供应。合理确定划拨土地使用年期。另一方面，健全土地价格形成机制。构建城乡一体的土地等级和价格体系，发挥土地价格对节约集约用地的引导作用。

在激励机制方面，要建立节约集约用地模范示范奖励机制，从用地计划、财政、税收等方面予以奖励。在实践中有不少有益的尝试：①福建省漳平市对利用低丘缓坡地实施财税支持，用“坡地”突破工业用地瓶颈，创新山区工业发展的用地模式。为解决工业用地供需矛盾出台一系列鼓励政策，积极引导和鼓励项目业主使用坡地，将工业园区内的土地登记费、契税、土地转让交易费、所得税等属于市本级财政收入部分也全部纳入以商补工专项资金，用于工业园区开发利用坡地资源。②上海市松江区对放弃使用农转用计划的补贴，在保护好耕地的情况下同时增加了镇级经济的收入。从2008年开始，上海市松江区创新性地建立奖励机制，对黄浦江以南地区采取了特殊扶持政策，即每年安排农转用计划时考虑黄浦江以南4镇各50亩的工业产业类项目的农转用计划，对不使用该计划的镇给予50万元/亩补贴，即不占用耕地的镇可获取每年2500万元的区政府补贴。③江苏省江阴市二次用地不增收地价，鼓励企业提高用地效率。江阴市提出，对于企业在符合规划、不改变用途的前提下，进行二次开发、提高土地利用率和增加容积率的，不再增收土地价款。位于夏港街道的江阴市精成数控有限公司，受这一政策的启发，于2009年通过科学论证、技术创新、合理布局，拆除原有的一层旧厂房，建起了五层标准厂房。在未增加用地面积的情况下，该公司建筑面积从原来的1万平方米，增加至目前的2.2万平方米，从而提高了土地利用效率。该企业还计划于2011年将厂区内近3亩地的绿化用地拆除，再次建造3至5层生产用房，并将绿化搬至房顶，在不新增用地面积的前提下，生产厂房增加至3万平方米。④江苏省昆山市减免配套费，鼓励企业用地向空中发展。对企业建造多层厂房的，第二层减半收取基础设施配套费，第三层起免收基础设施配套费。对于一些不符合集约用地标准的老企业，通过增资或收地的形式提高集约用地水平。昆山先创电子有限公司，厂区占地面积为7.2万平方米，建筑总面积为14.4万平方米，层数达到5层，容积率达到2.0。⑤青海省海西州盘活存量用地的收益比例提留，激发了社会各界盘活存量、闲置土地的积极性。

在利益调节机制方面，要加大土地保有环节征税、加快征地制度改革等。

（五）持续推动节地模式和技术创新

持续推进立体开发、复合利用、循环利用和劣地优用等节地模式。坚持统筹规划、科学评估，在符合规划、地质条件允许的地区，鼓励因地制宜开发利用城镇地上地下空间，扩大人口集聚、经济发展、基础设施建设的有效利用空间；鼓励企业实施产业用地增容改造，推进“工厂立体化”建设，积极建设标准厂房，提高土地利用效率；推行旧城、旧村改造，废弃地再利用等，促进土地二次开发，等等。

节地技术创新主要是推进土地污染治理、土地修复的新技术研发，推动中国矿山废弃地、受污染工业用地等的再利用。土地污染治理有“化学、生物、物理”三种方法，必须根据实际情况，采用多种方法，综合治理，全面规划，使污染的土壤得到合理的利用。推进交通、水利等工程节地技术创新，可以采取填低垫高，壤土盖面，筑堤护岸，扩大泄洪断面，建造防护林带等方法实现“水中捞地”；加快节能省地型住宅、地下空间开发等新技术研制。

参考文献

[1] ICMA and the Smart Growth Network. Getting to Smart Growth II: 100 More Policies for Implementation. 2002.

[2] Tom Daniels. Smart Growth: A New American Approach to Regional Planning. 2001: 3～4.

[3] 方创琳，祁巍锋．紧凑城市理念与测度研究进展及思考．城市规划学刊．2007（4）：65~73

[4] 刘云华．新加坡土地综合利用效率探讨．城市观察．2011（1）：78~85

[5] 贾俊，高晶．英国绿带政策的起源、发展和挑战．中国园林，2005，(3)：73~76

[6] 世界银行．2009年世界发展报告：重塑世界经济地理，北京：清华大学出版社，2009

[7] 孙娟．“精明增长”的追问——美国城市“精明增长”实践及其对中国的启示．规划50年——2006中国城市规划年会论文集（上册）．北京：中国建筑工业出版社，2006：557~560

[8] 徐小东，徐宁．基于可持续准则的欧洲紧凑发展的城市实践——来自《绿色城市主义》的启示．建筑学报，2009，(S1)：79~82

[9] 徐小东，王建国．绿色城市设计——基于生物气候条件的生态策略．南京：东南大学出版社，2009：100~101

[10] 王静爱，左伟．中国地理图集，北京：中国地图出版社，2010

[11] 赵思凡．对集约用地内涵的再思考——就对香港城市土地集约利用模式的分析．中国土地科学．2009（8）：73~77

[12] 住房和城乡建设部城乡规划司、中国城市规划设计研究院．全国城镇体系规划（2006－2020）[M]，北京：商务印书馆，2011

第十一章

征地制度的历史演变、特征与问题

任何国家和地区，无论是私有制还是公有制，在土地非农化使用中，征地制度是其中的重要制度之一。由于制度不同，发展阶段各异，各国在征地目的与范围、征地程序、征地补偿办法上存在巨大差异，对经济发展的影响也不一。

改革开放30多年来，中国经济保持了强劲的高增长。经济增长率每年保持在10%以上，到2011年，工业化率达到46.8%，城市化率达到51.3%。伴随工业化、城镇化进程，土地大量非农化。与其他经济体高速工业化、城市化阶段的特征相比，土地在中国经济发展中扮演的角色非常独特、举足轻重。尤其是1998年以来，中国经济的高增长，靠高速的工业化和快速的城市化两个引擎拉动，土地更是成为这两个引擎的发动机。以征地制度为核心的独特土地制度，是支撑这一经济高成长的重要制度。地方政府通过低价征用农民土地，以创办园区、通过土地的协议（即以成本甚至零地价）出让，推进了高速的工业化；利用低价征得的土地在垄断的土地一级市场上从事经营性用地的招牌挂出让和抵押融资，推动了快速的城市化。

本章执笔人刘守英。

本章将对中国征地制度的形成与主要特征进行梳理，分析征地制度在中国经济增长中的作用，揭示现行征地制度存在的主要问题，并在此基础上提出改革现行征地制度的思路和政策建议。

一、中国征地制度的形成与主要特征

土地征收是国家行使土地最高所有权，基于公共利益的需要，由代表国家行使行政权的行政机关，依法定程序，以强制手段取得人民的财产权，并给予财产权人相当补偿的行政行为。从各国政府行使征地权来看，有四个最重要的要件：一是所拟兴办的公共事业或征收目的，须存在足以剥夺私人财产权的公共利益，而此项公共利益必须是经过选择的重大且特别的公共利益。二是征收必须具有法律基础，必须在既定法律基础上才可以实行征收。三是征收必须符合比例原则，即应选择对利害关系人损失最小的处所与办法，征收以必要范围为限，不得恣意扩张，以免过度侵犯人民财产权。四是征收必须给予公正、合理的补偿。

各国土地征收基本依照以上要件执行，但是其在不同阶段，这些要件的内涵差别较大。中国过去60多年的经济发展历程中，由于社会主义制度的独特性以及处于工业化、城市化快速发展阶段，土地征收制度的目标、内涵与特征也十分独特，且处于不断演进之中。

（一）中国征地制度的形成与演变

以与土地征收相关法律制度的颁布、实施为依据，我们将中国征地制度的形成与演变划分为三个时期：第一个时期是1953～1981年，这一时期国家颁布1954年《宪法》，出台《国家建设征用土地办法》（1953年），并依此办法保障计划经济时期的建设供地；第二个时期是1982～1997年，这一时期颁布了1982年《宪法》，1987年出台新中国第一部《土地管理法》，此部法律一直沿用至1997年；第三个时期是1998年至今，这一时期于1998年出台了新修订的《土地管理法》，形成中国现行土地征收制度体系的基本框架，这部法律的实施时期正好伴随中国90年代末以来的高速工业化和城镇化阶段。

1. 第一个时期：1953～1981年

中国共产党于1954年颁布了新中国第一部宪法。当时由于土地仍然主要实行私有，该部宪法在强调“国家依法保护农民土地所有权和其他生产资料所有权”的同时，还第一次明确了国家“为了公共利益的需要，对城乡土地实行征购、征用和收归国有”。这一表述向我们提供了三个十分重要的信息：一是只有公共利益的需要，才能实施土地征收；二是征地的对象不只是农村土地，也包括城市土地；三是征地的方式不只是征用一种，还包括征购。

进入第一个五年计划时期，随着大规模建设项目的展开，国家于1953年出台《国家建设征用土地办法》。对于实施土地征收的要件，该法没有出现1954年《宪法》中“公共利益”的表述，而是改为“适应国家建设的需要”。对于征地的范围和用途，采取了列举法，即“兴建厂矿、铁路、交通、水利、国防等工程，进行文化教育卫生建设、市政建设和其他建设”。至于征地的补偿安置，该法有几个特点：一是将安置前置。在征地前，“必须对被征用土地者的生产和生活有妥善的安置，如果对被征用土地者一时无法安置，应该等待安置妥善后再行征用，或者另行择地征用”。这是迄今我国土地征收法律法规中对土地征收要件规定最严格、最明确的一次。二是规定在实施补偿时，“应该尽量用国有、公有土地调剂”，只是由于无法调剂或者调剂后对被征用土地者的生产、生活造成影响的，再发给补偿费或者补助费。三是土地补偿以最近2～4年的定产量总值为标准；房屋补偿在保证原来住户有房屋居住的原则下给房屋所有人相当的房屋，或按公平合理原则发给补偿费；附着物按公平合理原则发给补偿费。

2. 第二个时期：1982～1997年

1978年召开的中共十一届三中全会，拉开了中国改革开放大幕，国家治理逐渐步入法制轨道。1982年颁布实施改革开放后的第一部《宪法》。恢复了1954年《宪法》将“公共利益”作为征地的前提条件，明确“国家为了公共利益的需要，可以依照法律规定对土地实行征用”。但是，该法第一次提出“城市土地属于国家所有。农村和城市郊区的土地，宅基地和自留地、自留山，除由法律规定属于国家所有的以外，属于集体所有”。由此形成“城市土地国有、农村土地集体所有”两种所有制并存的土地所有权结构，成为中国独特征地制度的最重要制度安排之一。

在1982年《宪法》原则下，中国于1986年出台了新中国第一部《土地管理法》。其特点如下。

第一，坚持法律名义上的土地征用公共利益原则，明确“国家为了公共利益的需要，可以依法对集体所有的土地实行征用”。遗憾的是，1986版《土地管理法》也没有对公共利益用途进行明确界定，甚至采取了比1953版《国家建设征用土地办法》更加宽泛的用途表述，即“国家进行经济、文化、国防建设以及兴办社会公共事业”皆可实行征地。需要注意的是，对比1986版《土地管理法》与1982版《宪法》，我们还发现，它将《宪法》规定的“对土地实行征用”改成了“对集体土地实行征用”，其中的缘由我们没有考证，但这无疑是新中国法律史上第一次明确征地就是针对的农村集体所有土地。

第二，依循城乡分治原则。1986版《土地管理法》依照1982版《宪法》两种所有制并存结构，采取“城市土地国有、农村和城市郊区土地集体所有”的城乡土地分治。有意义的一点是，对比1986版《土地管理法》与1982版《宪法》，在关于土地国有的边界上，后者的表述为“城市土地实行国家所有”，前者的表述为“城市市区土地实行国有”。研究城市土地问题的学者十分清楚，中国对城市的表述十分不同，如“城市建成区”、“城市规划区”、“城市市区”，由此导致的城市范围差别极大，城乡分治的范围也就大不一样。我们尽管无法考证《土地管理法》为何对《宪法》进行这种改动，但是，联系到中国城市化进程中，在“城市土地国有”下，通过不断调整城市规划，将农村土地以征收方式划入城市版图的土地国有化趋势的现实，我们不能不说，当时的立法者在城市内涵上做出限定，还是颇具匠心的。

第三，以政府权力界定征地审批权限。制定和实施1986版《土地管理法》时，中国还没有采用国际通行的规划和用途管制，仍然沿袭计划经济时期的以审批来管地。为了保护耕地，采取了以界定各级政府审批土地征用权限的办法。具体而言，征用耕地1000亩、其他土地2000亩以上的，由国务院批准；征用耕地3亩以下、其他土地10亩以下的，由县级人民政府批准；两个界限之间的，其批准权限在省辖市、自治州人民政府，不过要由省、自治区人民代表大会常务委员会决定。

第四，进一步明确以耕地年产值为基础的补偿安置办法。与1953版《国家建设征用土地办法》相比，1987版《土地管理法》有两个特点：一是提高了补偿倍数，将征用耕地的补偿费，提高到该耕地被征用前三年平均年产值的3~6倍。二是安置补助费也按耕地产值倍数补偿，即“征用耕地的安置补助费，按照需要安置的农业人口数计算。需要安置的农业人口数，每一个需要安置的农业人口的安置补助费标准，为该耕地被征用前三年平均每亩年产值的2~3倍。”并限定土地补偿费和安置补助费两项总和不得超过土地被征用前三年平均年产值的20倍。在补偿费的支付上，只是将附着物和青苗补偿费付给被征地者本人，而土地补偿费和安置补助费则是由被征地单位保留，用于发展生产和安排因土地被征用而造成的多余劳动力的就业和不能就业人员的生活补助。

第五，对被征地农民实行就业安置。1987版《土地管理法》除了实施土地和安置补偿外，还对被征地者采取了就业和转换身份的安置。一是安排部分被征地农民进到用地单位或者其他集体所有制单位、全民所有制单位就业。二是如果被征地单位的土地被全部征用，原有农业户口转为非农业户口。在改革前期，由于全民和集体所有制单位的优势明显，就业和身份安置对被征地农民的吸引力还比较大。但是，随着多种所有制经济尤其是非公有制经济和外资经济发展，大多数集体和全民单位在竞争中处于劣势，被征地农民被安置进这些单位，他们往往成为首先被裁员的对象，这种安置办法对被征地农民的吸引力越来越低。

3. 第三个时期：1998年至今

从20世纪90年代末以来，随着中国的工业化、城镇化进程加快，土地非农化进程也大大加快，耕地保护和国家粮食安全受到的威胁越来越大。为此，中国于1998年启动了旨在保护耕地的《土地管理法》的修改，改革土地征收办法是其中的重要内容之一。

1998版《土地管理法》，在一些基本原则上对1987版《土地管理法》予以了保留和完善。比如，它仍然沿袭了法律意义上的征地公共利益原则。城乡分治原则不仅继续坚持，而且进一步强化。在征地补偿安置上，仍然沿着原用途补偿原则下提高标准的路径。具体而言，就是将征用耕地的土地补偿费提高到该耕地被征用前三年平均年产值的6~10倍，安置补助费提高到该耕地被征用前三年平均年产值的4~6倍，并限定以上两项之和不得超过土地被征用前三年平均年产值的30倍。在征地审批上沿袭计划和审批管理的同时，还上收了征地审批权限，即征用基本农田、基本农田以外的耕地超过35公顷、其他土地超过70公顷，由国务院审批。

除此之外，1998版《土地管理法》在以下三方面作出的重大改变，对中国的土地管理、土地转用和土地收益分配产生了重大影响。

一是确立“土地用途管制制度”。国家编制土地利用总体规划，规定土地用途，将土地分为农用地、建设用地和未利用地。严格限制农用地转为建设用地，控制建设用地总量，对耕地实行特殊保护。使用土地的单位和个人，必须严格按照土地利用总体规划确定的用途使用土地。在土地用途管制制度中，土地利用总体规划具有法定约束力。通过土地利用总体规划的分级审批，由上级控制下级耕地保有量、建设用地规模以及各类用地量，以土地利用总体规划来约束城市总体规划、村庄和集镇规划的建设用地规模。以土地利用年度计划实行建设用地总量控制和年度用地量。

二是规定了建设用地使用的对象和得地方式。第一，任何单位和个人进行建设，需要使用土地的，必须依法申请使用国有土地……包括国家所有的土地和国家征用的原属于农民集体所有的土地。第二，建设占用土地，涉及农用地转为建设用地的，应当办理农用地转用审批手续……征用农用地的，先行办理农用地转用审批。

三是实行国有土地有偿使用制度。遵循1988年宪法修正案，将“任何组织或者个人不得侵占、买卖、出租或者以其他形式非法转让土地”修改为“任何组织或者个人不得侵占、买卖或者以其他形式非法转让土地。土地的使用权可以依照法律的规定转让”。1998年《土地管理法》也明确规定了“土地使用权可以依法转让”，以及“国家依法实行国有土地有偿使用制度”。国家以土地所有者的身份，将国有土地使用权在一定年限内以协议、招标、拍卖方式让与土地使用者使用，由土地使用者按照出让合同的约定向国家支付土地使用权出让金。

（二）现行征地制度的特征与评论

中国的征地制度经过不断演变，形成了具有自己特色的制度安排。我们将其归纳如下。

1. 公共利益原则下的征地泛化

在过去60多年间，除了1953年《国家建设征用土地办法》以外，各个时期的宪法及修正案和土地管理法及修改都开宗明义：征地必须是为了公共利益的需要。但是，迄今为止，没有任何一部法律给出其所指的公共利益的内涵，也没有一部法律明确界定公共利益征地的用途和范围。不仅如此，中国关于通过征地手段获得土地的规定反而越来越宽泛。1953年的《国家建设征用土地办法》还比较详细地列举了征地的用途，“兴建厂矿、铁路、交通、水利、国防等工程，进行文化教育卫生建设、市政建设和其他建设”，从列举项目来看，除了“兴建厂矿”外，其他各项基本上还具有公共利益的特征。到1987版《土地管理法》时，已变成了“国家进行经济、文化、国防建设以及兴办社会公共事业”，皆可实施征地，这显然比1953版《国家建设征用土地办法》的法定征地范围要宽泛得多。到1998版《土地管理法》时，连比较笼统的征地范围都不列举了，而是变成了“任何单位从事建设，都得使用国有土地”。可供建设的土地除了原国有土地外，就是征用农民集体土地。也就是说，从1998版《土地管理法》颁布并实施以来，事实上成了所有建设都必须使用通过征地获得的国有土地，且随着工业化、城镇化进程，这种趋势越来越明显。由此可见，中国尽管在法律上一直宣示只有为了公共利益的需要，才能实施征地，但是，由于迄今为止没有任何一部法律就公共利益的内涵和征地用途进行明确界定，这一原则也就与主要市场经济国家通过界定公共利益来约束征地、减低征地对土地财产权的侵蚀之目的相去甚远。在中国征地的法律规定和实际操作中，从事经济建设差不多就被等同于公共利益。正是由于这种对征地的公共利益的泛化处理，为政府和用地者以征地手段获得农民集体土地提供了方便。在计划经济时代，由于经济建设都是为了国家利益，将建设征地等同于公共利益，还能说得过去。但是，随着中国社会主义市场经济的建立和完善，用地主体和利益结构越来越多元化，仍然将一切建设与公共利益画等号，并大行征地之道，这就为公权力合法地侵犯私权打开了方便之门。这既违背法理，也不符合社会公平正义，也与市场经济的基本原则不相符合。

2. 两种所有制下的城乡分治

1982 年版《宪法》将土地分成城市土地国有和农村土地集体所有，这是中国的土地制度有别于世界其他国家和地区土地制度的最重要的制度安排。为了实施《宪法》城乡分割的土地所有制架构，中国的城乡土地也采取两套不同的法律治理。农村土地受《农村土地承包法》规制，即农民集体的农地的使用、收益和流转受该部法律规范；土地转用和城市国有土地受《土地管理法》规制，农地转为非农用以及土地转用后的使用、收益和转让受该部法律保护。由此也形成城乡土地完全不同的权利体系，农村土地拥有者享有农地农用范围的土地使用权、收益权和流转权。一旦发生农地的转用，原农村土地所有者不仅失去土地所有权，也丧失土地非农后的土地使用权、收益权、转让权和发展权。农民对农地非农使用的权利，仅限于“兴办乡镇企业和村民建设住宅经依法批准使用本集体经济组织农民集体所有的土地的，或者乡（镇）村公共设施和公益事业建设经依法批准使用农民集体所有的土地”。

3. 多重管制下的农地转用

从世界各国和地区土地管理的经验来看，农地转为非农用地，必须服从规划和用途管制。但是，中国的土地转用比这要复杂得多，受以下三重管制。

一是规划和用途管制。1998 年修订《土地管理法》时，中国借鉴市场经济国家的土地管理办法，实行用途管制制度，通过土地利用总体规划实施。与此同时，土地非农化后的建设使用受城市总体规划制约。从两个规划的功能划分和衔接关系来看，土地利用总体规划的功能是制约农地转为建设用地，落实耕地保护，用于框定用地边界及落实用途管制，城市总体规划的功能是在城市边界框定后对区内每块土地在功能上予以实施。但是，由于中国处于急速的工业化、城市化进程中，城市规模和数量均处于快速增长中，城市边界也便处于不断的外扩状态。城市政府通过行政区划调整和城市规划修编来扩展城市发展空间变成常态。由于城市的不断扩张和边界外移，土地利用总体规划对城市边界的约束力削弱，城市蔓延和农地非农化呈难阻之势。

二是土地所有制管制。按照城乡土地分治原则，农村土地属于农民集体所有，城市土地属于国家所有，农村土地变为建设用地就必须实行征用，进入城市版图的土地，也就要将原来的农村集体所有土地变性为国有土地。由此形成中国在土地转用上与主要市场经济国家的很大差别：后者只要服从规划和用途管制，土地所有人不仅可以利用土地进行非农建设，而且能将土地进行处置和转让，并从中获取土地非农化的级差收益。但是，在中国，由于施加了所有制管制，不同所有者之间在土地使用权利和土地利益分配上就设置了一道鸿沟，对于农民集体来讲，即便其土地在规划和用途管制上属于非农建设区域，他们也无权使用和收益，而是要将其调到城市规划范围和转为国有后，由地方政府出让给其他用地者，原来的农民集体丧失土地使用权、收益权和发展权。

三是土地年度计划指标和审批管理。由于用途管制失灵以及土地利用总体规划对城市扩张的软约束，加上低价征地制度激励地方政府多征、多占及多将农村土地转化为城市土地的激励，中央政府不得不强化年度指标和建设用地转用的审批管理，来制约地方政府的用地规模和城市扩张。但是，由于指标管理和审批管理具有很强的计划色彩，这种自上而下的指标分配，不仅其建设用地指标供给难以与经济发展需求相适应，难以真正起到约束地方政府用地的作用，而且分配效率不高，同时也造成寻租问题。

4. 征地安置的原用途补偿

在经济发展进程中，市场经济国家和地区的征地量不仅会不断下降，而且征地补偿也不断朝向市场化和财产性补偿的方向。在中国，由于缺乏土地产权市场，不存在土地所有权价格，因此，政府在征用农民土地时，一直没法采取土地财产价值补偿办法。尽管如此，中国政府的征地不断面临土地价值上升和农民权力意识觉醒的问题。为了应对农民诉求提高的趋势，中国政府在不同时期的土地补偿中，主要采取农业产值基础上的倍数补偿和不断提高补偿标准的办法。1953 年《国家建设征用土地办法》对土地的补偿是以最近 2 ~4 年的定产量总值为标准；1987 版《土地管理法》是以耕地年产值为基础，征用耕地的补偿费为该耕地被征用前三年平均年产值的 3 ~6 倍。到 1998 版《土地管理法》时，征地补偿安置仍然坚持原用途补偿，但提高了补偿标准，即征用耕地的土地补偿费，为该耕地被征用前三年平均年产值的 6 ~10 倍。

由于土地财产补偿一直没有启动，中国在土地征用中不得不将安置和就业作为补救手段。1953 年的征地办法是将安置前置，即不安置不得征地；1987 版《土地管理法》是按产值倍数对农业人口进行货币安置，每一个需要安置的农业人口的安置补助费标准，为该耕地被征用前三年平均每亩年产值的 2 ~3 倍。1998 版《土地管理法》提高了安置标准，每一个需要安置的农业人口的安置补助费，为该耕地被征用前三年平均年产值的 4 ~6 倍。显然，这种按耕地产值倍数进行的劳动力安置，是无法保障失地农民的长远生计的。

除了安置补救以外，政府还在征地中采取了就业和转身份安置的补救办法。计划经济时期，对因征地而失地的农民，由国家予以安置。一是“农转非”，农业户籍转为城市户籍；二是把农业劳动力安排到城市企事业单位就业，成为职工。在当时二元体制下，这种转变使农民身份发生根本性变化，他及其子女能够享受城里人的一切就业和福利，征地引起的社会矛盾并不普遍、尖锐，多数农民还欢迎甚至盼望国家征地，把征地当作改变自身命运的机遇。进入 20 世纪 90 年代以后，中国逐步建立起社会主义市场经济体制，国营企事业单位逐步改制，非公有制经济的发展占经济半壁河山，采取就业安置对失地农民已失去保障意义，对因征地而失地的农民，国家不再安置，改为提高安置补偿费标准，且一律实行货币补偿，安置补助费也是按农业年产值的倍数来估算。但事实上，农民一旦完全失地，就不可能务农，而在农业之外就业，会有一个或长或短的过程，期间的生活成本会大大提高，靠农业劳动力的补偿费用，难以维持其正常生活，被征地农民的生活水平事实上降低了，因征地而引起的社会矛盾逐渐突出了。在征地引发的社会矛盾越来越激烈的情况下，一些地方进行探索，实行对失地农民最低生活保障办法，国土部与人社部联合发文要求地方建立对被征地农民的社会保障制度，但是，目前已经建立这一制度的地方比例并不高。即便如此，这一制度也因保障水平低，难以和农民失去的土地发展权相匹配。

5. 土地增值收益归政府

在以上一组土地制度安排下，中国建立起一套非常独特的土地制度。第一，农村土地属于农民集体所有。农民集体拥有农地农用时的土地使用权、收益权和转让权，在农地转为非农用时，农民的土地权利在获得原用途的倍数补偿后即告丧失。城市土地属于国有，地方政府享有建设用地的处置权、出让权和收益权。第二，政府垄断。地方政府成为农地转为建设用地的唯一合法管道，一手从农民手中征地，另一手将转到自己名下的建设用地独家出让。第三，非市场配置。耕地占用实行审批制度，地方建设用地实行指标控制，建设用地的划拨和协议出让仍占相当比重，政府深深介入和控制经营性用地的出让和定价。第四，管经合一。地方政府既是土地的管理者，又是土地的经营者。这套独特的土地制度安排结构中，强制、低价的征地制度和政府垄断下的国有土地有偿使用制度是两项最核心的制度安排。在这一制度规定下，征地成为农地非农化的唯一管道，国有土地成为非农建设的唯一合法用地。随着工业化、城镇化进程的加快，农民在得到按土地原用途的倍数补偿后，失去土地所有权和丧失土地发展权，政府成为工业化、城市化进程中土地增值收益的主要获得者。

二、征地制度与经济发展

（一）以强制低价征地推动经济增长

改革开放30多年来，中国经济保持了强劲的高增长，经济增长率和工业增加值增长率保持在两位数以上，城市化过半程。中国成为世界第二大经济体，世界第一大出口国。与其他经济体高速工业化、城市化阶段的特征相比，土地在中国上一轮经济发展中扮演的角色非常独特、举足轻重。中国这一时期实行的独特的土地制度，是实现这一经济高增长的秘密之一。

中国经济的高增长，依靠高投资、高出口和政府主导下的地区竞争来支撑，土地制度是保障这一增长模式的重要因素。第一，在中国上一个高速发展阶段，由于内需不足、创新缺乏，经济增长主要依靠高投资和高出口拉动，以及依赖增加投入和扩大规模来推动，这种发展方式也就只能以资源的高消耗来支撑。在要素投入中，由于有巨量农村剩余劳动力作为蓄水池，劳动力的低成本供应是一大优势；土地作为另一个重要的投入要素，尽管中国由于人地资源少，土地稀缺是基本国情，但是，由于实行城乡不平等的二元土地制度、政府强制低价的征地制度和土地供应的非市场制度，使中国避开了土地稀缺导致土地高价从而影响经济增长的局面，反而靠土地的宽供应保障和支撑了经济的增长。第二，在地方政府主导的地区之间的经济竞争中，地方政府出面招商引资和打造政策环境是赢得竞争的两大法宝。由于土地是地方政府可以支配的最有价值的资源，以地招商引资便成为主要手段，在土地收益和土地税费上的优惠成为地方政府留住企业的主要工具。土地的宽供应和高耗费保证了高投资；压低地价的低成本供地保障了高出口；以土地的招商引资保障了工业化、城镇化的快速推进，推动了地方经济的高增长。

在上一轮经济增长中，土地的宽供应起到了基础性保障作用。1996～2010年，全国建设用地面积从43771万亩增加到51181万亩，增加了7410万亩，增幅为16.9%，年均增加529.3万亩。尤其是2006年以来，中国建设用地规模增长更为迅猛，2010年全国土地供应总量达645万亩，比2006增长83.8%，期间每年新增建设用地量平均在714万亩以上，到2010年，全国新增建设用地面积高达1068万亩。不仅建设用地总量大幅增长，各类用地供应增长也十分显著（见表11.1、图11.1）。

表11.1　2003~2010年各类用地增长情况　　单位：公顷

年份	工矿仓储用地	商服用地	住宅用地合计	公共管理与公共服务用地	特殊用地	交通运输用地	水域及水利设施用地
2003	116379.4	53676.46	63751.63	35145.51	3552.02	10398.81	3532.8
2004	106756.7	43831.1	59689.78	27189.5	2697.05	13456.98	4298.58
2005	109813.8	29591.38	55144.85	23481.34	4123.94	14779.49	7334.64
2006	154635.3	32124.51	65153.68	29582.6	2239.51	18135.89	4934.41
2007	141723.4	57751.08	80174.84	33248.17	1945.48	20258.82	6872.11
2008	92918.09	26532.02	62030.09	26573.24	2623.58	17004.19	6503.5
2009	141486.5	27570.86	81548.17	43763.85	1761.48	45613.76	19436.83
2010	153977.6	38905.15	115272.5	52945.57	2522.37	48795.49	19490.72

资料来源：历年《国土资源统计年鉴》。

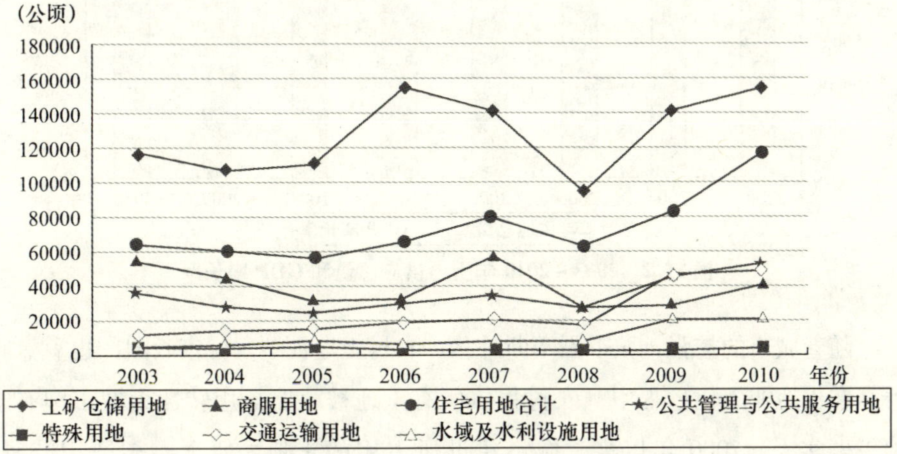

图11.1　2003~2010年各类用地增长情况

从表11.2、图11.2可见，土地供应量与经济增长有很高的相关性，2003～2010年间，土地供应量大的年份，该年的GDP增长率也较高；土地供应量减低的年份，该年的GDP增长率也较低。

表11.2　　2003～2010年土地供应总量和GDP增长率

年份	供地总量（公顷）	GDP增长率（%）	年份	供地总量（公顷）	GDP增长率（%）
2003	286436.66	10.6	2007	341973.95	14.6
2004	257919.7	10.4	2008	234184.68	9.8
2005	244269.47	10.7	2009	361648.75	8.9
2006	306805.89	13.3	2010	432561.42	10.8

资料来源：历年《国土资源统计年鉴》，《中国统计年鉴》。

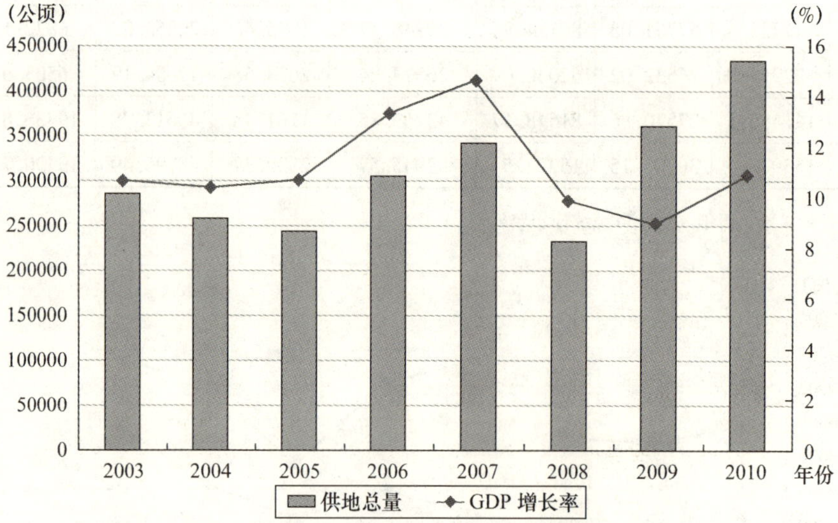

图11.2　2003～2010年土地供应总量和GDP增长率

随着城市的扩张，城市圈不断外移，农村土地被纳入城市版图，也就意味着，在土地非农化过程中，农村集体所有土地被政府征用转性为城市国有土地。事实上，2000年以来，城市建设所占用的土地，便主要靠征用获得。1999～2008年，新增城市建设用地18632.86平方公里，平均每年1863.3平方公里。同一时期，征用农民土地 13925.49 平方公里，年均 1392.5 平方公里，征地占新增建设用地面积的 74.74%。由此可见，中国尽管实行世界上最严格的耕地保护制度，但是，并没有因此而减少土地的供应，尤其是征地对建设用地的保障，成为推动经济增长的重要因素（见表 11.3）。

表 11.3　1999～2008 年全国征地面积占新增建设用地面积比重　单位：平方公里

年份	城市建设用地面积	新增城市建设用地面积	征地面积	征地面积占新增建设用地面积比重（%）
1999	20877	369.4	340.64	92.21
2000	22113.7	1236.7	447.49	36.18
2001	24192.7	2079	1813.11	87.21
2002	26832.6	2639.9	2881.31	109.14
2003	28971.9	2139.3	1606.40	75.09
2004	30781.3	1809.4	1613.34	89.16
2005	29636.8	-1144.5	1264.17	-110.46
2006	34166.7	4529.9	1397.16	30.84
2007	36351.7	2185	1216.61	55.68
2008	39140.46	2788.76	1345.27	48.24
合计	293064.86	18632.86	13925.49	74.74

资料来源：《中国城市建设统计年报》（2000～2008）；《中国统计年鉴》（2000～2008）；注：2005 年城市建设用地面积不包含北京市和上海市。

（二）以低价土地推动高速工业化

在上一轮经济高增长中，工业化的快速推进是主导力量。1979～2011 年，中国工业增加值年均增长 10%，工业化率到 2011 年达到 47%。尤其是 90 年代中期以后，得益于出口导向工业化战略的实施，使中国在短短十多年时间成为“世界制造工厂”。

中国强制低价的征地制度和政府对土地资源的独家配置权是推动工业高增

长的重要因素。一方面，地方政府利用法律赋予的征地权，按土地原用途给予被征地农民的土地和安置补偿，仅仅相当于 6～10 年的土地年收益。另一方面，地方政府通过控制土地一级市场，将建设用地供应权掌握在自己手中，保证了它以非市场价格提供土地，用于工业建设。这套独特的土地制度安排不仅使中国的工业发展避开了土地稀缺的“短腿”，而且还使土地成为招商引资和推动工业发展的工具。在这一制度安排下，地方政府利用掌握着土地资源的便利，以土地招商引资，以土地价格的巨大让步换取相对稀缺的资本、技术和未来税收。低价土地与低价劳动力、外来资本、技术迅速结合，成为提速工业化的重要因素。在一些地方，为了招徕或留住具有税收潜力的企业，地方政府在供应土地时不惜低于土地成本，甚至零地价。一些地方政府还制定了工业用地协议价最高限价政策。地区之间的招商引资直接演变成压低土地价格的恶性竞争，其背后则是各地政府的财力大比拼，致使工业用地价格长期维持低水平。土地资源越稀缺，土地价格反而越低廉，是中国土地市场特有的现象（见表 11.4、图 11.3）。

表 11.4　　2003～2010 年工矿仓储用地占供地总量的情况

年　份	供地总量（公顷）	工矿仓储用地（公顷）	百分比（%）
2003	286436.7	116379.4	40.6
2004	257919.7	106756.7	41.4
2005	244269.5	109813.8	45.0
2006	306805.9	154635.3	50.4
2007	341974	141723.4	41.4
2008	234184.7	92918.09	39.7
2009	361648.8	141486.5	39.1
2010	432561.4	153977.6	35.6

资料来源：历年《国土资源统计年鉴》。

正是在这套独特的土地制度安排下，中国将稀缺土地大量配置于工业用途，保证了工业的快速发展。如此高的工业用地结构，不仅与主要市场经济国

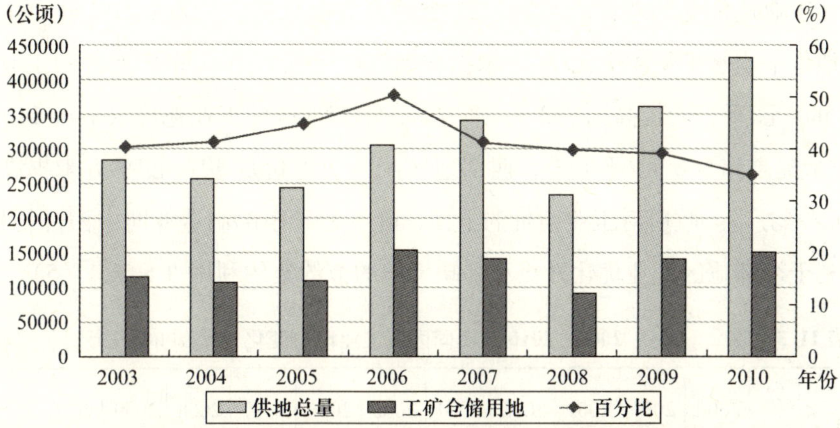

图 11.3　2003～2010 年工矿仓储用地占供地总量的情况

家的当期水平相比显得奇高，也高于这些国家和地区在高速工业化阶段的工业用地水平。

正是由于这套独特的工业用地制度，使中国在土地越来越稀缺、土地价格越来越显化的情况下，工业用地得以长期维持低水平。从全国 21 个城市地价变动看，2000～2010 年，全国综合地价水平、商业地价水平和居住地价水平分别提高了 297.08%、308.76%、528.10%，而工业地价水平仅提高了 71.18%（见图 11.4）。

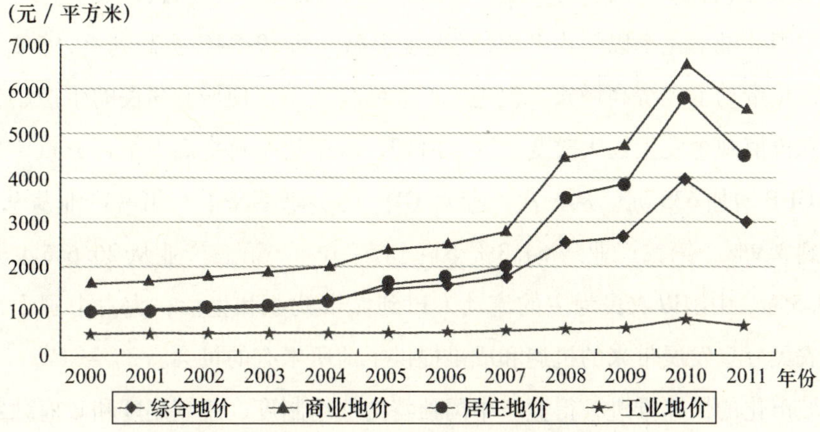

图 11.4　2000 年以来全国地价水平变化情况

从工业地价变动来看，以全国21个城市数据分析，2000～2011年，全国工业地价平均水平从467元/平方米提高到706元/平方米，东部地区的工业地价从580元/平方米提高到883元/平方米，中部地区的工业地价水平从347元/平方米提高到566元/平方米，西部地区的工业地价从391元/平方米提高到560元/平方米。政府对工业地价的干预，既不利于东部制造业向中西部转移，也不利于东部地区产业优化升级和稀缺土地的节约集约利用（见表11.5）。

表11.5　2000～2010年不同区域工业地价变化　单位：元/平方米

区域＼年份	2000	2001	2002	2003	2004	2005	2006	2007	2008	2009	2010	2011
21个城市平均工业地价	467	475	486	495	508	516	536	640	613	634	672	706
东部平均	580	588	598	610	627	639	665	831	769	784	837	883
中部平均	347	351	364	367	377	382	399	492	508	518	549	566
西部平均	391	400	413	421	430	437	448	471	476	511	535	560

资料来源：国土资源部，《土地市场监测动态》。

（三）征地推动的快速城市化

从20世纪90年代中期以来，中国的城市化进程大大加快，1995～2010年间，中国的城市化率以年均1.5%的速度提高，从29.04%提高到49.95%。快速城市化带动了经济高增长，促进了产业结构变革，使城乡居民的生产、生活方式和价值观念发生巨大改变。这一时期，城市化率每提高1个百分点，带动人均GDP增加633元。从三次产业对GDP的贡献率来看，第一产业从9.1%下降到3.9%，第二产业从64.3%下降到57.6%，第三产业从26.6%上升到了38.5%。中国以农民为主的流动人口到城市就业和生活，为占中国人口多数的农民分享发展带来的机遇和成果提供了前所未有的机会。

城市化的快速推进，得益于中国独特的征地制度、规划制度和政府独家出让土地的制度。由于政府可以低价征用土地和独家出让土地制度，为地方政府提供了多征、多占农民集体土地的激励。为此，地方政府利用规划控制和修编权，将农村和城市郊区土地尽可能划入城市规划圈；利用合法征地权，将农民集体土地征为国家所有土地；利用土地独家出让权，将政府控制的土地在土地市场上出让，实现土地价值的最大化。随着城市范围不断扩大，城市国有土地份额增加，政府控制的土地越来越多。

近些年来，地方政府通过规划修编和行政区划调整，使城市区域迅速外扩，我们称之为“城市圈外移的城市化”。1995～2010 年，全国城市建成区面积共增加了 20793.8 平方公里，年均净增 1386.3 平方公里（见表 11.6）。

表 11.6　　1995 年以来中国的城区面积和城市建成区面积　　单位：平方公里

年份	城区面积	城市建成区面积	年份	城区面积	城市建成区面积
1995	1171698.0	19264.2	2003	399173.2	28308.0
1996	987077.9	20214.2	2004	394672.5	30406.2
1997	835771.8	20791.3	2005	412819.1	32520.7
1998	813585.7	21379.6	2006	166533.5	33659.8
1999	812817.6	21524.5	2007	176065.5	35469.7
2000	878015.0	22439.3	2008	178110.3	36295.3
2001	607644.3	24026.6	2009	175463.61	38107.3
2002	467369.3	25972.6	2010	178691.7	40058.0

资料来源：《中国城市建设年鉴》，2008。

在过去十多年间，各类城市发展呈现从中心城区向边缘空间快速外扩延展态势。1999～2008 年间，中国排名前 10 位城市的建成区面积从 2629 平方公里扩增到 7727 平方公里（见图 11.5）。

在土地城市化进程中，征地既是主要手段，征地的强制低价也是其主要激励。伴随城市化进程，城市版图不断向农村延伸，农民集体土地被政府征用为国有。2005～2010 年，中国新增居民点工矿建设用地共 21627 平方公里，同期因为居民点工矿建设征地 14551 平方公里，征地占居民工矿用地面积的比重为近 67.3%（见表 11.7）。

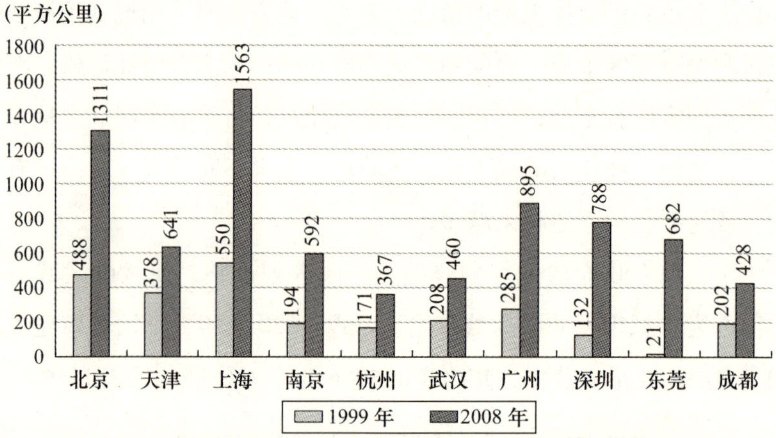

图 11.5　1999 年和 2008 年全国主要城市建成区面积对比

表 11.7　2005 ~ 2010 年全国新增居民点工矿建设用地面积来自征地的比重

年份	用于居民点工矿建设的征地面积（万亩）	新增居民点工矿建设用地（万亩）	征地面积占新增居民点工矿用地面积比重（%）
2005	283.4	486	58.31
2006	329.5	588	56.04
2007	373.4	475	78.61
2008	266	445	59.78
2009	499.5	440	113.52
2010	430.9	810	53.20
总计	2182.7	3244	67.28

数据来源：《国土资源统计年鉴》。

另一方面，政府将征用的土地进行出让和抵押融资，为城市基础设施建设募集资金，也为城市化的快速推进提供杠杆。随着城市化速度加快，对基础设施产生巨额资金需求。2000 年以来，中国的地方政府依靠土地出让收入和通过土地储备中心和各类融资平台，以土地抵押担保来获取大量银行贷款，以保证土地开发和基础设施建设的资金来源。城市基础设施建设资金主要来源于财政、贷款和自筹三个部分。2008 年，在城市基础设施建设资金中，政府投入占 32.2%，银行贷款占 29.6%，企业自筹占 28.7%。这三块资金都高度依赖于土地。中国城市基础设施投资中来自于中央财政拨款的比重从20世纪80年代初的26%降至2008年的1.1%，地方政府已成为政府投入的主体，在1994年分税制后，地方政府“吃饭靠财政、建设靠土地”的格局已经形成，基本要靠经营土地的收入为城市基础设施建设融资。银行贷款与自筹则主要来自地方城市投资或融资平台公司，但其最终还款来源又多归结于土地。银行贷款多以土地使用权/收益权作质押，由未来土地收益还款。根据建设部测算，2009年用于城市基础设施投资的土地出让金约3341亿元，占当年全部资金来源的48%（包括政府直接投资及补贴给城市投资以企业名义投资）；按2009年土地出让金共计1.59万亿元计算，即21%的土地出让金被用于城市基础设施建设。以重庆城市投资为例，2002～2008年总融资规模850亿元，银行贷款占40%，其中以政府划拨的土地使用权/收益权质押的占总贷款的63%。此外，土地整理收入又贡献了其总融资的13%。

三、征地的经济社会后果

（一）优质耕地被大量占用，危及国家粮食安全

由于征地成本低，地方政府从事开发区和城市建设以及大型重点工程建设中，往往选择开发成本低的地域进行建设，由此导致大量优质耕地被征占（见图11.6），导致农用地数量锐减。1996～2008年间，耕地面积净减少831.71万公顷，减少幅度达6.40%。人均耕地占有量由1996年的0.106公顷下降到2008年的0.092公顷（见图11.7）。而且占用的耕地主要是优质耕地（见图11.8）。

中国沿海工业化、城市化的率先崛起，也是以这些地区的优质良田被大量占用为代价的。2000年后我国东部及东南部由于建设占用耕地的增加，致使优质耕地剧减，耕地重心则向东南方向移动。经济发达地区如苏浙沪区和京津冀鲁区建设占用耕地尤为突出，并且新增建设用地总量和建设用地减少量均居

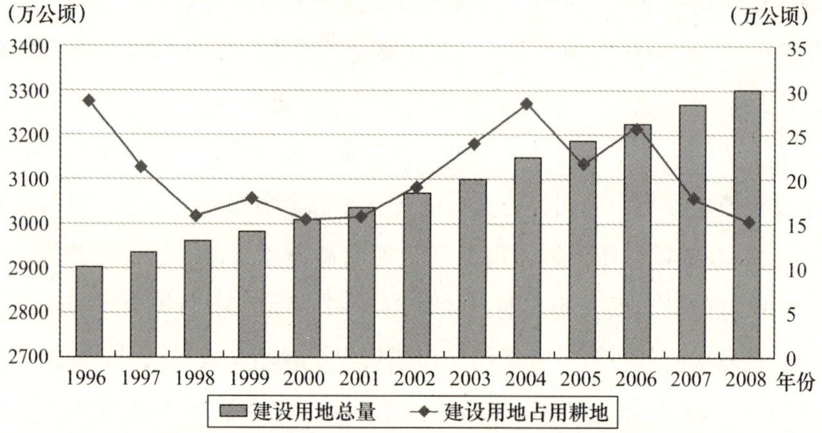

图 11.6　1996～2008 年全国建设用地及占用耕地情况示意图

数据来源：国土资源部土地变更调查数据。

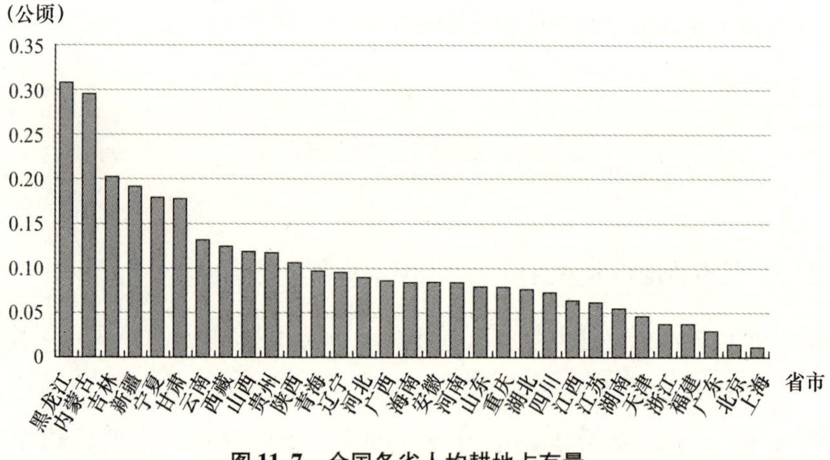

图 11.7　全国各省人均耕地占有量

首位。这些地区作为中国传统粮食主产区，其大量耕地被占用，导致粮食供求版图发生全国性改变。粮食主产区由东南部向北方和中西部移动，粮食生产从自然降水充沛和气候温暖的地区向干旱和寒冷地区转移。全国 13 个粮食主产省区中，目前只有 6 个为净调出省。2007 年，我国 13 个粮食主产区产量占全国总产量的 75%，其中河北、内蒙古、辽宁、吉林、黑龙江、山东、河南 7 个北方主产区，粮食产量占全国的比重由 1991 年的 36.2% 提高到 2007 年的

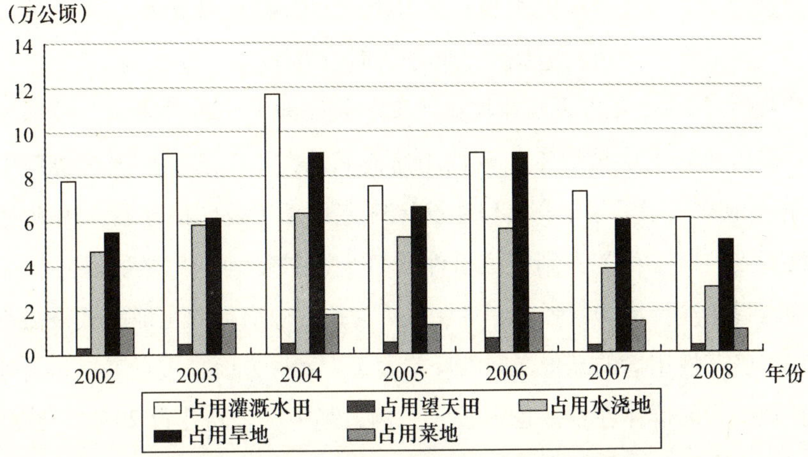

图 11.8　2002～2008 年建设占用各耕地类型面积

43.5%；南方粮食生产总量下降，江苏、安徽、江西、湖北、湖南、四川 6 个南方主产区，粮食产量占全国的比重由 1991 年的 36% 下降到 2007 年的 31.6%。主销区粮食产需缺口逐年扩大。北京、天津、上海、浙江、福建、广东和海南 7 个主销区，粮食产量占全国的比重已由 1991 年的 12.2% 下降到 2007 年的 6.3%；产需缺口由 2003 年的 485 亿公斤扩大到 2007 年的 550 亿公斤左右。更应该引起警惕的是，随着中西部地区工业化加速，土地利用与征占仍然在复制东部以地谋发展模式，对土地的征占量和速度加大，对国家粮食安全的威胁不可小视。

（二）政府职能越位，降低政府公信力

由于土地的非农化主要由政府通过征地完成，在征地过程中，地方政府担当着决策者、制定者、组织者、实施者和裁决者的角色。由于城市和开发区建设主要依靠土地出让和土地抵押融资，地方政府也有多征、多占、多出让土地的激励，由此造成地方政府违规违法用地的大量发生。2010 年，全国违法用地的数量 6.6 万件，面积 67.7 万亩，占用耕地 27 万亩。铁路、公路、水利等基础设施建设项目未批先建问题突出。2009 年度，国家和省级重点项目违法

用地分别占全部违法用地面积和违法占用耕地面积的45%和55%。地方政府主导、支持或默许的违法违规供地问题仍时有发生。

从我们对2003年以来媒体披露的127起征地上访事件来看，被征地农民的上访多由所征土地被用于经营性用途而起。在127起征地上访事件中，有31起的土地被征用后用于商品房建设，33起用于工业园区建设，10起用于商业旅游开发，这三项就占到报道事件的58%。被征地农民之所以对被征土地用于经营性用途反应非常强烈，主要是因为地方政府征收土地的低补偿与土地出让用于经营性用途的高价之间的反差太大。另一方面，重点工程和基础设施工程征地引发的群体性事件也占较大比例，其中，公路建设20起，铁路建设7起，建机场3起，园林绿化建设8起，科教文卫设施建设11起，占38.6%。在127起媒体报道事件中，征地引发的农民上访和群体性事件中，多存在地方政府违规违法征地行为。地方政府没有依法补偿的有65起，占51.2%，未批先用的有53起，占41.7%。

在实地调查中发现，为了实施征地拆迁，部分地方政府官员不得不“冲在第一线”，为征农民地、铲农民庄稼、拆农民房、扒农民祖坟、挖农民树而冲锋陷阵。政府官员在农民心目中的形象严重受损，政府的公信力也大大下降。为了捍卫土地，农民集体不得不奋起抵抗，形成农民与政府的对立。到了这个地步，为了使征地进行下去，地方政府动用警力成为比较普遍的情况。滥用警力直接造成社会矛盾激化，成为群体性事件的导火索。从媒体披露的事件细节看，引发被征地农民不满的原因往往由多种因素组合而成。在127起事件中，征地冲突的起因主要是征地补偿费太低，共有107起，排在第一位，也有土地款分配不明（34起）、被征地农民不知情（32起）、被征地未按告知用途使用（23起）以及补偿不到位（20起）的因素。但是，农民的不满和上访，一旦地方政府应对不当，就会使矛盾激化，甚至演变为群体性事件。在127起征地事件中，有81起农民反映冲突起因是地方政府、施工单位行为粗暴，排第二位（见图11.9）。

伴随城镇化进程，土地价值日益显化，土地增值收益迅速攀升，围绕土地

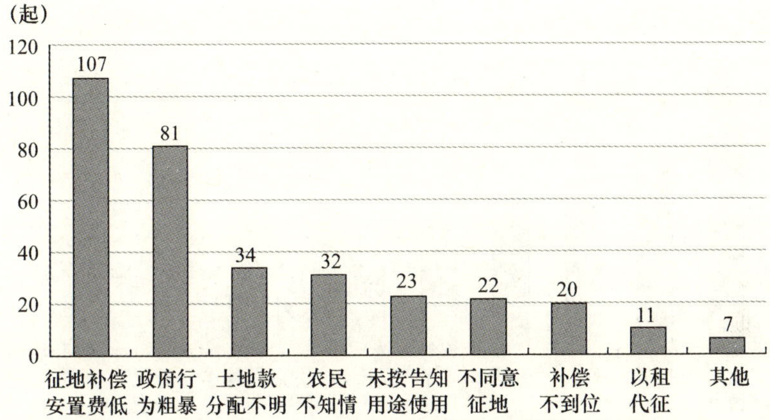

图 11.9　按冲突起因分的群体性事件分布

利益的争夺不断加剧。由土地引发的纠纷成为上访的重要原因。当前，我国土地利益分配问题波及的范围有所扩大，程度有所加深，问题越来越突出，最主要的是被征地农民与地方政府之间的利益矛盾。在现行土地利益分配格局下，被征地农民虽然获得了土地的补偿和安置款项，近年来国家又建立了被征地农民社会保障制度，但总体看，被征地农民并没有充分分享城市化的成果。加上少数地方在征地过程中违反程序，克扣征地款项等行为，国家级重点工程的补偿标准过低在一些地方也引起农民不满，使得征地问题成为当前影响我国社会稳定的一个突出问题。根据国家信访局统计，群体性上访事件 60% 与土地有关。土地纠纷已经成为税费改革后农民上访的头号焦点，占社会上访总量的 40%，其中征地补偿纠纷又占到土地纠纷的 84.7%，每年因为征地拆迁引发的纠纷在 400 万件左右。以征地谋发展，必然导致政府与农民的冲突，直至形成官民对立。在报道的 127 起被征地事件中，政府对被征地农民上访和诉求处理不当，造成矛盾激化，形成政府与农民对立，是引发群体性事件的主因。政府采取极端方式的有 95 起。其中，出动警察、武警等的有 69 起，抓人的有 48 起，打人的有 45 起，黑社会介入的有 23 起，甚至到开枪程度的有 3 起。只有 36 起是采取妥协的提高补偿的办法，还有 6 起是采取分化的办法，有 27 起干脆不予理睬，由法院判决的只有 15 起（见图 11.10）。

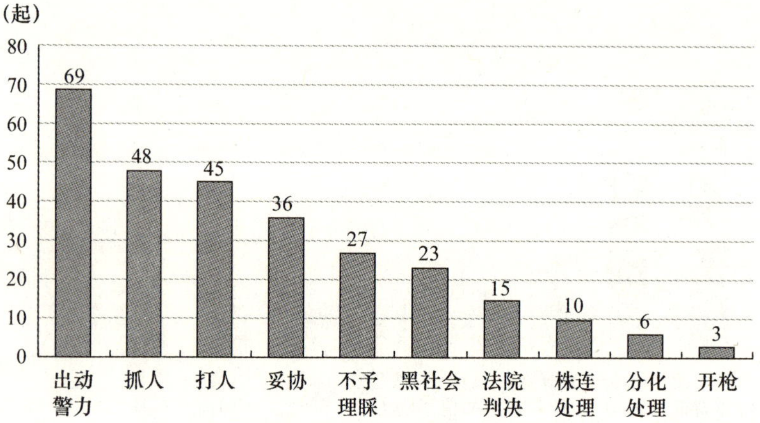

图 11.10　征地冲突中的政府反应方式

(三) 形成地方政府债务风险和中央银行金融风险

以征地谋发展的模式,保证了中国经济的高速增长,但是,也导致中国经济对土地的过度依赖,以土地出让收入和以地融资导致地方政府债务风险和银行金融风险。1997 年以来,中国地方政府性债务规模逐年增长。1998 年和 2009 年,债务余额分别比上年增长 48. 20% 和 61. 92% 。2010 年的债务余额比上年增长 18. 86% (见图 11. 11)。有 78 个市级和 99 个县级政府负有偿还责任债务的债务率高于 100% ,分别占两级政府总数的 19. 9% 和 3. 56% 。审计署公布的债务余额为 10. 7 万亿元债务余额,约占 2010 年 GDP 的 26. 9% 。再加上名义指标表现的公共部门债务(约相当于 GDP 的 20%)和政策性金融机构发行的金融债券等(约相当于 GDP 的 6%),我国总体的公共部门债务率应在 50% ~55% 。

地方债务的局部情况更不容乐观,不均衡、不可持续的问题十分突出。2010 年底,东部 11 个省(直辖市)和 5 个计划单列市政府性债务余额 53208. 39 亿元,占 49. 65% ;中部 8 个省政府性债务余额为 24716. 35 亿元,占 23. 06% ;西部 12 个省(自治区、直辖市)政府性债务余额 29250. 17 亿元,占 27. 29% 。2010 年底,中国东部地区加计划单列市、中部地区和西部地

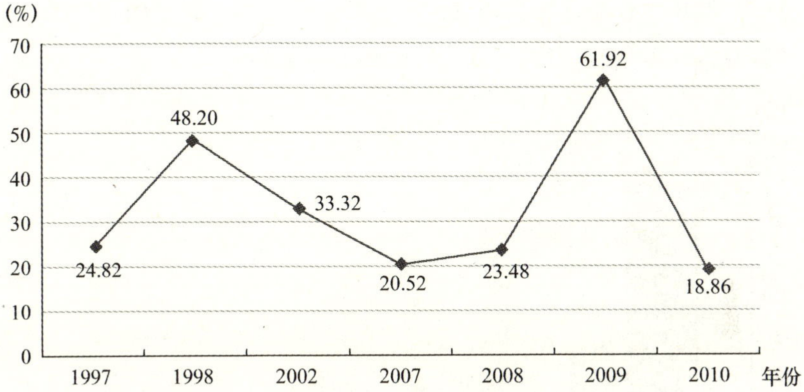

图 11.11　地方政府性债务余额增长率情况

资料来源：审计署，《全国地方政府性债务审计结果》，2011 年 6 月。

区，负债率分别是 19.2%、24.2% 和 36.4%。更应引起重视的是，抵押土地已成为政府偿债的最重要来源，地方的债务偿还对土地出让收入的依赖较大。据审计署调查，2010 年底除 54 个县级政府之外，全部省级和市级政府以及绝大多数县级政府均有政府负债，且承诺用土地出让收入作为偿债来源的债务为 25473.51 亿元，占地方政府负有偿还责任的债务额的比重为 37.96%。一旦各地土地出让收入下降，地方政府的偿债能力就会快速枯竭。

地方政府为了进行基础设施建设，纷纷成立各类融资平台，利用手中收储的国有土地作为抵押品，从银行获得巨额贷款。目前，地方融资平台已形成“土地抵押——获取贷款——土地收储——土地抵押”循环。审计署调查结果表明，截至 2010 年底，融资平台公司政府性债务余额 49710.68 亿元，占地方政府性债务余额的 46.38%。地方各级政府已支出的债务余额中，用于土地收储的就有 10208.83 亿元，占 10.62%。

从地方政府性债务资金的来源情况看，银行是最大的资金供给者。2010 年底，银行贷款总额 84679.99 亿元，占到地方政府性债务资金的 79.01%。其中，负有偿还责任的债务中银行贷款有 50225 亿元，占比为 74.84%。地方融资平台贷款占银行贷款总额的比例，在不同类型机构之间分布并不均匀（见图 11.12）。2009 年底，主要上市银行地方政府融资平台贷款占贷款总额的

10%左右，国开行和地方性金融机构占比则相对较高，其中国开行的融资平台贷款（以基本建设贷款为统计口径）占比已达近69%。

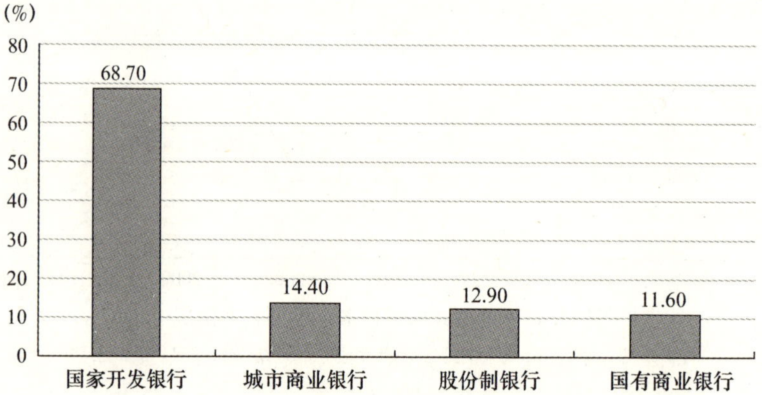

图11.12　2009年各金融机构融资平台贷款余额占总贷款比

注：国开行、城商行和股份制银行融资平台贷款口径为基本建设贷款。

数据来源：各大银行的年报。

从债务偿还看，地方融资平台"借新还旧"的偿还方式占比较高。2010年底，有358家融资平台公司通过借新还旧方式偿还政府负有担保责任的债务和其他相关债务1059.71亿元，借新还旧率平均为55.20%；其中，有387所高校和230家医院的政府负有担保责任的债务和其他相关债务的借新还旧率超过50%，全国高速公路的借新还旧率达54.64%。2011年，银监会明确禁止借新还旧，使得融资平台的短期债务偿还风险凸显。

地方融资平台的逾期债务率会进一步上升。2010年底，有148家融资平台公司存在逾期债务80.04亿元，占融资平台公司总数的2.3%，逾期债务率平均为16.26%。考虑到未来几年内地方政府的土地出让收入和抵押价格的回落，这种"借新债、还旧债"的偿还方式具有内在的不可持续性，未来几年的逾期债务率会进入上升通道。

地方融资平台的债务周期较长、盈利能力较弱。从偿债年度看，2010年底地方政府性债务余额中，2011年、2012年到期偿还的占24.49%和17.17%，2013~2015年到期偿还的分别占11.37%、9.28%和7.48%，2016

年以后到期偿还的占 30.21%。由于融资平台公司举借的债务资金主要投向回收期较长的公益或准公益性项目，具备持续现金流的能力较差，2010 年，有 26.37% 共计 1734 家融资平台公司出现亏损。见图 11.13。

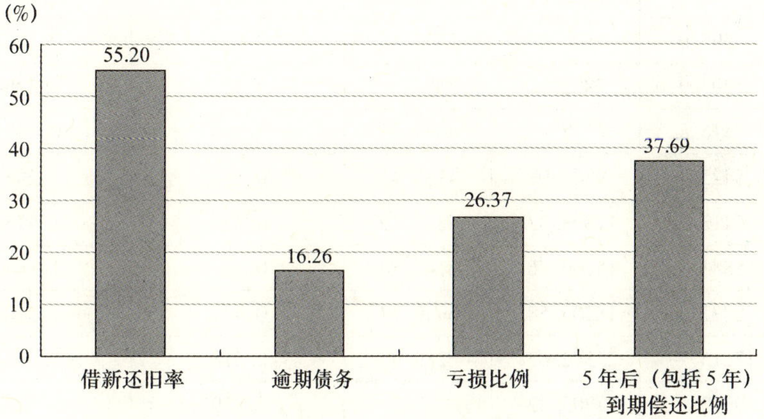

图 11.13　2010 年银行对地方融资平台贷款的风险一览

资料来源：审计署，《全国地方政府性债务审计结果》报告，2011 年 6 月。

（四）土地增值收益分配不公平

由于地方政府具有合法低价强制征用农民土地和独家出让土地的权力，地方政府成为土地增值收益的主要获得者。1999～2009 年，国有土地出让收入成交价款与地方财政收入之比从0.092∶1提高到0.437∶1，国有土地出让成交价款与地方预算外收入之比从0.163∶1提高到1.942∶1（见表 11.8）。土地出让收入在地方发展中的作用越来越显著。2008 年金融危机以来，地方政府对土地财政的依赖不仅没有减轻，反而进一步强化，尤其城市政府对土地财政的依赖更强。

由于城市土地国有和农村集体所有两种所有制的存在，以及任何单位用地都得使用国有土地，土地增值收益主要归城市政府，土地出让收入的使用也主要在城市，造成土地出让收益在城乡使用不平衡。目前，用于城市的部分主要有城市建设、国有土地收益基金和保障房安居工程。2008～2010 年，城市建设支出占土地出让收益的比例分别为 66.27%、48.64% 和 61.65%，平均为

表 11.8　1999～2009 年国有土地出让收入成交价款及其与地方财政收入和预算外收入之比

年份	成交价款（亿元）	地方财政收入（亿元）	地方预算外收入（亿元）	土地出让收入与地方财政收入之比	土地出让收入与地方预算外收入之比
1999	514.3	5594.87	3154.72	0.092	0.163
2000	595.6	6406.06	3578.79	0.093	0.166
2001	1295.9	7803.3	3953	0.166	0.328
2002	2416.8	8515	4039	0.284	0.598
2003	5421.3	9849.98	4187.43	0.55	1.295
2004	6412.2	11893.37	4348.49	0.539	1.475
2005	5883.8	15100.76	5141.58	0.39	1.144
2006	8077.6	18303.58	5940.77	0.441	1.360
2007	12216.7	23572.62	6289.95	0.518	1.942
2008	9943.9	27703.42		0.359	
2009	14239.7	32580.74		0.437	

资料来源：历年《国土资源统计年鉴》。

58.76%；国有土地收益基金占土地出让收益的比例分别为6.77%、6.41%和8.25%，平均为7.43%；保障房安居工程支出占土地出让收益的比例分别为3.19%、2.72%和3.80%，平均为3.37%。三项合计分别为76.23%、57.78%和73.70%，三年平均为69.56%。相应的，土地出让收益用于农村、农业的部分仍然偏低。从支出项目看，用于农业、农村的部分主要为农业土地开发资金、农村基础设施建设资金。2008～2010年，农业土地开发资金占土地出让收益的比例分别为2.76%、2.08%和1.55%，平均为1.94%；农村基础设施建设占土地出让收益的比例分别为7.41%、6.31%和8.36%，平均为7.58%；土地出让收益用于农村的部分合计分别为10.18%、8.39%和9.91%，三年平均为9.52%。随着加大土地出让收入对农业、农村的支持力度，以及计提教育资金、农田水利建设资金等相关政策的落实，土地出让收益支出结构会发生相应变化，城市建设支出占土地出让收益的比重预计将逐步降低。农民在土地出让收入中的分配不合理。5年来，尽管各地的征地补偿标准普遍提高了30%以上，但其在土地出让收入中所占比重不仅没有上升，反而大幅降低了。据对辽宁、浙江、河南等三省的征地补偿费和土地出让收入统计，2007年，三省的征地补偿费占土地出让收入的比重分别为16.82%、8.62%、19.58%，2010年变为10.37%、2.91%、12.99%，下降了1/3以上。

（五）加大社会风险

通过对2003年以来国内媒体公开报道的127个征地上访和群体性事件的分析，征地引发的群体性事件呈加重和易发、多发态势。从时间顺序来看，2003年以来，由征地引发的冲突和群体性事件发生频率呈加大之势。在127个被报道事件中，2007年以后明显增加，2010年频繁发生，达到45件。2010年和2011年两年发生的征地群体性事件就占到2003～2011年被报道事件的62%（见图11.14）。从地区分布来看，征地冲突案件不仅分布广，而且经济越发达地区，冲突爆发越集中。这127个征地冲突事件分布于27个省（直辖市、自治区）、113个县（区）。其中，经济最发达的广东省有24个，涉及17个县（区）；其次是河南省，有12个，涉及12个县（区）；河北9个，涉及9个区县；北京8个，涉及8个区县；江苏8个，涉及7个区县；浙江7个，涉及4个区县（见图11.15）。

面对征地问题，被征地农民多采取集体上访方式。一旦属地政府不能妥善解决，就走上一级上访路。根据媒体报道事件的不完全统计，有52例报道采取了上访来解决问题，其中43例是采取集体上访。农民采取集体上访办法，主要是因为征地一般会占一村甚至几个村的土地，影响到一方百姓的生计。为了解决征地问题，被征地农民首先到乡镇上访，在43起集体上访事件中，有11起是先上访到乡镇，然后是到区县一级，有9起，再到地市一级，有8起，甚至有3起集体上访到省一级和2起上访到国家级。事件波及的范围，有83起在乡镇范围，77起到了区县一级，59起到了地市一级，21起到了省一级，到国家一级的有8起。在利益诉求得不到满足的情况下，被征地农民往往采取极端的方式。这些方式越来越危及社会稳定，造成的社会反响也越来越大。

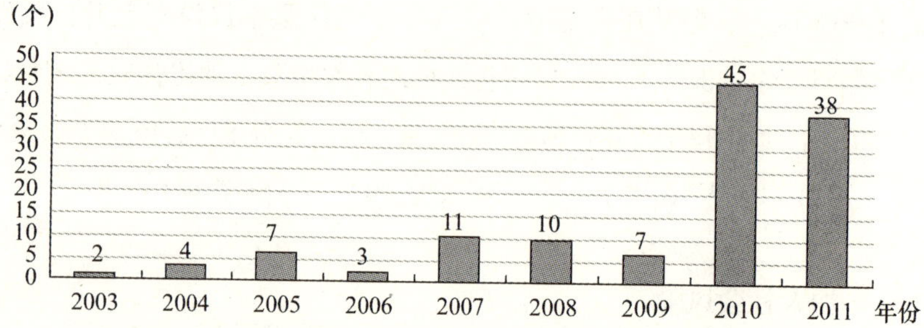

图 11.14　2003 年以来媒体报道的征地冲突案件年份分布

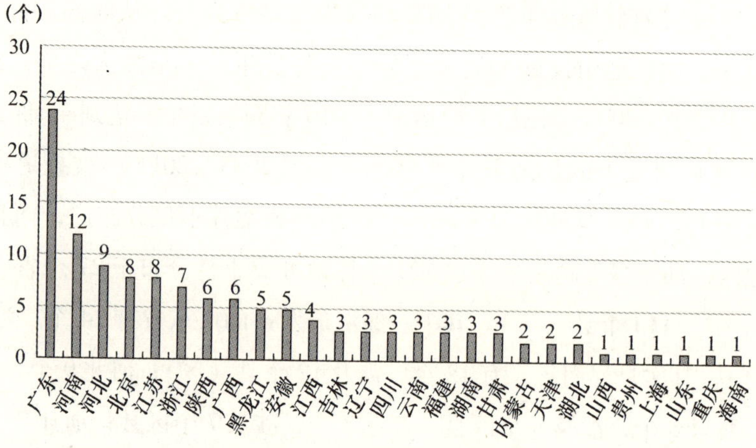

各省因征地引发的冲突案例数

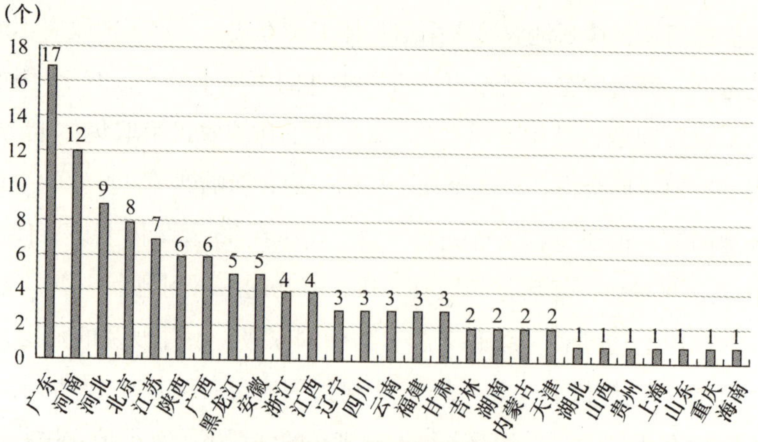

各省征地冲突案件涉及区县数

图 11.15　2003 年以来征地冲突事件地区分布

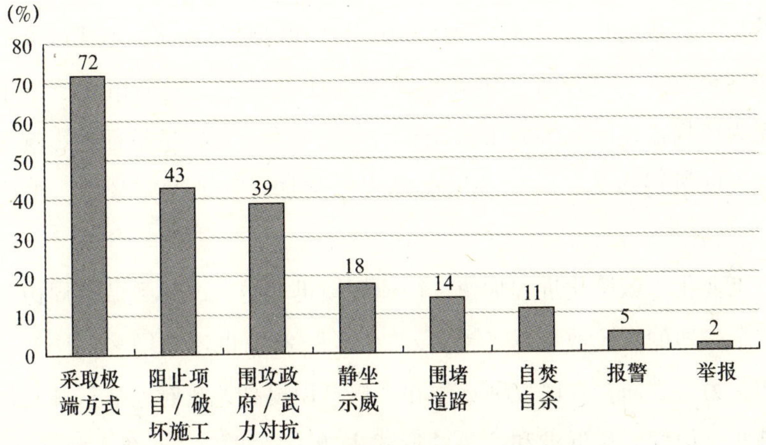

图 11.16　农民在征地中的反应方式

在 127 起所报道的征地冲突事件中，农民采取的方式中，有 72 起是极端的方式。其中，39 起采取围攻政府或武力对抗，18 起采取静坐示威，14 起采取围堵道路，43 起采取阻止项目及破坏施工的方式，拒绝合作的 17 起，还有 11 起采取自焚自杀的最极端、最无助的方式；而采取正当方式的很少，只有 2 例举报、5 例报警、12 例向法院起诉（见图 11.16）。从冲突事件细节来看，农民之所以不选择正当途径，主要是因为这几种方式难以解决农民的利益诉求。于是，他们采取非正当途径，以扩大影响，给地方政府施加压力，以求获得问题的解决。但是，非正当方式一般波及的人群数量大，时间长，手段极端，容易造成冲突升级和不可控局面，对社会稳定造成极大影响。在我们所能掌握的数据当中，冲突事件卷入人数最多的达 20000 人。有 58 个案例有具体的伤亡人数记录，其中，发生死亡情况的案例有 25 个。最多的伤亡人数是 157 人，最大的死亡人数是 6 个（见表 11.9）。

表 11.9　　征地冲突事件的伤害程度

具有伤亡人数数据的案件数	58	具有死亡人数数据的案件数	25
其中伤亡最多的人数	157	其中死亡最多的人数	6

从上一轮经济发展的经验教训来看，现行征地模式导致农民失去土地和丧

失发展权，成为以地谋发展的受损群体；土地增值收益分配不公，成为引发社会矛盾的焦点；政府作为强征、强拆农民土地和房屋的主体，造成政府与农民关系紧张甚至对立。这种政府主导的征地拆迁模式还造成城市化成本不断攀升，表现为违规违建导致的城市拆迁费用大幅上升；农民抵抗征地影响项目实施，导致发展机遇丧失；失地农民群体规模增加，征地冲突频发，维稳成本提高。

随着工业化、城镇化进程加快，征地规模迅速扩大，导致城镇周边、城郊结合部完全失地的农民数量越来越多，“三无”农民也逐渐增多，社会不安定隐患增加。另一方面，农民权利觉醒和维权意识提高，政府地征到哪儿，农民抗争到哪儿，他们表达诉求和抗争的形式也越来越极端，涉及人群越来越多，时间越来越长，直接危及社会稳定。在社会转型中，社会和谐成为与发展同等重要的问题，政府维稳成本越来越高。

我国现行的征地制度对于保障国家经济建设，加快工业化和城市化进程，起到了重要的支撑保障作用。但是，随着土地增值收益的大幅攀升，以及土地利益分配不公越来越严重，低价、强制的征地模式，已经造成社会不稳定，影响社会和谐，危及国家长治久安，已经到了难以为继的地步。

四、征地制度改革的探索与进展

针对征地制度存在的问题，中央和地方政府从 20 世纪 90 年代中后期便开始征地制度改革的试验和探索，对征地制度问题的表现认识不断深化，对改革征地制度的需求越来越迫切，地方试验也取得了一定进展，改革的思路越来越明晰。但是，围绕如何改革征地制度的争论也一直未有平息过。

（一）肇始于经济较为发达地区的多种补偿安置模式

20 世纪 90 年代，发达地区工业化、城镇化快速推进，用地量随之大增，地方政府的财力也有所增强。农民在征地中的要求也越来越高，完全依据

《土地管理法》规定的标准对农民进行补偿，已经很难满足要求。发达地区根据经济发展的需要，自行发起了探索尝试。如南京市进行了征地补偿安置的货币化改革尝试；广东实行了留地安置；浙江也采取了征地后为农民留下发展用地的办法，为被征地农民建立社会保障；福建采取了给农民留发展用地，农民建设厂房用于出租；上海尝试在高速公路建设中不改变土地所有权，农民以土地入股，建成后农民分红的做法。国土资源部从1999年开始在全国安排了两批共19个城市在征地补偿安置、征地程序等不同方面开展试点，探索征地制度改革之路。这一阶段改革的特点是自下而上的探索和自上而下改革相结合。对地方在实践中创造的取得较好效果的做法，国土资源部及时跟踪调研总结，促进地方经验及时转化为政策文件，再自上而下地推动改革。

（二）以提高补偿标准为导向的探索

征地制度改革的路线之争自改革开始以来一直存在。激进的改革派认为现行的征地制度严重剥夺农民，政府垄断土地一级市场，通过低买高卖来以地生财。解决问题的根本出路，是要彻底改革征地制度，赋予农民完整的土地产权，彻底改变政府垄断一级市场的做法。温和的改革派承认现行制度的合理性，认为目前征地制度存在的主要问题是对农民的补偿低，今后应把改革的重点放在提高补偿标准上。这样的争论一直持续，直到2004年国务院发布28号文件，确定了提高补偿标准，建立社会保障制度等主张。2004年国务院发布的28号文件，在征地制度改革上的一个主要方面就是，要求省、自治区、直辖市人民政府要制定并公布各市县征地的统一年产值标准或区片综合地价，征地补偿做到同地同价。同时还建立了被征地农民的社会保障制度。从此征地制度改革的主要任务就是全面推行征地区片价和统一年产值。2005年7月，国土资源部发出《关于开展制订征地统一年产值标准和征地区片综合地价工作的通知》，（国土资发［2005］144号），并以附件的形式颁布了指导性意见。要求各地在征地中，必须按照征地统一年产值标准和征地区片综合地价对农民补偿。可以说统一年产值标准和征地区片综合价是这一阶段征地制度改革的核心和重点。这一阶段的特点是国家强力推动统一的补偿标准，对地方在其他方面的创新探索强调的不够。统一年产值标准和征地区片综合地价突破补偿倍数限制的办法，到2010年为止，已经在全国范围内普遍实施。28号文件还确立了为被征地农民建立社会保障等制度，将征地制度改革又向前推进了一步。但还未触及征地制度的实质性改革。

2005年国土部下发《关于开展制订征地统一年产值标准和征地区片综合地价工作的通知》，将土地的区位因素、土地供求关系的市场因素、社会经济发展水平和城镇居民最低生活保障水平等因素考虑了进去。各地征地补偿标准普遍提高了20%～30%。

2001年开始，国土部启动征地制度改革试点工作，由各地先行试点。黑龙江省从2000年起，在全省实行了各市、县主要地类的征地统一年产值标准的做法；浙江省杭州市、江苏省南京市和苏州市也从2000年起不再以产值倍数来测算补偿费用，而是综合考虑土地用途、土地区位条件、当地经济发展水平和土地供求关系等因素，结合当地城镇居民社会保障水平，确定征地补偿标准。在试点基础上，国土部于2005年下发《关于开展征地统一年产值标准和征地区片综合地价工作的通知》（国土资发［2005］144号）。所谓征地统一年产值标准，就是在一定区域范围内（以市、县行政区域为主），综合考虑被征收农用地类型、质量、等级、农民对土地的投入以及农产品价格等因素，以前三年主要农产品平均产量、价格为主要依据测算的综合收益值。征地补偿费用在统一年产值标准的基础上，根据土地区位、当地农民现有生活水平和社会经济发展水平、原征地补偿标准等因素确定相应的土地补偿费和安置补助费倍数进行计算。所谓征地区片综合地价，是指在城镇行政区土地利用总体规划确定的建设用地范围内，依据地类、产值、土地区位、农用地等级、人均耕地数量、土地供求关系、当地经济发展水平和城镇居民最低生活保障水平等因素，划分区片并测算的征地综合补偿标准（原则上不含地上附着物和青苗的补偿费）。征地区片价测算范围重点在土地利用总体规划确定的城市、集镇建设用地规模范围内，但各地可以根据征地需要和实际情况扩展到城市郊区或更大范围。由此可见，尽管区片综合价考虑了被征地农民的土地发展权，但是，执行这一标准的范围仅限于城市和集镇范围，在这一范围之外的大量征地，仍然按照产值（即原用途）标准进行。迄今为止，中国的土地征用仍然限于原用途补偿原则。

（三）以缩小征地范围为目标的改革方案形成

进入21世纪以来，党中央、国务院的相关文件和领导讲话反复强调要推进征地制度改革。2003年的十六届三中全会提出，“按照保障农民权益、控制征地规模的原则，改革征地制度，完善征地程序。严格界定公益性和经营性建设用地，征地时必须符合土地利用总体规划和用途管制，及时给予农民合理补偿。”十六届五中全会提出：“加快征地制度改革，健全对被征地农民的合理补偿机制。”十六届六中全会《中共中央关于构建社会主义和谐社会若干重大问题的决定》也提出：从严控制征地规模，加快征地制度改革，提高补偿标准，探索确保农民现实利益和长期稳定收益的有效办法，解决好被征地农民的就业和社会保障。2005年中央1号文件《中共中央、国务院关于推进社会主义新农村建设的若干意见》“推进征地、户籍等制度改革，逐步形成城乡统一的要素市场，增强农村经济发展活力。”2006年中央1号文件明确提出，“加快征地制度改革步伐，按照缩小征地范围、完善补偿办法、拓展安置途径、规范征地程序的要求，进一步探索改革经验。”2008年中央1号文件，“继续推进征地制度改革试点，规范征地程序，提高补偿标准，健全被征地农民的社会保障制度，建立征地纠纷调处裁决制度。”2008年10月，党的十七届三中全会召开，对今后的土地制度改革做出了重大安排。会议提出：“在土地利用规划确定的城镇建设用地范围外，经批准占用农村集体土地建设非公益项目，允许农民依法通过多种方式参与开发经营并保障农民合法权益。”从此，缩小征地范围正式提出，并开始安排试点。

2010年，国土资源部启动新一轮征地制度改革，在国家综合改革试验区等确定11个城市开展征地制度改革试点。试点的主要内容包括三方面：一是区分公益性和非公益性用地，缩小征地范围；二是完善征地补偿安置机制；三是改进农用地转用与征收审批方式。在天津、重庆、沈阳、武汉、长沙、成都进行缩小征地范围的试点，探索合理界定征地范围，非公益性用地取得方式，维护农民土地财产权和发展权。其中，天津、重庆、成都同时开展农用地转为建设用地的“征转分离”审批制度改革的试点；在唐山、杭州、佛山、南宁、西安开展征地拆迁补偿安置及房屋拆迁补偿试点。

国土资源部《关于开展征地制度改革试点工作的指导意见》中对非公益用地项目作了界定，主要包括经依法批准建设的旅游娱乐、商业服务、工业仓储等类型。确定了缩小征地范围的区域，在土地利用总体规划确定的城镇建设用地范围内，除法律规定可使用农民集体土地外，建设用地涉及农村集体土地的原则上予以征收；在土地利用总体规划确定的城镇建设用地范围外，非公益性用地退出征地范围，经批准以其他方式取得农村集体土地。这一阶段的改革开始触及征地制度实质的征地范围的试点，但遗憾的是由于时间短，试点范围小，未见成效。

（四）对征地制度改革探索的简要评论

征地制度改革经过十几年的探索，地方政府和农民的法律意识都有所提高，征地补偿标准有了提高，安置渠道也有更多选择。建立了被征地农民的社会保障制度，征地程序越来越健全，征地需完成公告、确认、听证等程序并落实被征地农民的社保后，才能履行生效。政府权力受到越来越多的约束，农民的土地财产权利逐渐扩大。

但是，也还存在着以下不足之处。

一是对征地补偿标准一直采取原用途补偿。纵观几十年的变化，应该说征地补偿标准是在逐年提高的，但按被征土地原用途，即农用用途的产值倍数进行补偿的基本思路一致未变。这种思路的要害在于剥夺了农民分享土地增值收益的机会，农民只能按土地的农业用途获得补偿，不能获得土地用于工业化城市化产生的增值收益。中国已进入工业反哺农业、城市支持农村的发展阶段，应尽快结束这种原始积累模式。市场经济条件下，应当与时俱进地对征地补偿价格形成机制进行调整。

二是征地补偿依然采取政府定价。无论是以年产值倍数进行补偿，还是按国务院 28 号文规定的以统一年产值标准或区片综合地价进行补偿，本质上都是政府定价。而且对宅基地和农民住房没有完整的、明确的补偿规定。

三是征地区片价和统一年产值在实施中存在一些问题。第一，各地基本已经普遍采取协商谈判地价的情况下，仍然出台省级区域的征地区片价及统一年产值不可能取得较好的效果。在征地中，实际的补偿价远远超过按照统一年产值倍数法，超过了《土地管理法》规定的倍数，尤其是经济发达地区，各地征地报批案卷中上报的往往并非实际的征地补偿，这一点在发达地区表现得尤其突出。第二，征地区片价及统一年产值出台的初衷主要是为了解决“同地同价”问题，但是在解决了“同地同价”问题的同时，又带来了“不同地同价”问题。由于统一年产值将县域范围内划分为若干个区域，在同一区域内的土地，不论是耕地还是菜地，水田还是旱地，都不做区分，按照统一的产值倍数补偿，带来了不同地同价问题，引起农民不满。第三，按照规定，每 2 至 3 年对区片价和统一年产值进行调整，又给当地政府带来了很大麻烦。征地标准应该逐步提高，各地普遍认同，但是认为规定补偿标准的调整期限，给当地征地带来很大问题。原有的征地农民往往会要求按照新的补偿标准给予追加，准备开始实施征地的地区，农民对新的提高后的补偿标准有期待，影响征地正常进行。

四是关于征地范围的试点未取得成效。新一轮的征地制度试点已经进行了一年，经批准进行缩小征地范围试点的城市，基本上未对缩小征地范围进行尝试探索，而对于批准其进行的农用地转为建设用地的“征转分离”普遍投入很高的热情。可以认为，本轮以缩小征地范围为主要目的的征地制度改革探索，未得到试点城市的支持和认同。也可以认为，城市政府及土地管理部门，对缩小征地范围基本没有积极性，而对征地制度改革的附属产品，以简化建设用地审批权力为目的的农用地转为建设用地的征转分离试点，却得到了地方的普遍欢迎。

究其原因，可以概括为几点：第一，公共利益没有明确的界定。关于公益的界定，这是由中国目前有关征地的法律规定而引起的对政府征地权行使范围的探讨。首先，从各试点城市的实践看，没有一个城市能够结合自己的实际给出一个概括式的定义或列举式的目录；即使地方能够从理论上把“公共利益”准确、严密地界定，地方到底有没有从法律上界定“公共利益”的权力？第二，涉及征地范围的讨论时，大家往往定性分析多定量分析少，推理论证多实证分析少，罗列现象多刨根问底的探究少，这种粗线条的论断虽然把握了方向但针对性不强，可操作性不强。对缩小范围进行测评，到底有多大量没有准确的估算。第三，《中华人民共和国土地管理法实施条例》第二十三条规定，“具体建设项目需要使用土地的，必须依法申请使用土地利用总体规划确定的城市建设用地范围内的国有建设用地。能源、交通、水利、矿山、军事设施等建设项目确需使用土地利用总体规划确定的城市建设用地范围外的土地，……”政策隐含的意思是，只有“能源、交通、水利、矿山、军事设施”等建设项目才能在土地利用总体规划确定的城市建设用地范围外用地，此外的一切用地均需要使用城市建设用地范围内的国有建设用地。按照这一法律规定，十七届三中全会提出，“在土地利用规划确定的城镇建设用地范围外，经批准占用农村集体土地建设非公益项目，允许农民依法通过多种方式参与开发经营并保障农民合法权益。”在法律意义上根本就是不存在的。第四，如果不征收，就要使用集体建设用地，迄今国家层面上尚未出台有关法律政策规定，使用集体土地搞建设没有相关的法律政策支持。

五、改革征地制度的基本思路

党的十六大以来，不断提出“执政为民”、“权为民所用、情为民所系、利为民所谋”以及“科学发展观”的执政理念。中国仍处于工业化、城镇化快速发展期，农地非农化将在一段时期内处于高峰期，由土地利益引发的社会矛盾也将进入激化期。面对征地事件频发的现实，如果继续沿袭现行以征地谋发展模式，不顾及农民的土地权益，不切实解决失地农民的长远生计，片面地将征地等同于发展，势必招致农民群众的抵制，造成政府与农民的对立，破坏党和政府在农民群众中的形象，损害党和政府的公信力。为此，必须以科学发展观为指导，根本改革征地制度，转变以地谋发展模式，保障经济社会可持续发展。

（一）落实《宪法》唯公共利益的实施征地之原则

中国过去30多年的经济发展，得益于靠征地保障土地供应的方式。在计划经济时期，一切经济建设就是为了公共利益，因此，只要从事建设，就以征地方式供地，无论在理论逻辑和义理性上都还能够被人们接受。但是，在实行中国特色的社会主义市场经济以后，中国在土地获得和供应上，不仅没有向成熟市场经济国家和地区的做法趋近，反而强化了征地对经济发展的用地保障。按照现行土地管理法律规定，任何单位从事建设都必须使用国有土地，国有土地主要通过征用农民集体所有土地来实现。这样，随着工业化、城市化进程，农民集体土地只有通过征地变为国有土地，才能合法进入非农建设管道。由此，一方面造成农民集体土地失去参与工业化、城市化的权利和分享土地非农化进程中的增值收益的权利；另一方面形成政府垄断土地一级市场格局，一手低价强制征用农民土地，一手高价出让土地牟利，造成政府职能错位、土地市场扭曲和寻租行为。因此，在朝向更完善的社会主义市场经济进程中，为了保障中国基本实现工业化、城镇化，必须根本改变现行制度下靠征地保障一切非农建设用地的格局。具体建议如下：

第一，明确界定公共利益征地的范围。正如我们在前面已提到的，中国的历次《宪法》及其修正案均明确了公共利益的征地原则，但是，迄今为止，不仅没有就征地范围进行规范，而且征地用途越来越宽泛，这是与建立现代社会主义市场经济国家的基本方向不一致的。当前和今后一段时期，必须借鉴成熟市场经济国家和地区的经验，结合中国经济发展所处的阶段，对允许政府征地的范围进行明确限定。鉴于公益性目的内涵争议较大，难以达成一致，作为过渡性方案，可以先制定非公益性目的征地的否定性目录，就赢利性目的的用地，一律不允许征地。

第二，改革一切非农建设靠征地保障土地供应的格局。除了公益性目的的用地外，其他非农建设用地，无论是城市建成区范围内的用地需求，还是城市建成区范围外的用地需求，只能通过市场交易方式获得。

第三，缩小土地划拨范围。进一步加大国有土地市场配置改革，逐步缩小划拨用地范围，不断扩大有偿使用覆盖面，最终取消土地供应“双轨制”。对具有竞争性、取得经营收入、改革条件成熟的基础设施、市政设施以及各类社会事业用地中的经营性用地，先行实行有偿使用。近期，除军事、保障性住房、涉及国有安全和社会公共秩序的特殊用地可以继续划拨使用外，其他各类建设用地应全部实行市场配置。

（二）改变城乡分治格局，实现两种土地所有制的权利平等

与现代市场经济国家和地区相比，中国土地制度的最独特之处在于实行城乡分治。尽管中国也建立了土地用途管制制度和规划管制制度，但是，与主要市场经济国家和地区相比，还增加了一道所有制管制。也就是说，即便符合用途管制，农民集体的土地只有通过征用转为国有，才能合法进入非农用地市场。正是存在所有制管制，城市政府可以通过规划调整，将农民集体土地划入城市国有土地，并通过规划管制限制农民集体所有土地的使用、收益与转让权。因此，土地的城乡分治，造成农村集体土地与国有土地权利的不平等，形成工业化、城镇化进程中的土地国有化趋势。土地的城乡分治格局不改变，城市化进程中的农民土地权益就得不到保障，土地转换中的城乡不平等就不可能改变，结构转型中的社会不稳定就会加剧。因此，我们建议：

第一，严格用途管制，强化城市规划刚性，取消土地所有权管制。必须切实落实用途管制，强化土地利用总体规划对耕地保护和城市用地规模的管控作用，以法律手段保证土地利用总体规划的监督和实施。根据未来经济发展规

划，实现土地利用总体规划与城市总体规划的融合，落实规划对经济发展的引领作用。确定各级城市（镇）边界和拓展边界，制止城市蔓延。在严格用途管制和规划管制前提下，取消所有制管制，即，在土地农转非及土地使用时，只要符合用途管制和规划，无论是国有土地使用人还是集体土地所有者，都能平等地进入土地非农用市场，平等参与工业化、城镇化进程，并公平分享土地增值收益。

第二，明确城市用地范围。鉴于城乡分治下，城市土地国有，农村集体土地属于国有，为了改变城市政府通过规划修编，扩展城市范围，造成事实上的土地国有化趋势，建议在现行《土地管理法》“城市市区土地属于国有”条款中，明确城市市区的内涵，明确界定城市市区的范围，防止城市蔓延。

第三，允许城市建成区外的农民集体土地，除了公共目的用途使用实行征收外，只要符合用途管制和规划，即可不经过征地，进入非农用地市场。

第四，对于城市范围内的现状集体土地和开发区集体土地，建议采取区段征收办法，保留一部分集体土地所有制性质不变，将其纳入规划，供农民合法使用，其余土地进入国有土地市场，实现土地溢价用于城市基础设施和公共建设。

（三）逐步实施对被征地者的市场化与财产性补偿

如何实行对被征地农民的补偿，关乎失地农民的生计，也关乎社会公平。在各国经济发展进程中，对被征地农民的补偿经历了低额、非市场性不断趋近市场化补偿的过程。如在中国台湾地区，土地征收以公告价为依据，公告价一般为市场价的70%～80%。新加坡直到2008年，一直以1973年的土地公告价为标准征地。不管怎样，一个基本趋势是，随着经济发展水平提高，政府财力增强，土地征收一般朝向按市场价为依据补偿。在中国，土地补偿费过低，影响被征地农民生计，既是一个经济问题，也越来越成为一个社会问题。正如我们前面回顾中所明示的，近年来，中国征地制度改革的探索也基本上是围绕提高补偿标准和提供被征地农民社会保障制度展开。从实施情况来看，这一改革方案并不为农民所接受，原因是，土地转用的过程中，土地升值过快，被征地农民所得甚少。但是，在征地改革讨论中，理论争论陷入混乱。一种观点是认为应坚持原用途补偿原则，另一种观点认为应按土地作为资产的价值补偿。原用途补偿原则受到的质疑是，原用途所指为何？一块土地昨天种植粮食，今年种花，原用途是哪一种？土地资产补偿论受到的质疑是，土地价值增值与区位高度相关。也就是说，一块处于城市化区位的土地的价值与一块传统农区的土地的价值不具有可比性。因而，当一块传统农区的土地被征收时，只能是按该块土地农用时的市场价格进行赔偿。同样，一块城市化区域的土地被征收时，也得按其市地的市场价格进行赔偿。因此，我们的观点是，被征地的补偿既要符合公平原则，对被征地者予以财产性补偿，也要遵循土地价值形成的经济学原则，对不同类土地采取基于其用途的补偿。具体建议为：

第一，当政府在征收农地时，对被征地者应按农地的市场价进行补偿。考虑到维持被征地农民的长久生计有保障，在对其进行土地补偿的同时，还要建立被征地农民与市民同等的社会保障制度。

第二，当政府征收城市化区域的土地时，应对被征地者按相邻土地的市场价格进行补偿。考虑到土地市场价格补偿会给政府带来巨额财务负担，可以考虑市地重划和区段征收办法，让被征地农民与政府进行土地的合作开发，既减轻政府财务负担，也能使原土地所有者从土地价值提升中获益，既解决了农民长久生计，也缓解了征地拆迁产生的社会矛盾，可谓一举多赢的政策办法。

第三，对不同区域因土地增值差异导致的不公平，采取土地发展权转移办法。土地发展权又称土地开发权，是指通过改变现有土地的使用用途和利用强度来对土地进行开发的权利。土地发展权制度主要由土地发展权转让制度和土地发展权征购制度组成。土地发展权转让制度是将土地区分为受限制开发区和可开发区。土地发展权转让区是根据规划需要保护的区域或者是禁止工商业开发的区域，通常是农业用地区、自然环境脆弱区、需要保存开阔空间地带区、野生动植物栖息区、历史性建筑保护区以及环境保护区等；土地发展权受让区是根据规划可以进行土地开发建设的区域，通常是城市中心地带。土地发展权转让制度的实施由政府主导建立土地发展权交易市场，以方便受限制开发区和可开发区之间的土地权利人开展土地发展权的交易。交易的基本流程是受限制开发区卖出土地发展权，可开发区买入土地发展权。买入土地发展权的土地开发商可以享有在可开发区原有土地上进行额外开发的权利，从而获取更多的土地增值收益；卖出土地发展权的受限制开发区的土地所有者此时有两种选择：一是保留土地发展权，即不转让土地发展权，并继续按照原来的土地规划用途来利用土地；二是卖出土地发展权，获得一定的经济补偿。当然，在土地发展权卖出后，土地的原有用途就被明确固定下来，土地权利人只能按原用途来利用土地，而不能改变原用途以寻求更大的发展机会。通过土地发展权的转让，在土地受限制开发区和可开发区之间架起调节这两类地区因土地用途管制而产生的利益不平衡的市场协调机制。

（四）改革土地财政和政府经营土地格局

政府经营土地，世界各国的法律、制度都是禁止的。中国的政府经营土地制度，是在计划经济向市场经济转轨过程中逐步形成的，有其历史的原因。在从计划经济体制向市场经济体制转轨的过程中，政府经营土地对于城市土地市场化改革，曾经发挥过正面的推动作用；在工业化和城镇化的浪潮中，政府经营土地也有积极的贡献。但是随着历史的演进，其弊端日益突出显现，已经成为阻碍科学发展的一个主要制度障碍。政府经营土地，是保护耕地的国策不能得到落实的最主要的原因；导致与民争利，是社会分配不公的重要原因；土地财政和土地金融透支未来，孕育着政府信用危机和财政、金融风险，导致政府行为扭曲、失控。必须在推进征地制度改革的同时，对政府经营土地予以改革。我们建议：

第一，改革集土地管理与土地经营于一身的行政体制，把土地经营职能从土地管理部门分解出去。参照国有企业改革的经验，可以考虑成立类似国资委那样的国有土地资产管理委员会，作为政府机构，专门负责组织领导经营国有土地方面的工作。同时，成立国有土地公司等经济组织，把需要经营的国有土地交给他们参与市场运作，或转让，或出租，或联营，或入股，负保值增值的责任，并向国家财政上缴土地收益。这些经济组织作为市场主体，按照统一的市场规则，接受政府的调控和监管。作为国有公司，还要接受新成立的国有土地资产管理委员会的管理和指导，必要时也要服从国家的要求，承担一定的土地参与宏观调控的责任。

第二，把经营土地的职能分解出去以后，各级政府的土地管理部门都专注于管理，不会再发生不同层级政府的职能错位问题。政府也不再是“运动员”，避免了与民争利，可以大大提高政府管理的公信力。其核心管理职能，一是严格实施土地利用规划，加强土地用途管制；二是平等保护各类土地产权，构建城乡统一的土地市场；三是运用土地政策，参与宏观调控。至于非经营性的国有土地，例如划拨供地、低价供地等，作为土地政策参与宏观调控的手段，仍由管理部门负责运作。

第三，把管理土地与经营土地的职能分开及财产税制度建立以后，还应进一步规范政府土地出让收入的支出。主要改革方向是建立规范化的政府土地基金，一般情况下的年度支出，只能动用利息，不能动用本金。这样才能彻底切断城市建设对增量土地出让收入的依赖，才能从根本上改变外延扩张的增长方式。

（五）实现土地增值收益的公平、公正分配

土地增值收益归属问题是土地经济学中的一个古老话题。这一命题最早于1879年由英国人亨利?乔治在他那部影响深远的书《进步与贫困》中提出。在他看来，随着工业化城市化的到来，财富不断增长，物质不断进步，但是，贫困不仅没有消除，反而成为时代的大问题。根子在于土地问题。土地和其他自然资源本来是自然赋予的，人人都有对它的平等需要，人人都有使用它的平等权利。土地的价值也不依赖于单个土地所有者的努力，是全社会共同努力的结果。问题就出在，法律把上升的土地价值赋予了持有土地的人，造成地主独占地租，坐享其成，不劳而获。他提出的解决土地增值收益分配问题的办法

是，将地租充公，而不是把土地充公。二战以后，一些后发国家利用这一理论，实行土地重划，推进了城市建设和城市更新。

在中国，土地增值主要是在城市开发和建设过程中，由农用地、集体土地转变为建设用地、国有土地过程中产生的。一是土地用途改变，即由农用地转变为建设用地引起的增值，这种增值是由公共部门编制并发布实施的土地利用总体规划、城市规划决定的；二是由于基础设施的改善所引起的增值，而基础设施的投资和建设也主要由政府和公共部门实施；三是由于土地资源总量有限、资源稀缺等因素引起的增值；四是投资的增加、土地利用效率的改善所引起的增值。前三种情况产生的增值，应该归属整个社会，即所谓“涨价归公”。在中国现行土地制度下，征地过程中对被征地农民按土地原用途进行补偿，土地增值收益主要归城市政府。近些年来，相继出台政策力图扭转土地增值收益分配在城乡之间的失衡。1998 年修订《土地管理法》时规定，政府征收一定的新增建设有偿使用费用于农村土地整理与复垦。2004 年国务院出台 8 号文规定，土地出让平均纯收益的 15% 用于农业土地开发。同年出台 28 号文规定，土地出让收益可用于补贴征地补偿支出费用的不足。后又相继出台政策，要求地方政府将土地出让净收益的 10% 用于保障房建设，10% 用于农田水利建设，土地出让收益的 10% 计提教育资金。但农村、农民在土地增值收益分配中比例偏低的局面没有根本改变。我们建议：

第一，加快推进征地制度改革。进一步完善征地补偿安置制度，拓宽安置途径，探索留地安置、土地入股等多种模式，实现“保权让利”或“转权让利”，确保农民长远生计；完善征地补偿争议协调裁决制度，畅通救济渠道，维护农民土地合法权益。

第二，区分“涨价归公”与“涨价归政府”，防止“归公”的土地增值变成地方政府，乃至部分地方政府官员的体制外收入，保证“涨价归公”的土地增值回馈社会。

第三，建立土地基金制度。将一定比例的土地收益归集起来，用于调剂丰欠余缺，平抑市场波动对地方财政的影响，实现土地收益的“年际”合理分配。

六、征地制度改革的现实选择[①]

征地补偿制度最重要的是，要把征地补偿和对被征地农民的长远安置区别开来。征地补偿是按照土地财产的市场价格对被征地农民进行的补偿；征地安置是按照社会公平原则由国家对被征地农民进行的失地救助和长远生活保障，最重要的是就业安置。解决征地纠纷，要从国情出发，多建几道“拦水坝”，化解矛盾。

（一）科学看待征地权

要改革完善征地制度，必须对征地权作出科学界定。现代征地制度最早产生于法国，该国18世纪后期资产阶级革命胜利后产生的《宪法》确定私有财产神圣不可侵犯的原则，同时又规定国家为了公共利益需要可以征收私人财产，但必须进行公平补偿。此后各国基本遵循这一原则。

理论上征地权有几个特点：一是主权性，它是国家强制力的体现，为国家主权所固有。行使征地权是国家主权的行使行为，具有不可抵抗性质，正因为如此，西方国家大都通过《宪法》授权政府来行使这项权力。二是强制性，土地征收是将私人所有或法人所有的土地所有权强制转移为国家所有的一种行为。三是公平性，即征地目的、征地范围必须是公共目的或公共利益，必须遵循正当程序，进行公平补偿。

（二）现阶段征地制度改革的基本目标

新中国成立以来，无论是1953年制订、1958年修正的《国家建设征用土地办法》，还是1982年的《国家建设征用土地条例》和1986年的《土地管理法》，针对征地制度立法的总体思路都是将为工业化、城市化发展提供土地资

① 本节由甘藏春同志撰写。因讨论主题相同，故将其放入本章。

源作为最优先目标。虽然 1998 年修改的《土地管理法》提高了征地补偿安置标准，规范了征地程序，但基本的政策导向并没有发生质的改变。实践表明，这样的制度设计与当时整个中国的发展战略是相适应的，否则就很难解释中国 30 年来经济的高速增长。但也要看到，这个过程确实带来了耕地快速减少、牺牲部分农民利益等问题。

造成征地矛盾增多的主要原因，一是城市化、工业化进程加快，面对短时间内完成征地的压力，地方政府一定程度上忽略或漠视征地应有的法律程序，从而引发纠纷；二是征地补偿安置制度设计本身存在问题，把补偿和安置混在一起，未加区分，容易引起矛盾；三是缺乏有效的纠纷调处机制。从近几年征地的纠纷看，大多数农民不是反对征地，而是因为权利不能得到有效保证，从而产生矛盾。几方面原因叠加，加之土地作为基本的载体，由于征地可能带来其他相关的问题，从而导致征地问题成为当前社会矛盾的焦点。2007 年《物权法》颁布实施后，农民的宅基地使用权和承包经营权已成为用益物权，加上社会各利益群体的权利意识逐步增强，13 亿人口的粮食安全用地需求等因素，使得现行征地制度面临复杂艰难的境地，需要适应新形势进行改革完善。

中国正处于战略机遇期，抓住有利时期大力发展经济仍然是当前的第一要务，但发展必须践行科学发展观，切实转变发展方式，是又好又快的全面发展，而不是片面地追求 GDP。对征地制度改革而言，就是要在城市化、工业化进程中，改变过多、过快消耗农用地的状态，节约集约用地，提高用地效率，同时努力减少征地矛盾，维护社会稳定。中国现阶段征地制度改革必须实现三个目标：一要继续为城市化、工业化进程提供必需的土地资源；二要有利于保护耕地，防止耕地减少过多、过快，保证粮食安全，因为征收农村土地很大程度是占用耕地；三要保护被征地农民权益，减少征地纠纷，维护社会稳定。这三个目标作为一个有机整体，互相制衡，改革完善征地制度必须做到三者有机统一。比如，第一个目标有利于加快现代化建设进程，但过分强调这一点，处理不好就有可能牺牲后两个目标。因此，现阶段面对日益复杂的征地矛盾，征地制度改善完善的重点应该放在保护农民合法土地权益、维护社会稳定上，让被征地农民分享真正意义上的城市化成果。

（三）有效防止征地权滥用

征地权是对土地财产权的一种剥夺。为防止国家滥用征地权，不少国家都做了有益的探索，大多在《宪法》上规定征地必须是基于公共利益或公共目的。公共利益一般要求项目本身具备公益性，公共目的则具有弹性，相对比较宽泛。20 世纪初特别是 1919 年之后，由于工人运动蓬勃兴起，西方国家开始引入社会主义理念，强调对私有财产的限制，二战之后，随着国家干预、宏观调控等理论的推行，征地权的范围趋于宽泛。

如何界定公共利益是当前中国征地制度改革的一个难点。除日本等少数国家的法律列举式规定外，大多数国家界定公共利益不外乎两种方式：一种是议会决定方式，主要在欧洲，其土地法律规定凡是符合国家、地方规划的项目，经议会审议通过后都可视为公共利益；地方发展规划由地方议会决定，但必须符合中央政府的规划要求，在此前提下地方议会审议通过的项目也视为公共利益。另一种是美国模式也称法院仲裁模式，法院不是根据项目属性（私人还是国家利益）、是否盈利等裁决项目是否属于公共目的，而是通过衡平法，主要依据其社会利益是否大于私人利益来认定是否符合公共利益，掌握上相对比较宽泛。

中国在制定《物权法》的过程中，曾试图立法界定公共利益和非公共利益，但从实践来看，在当前这样快速现代化、工业化的进程中很难界定清楚。合理确定征地范围不应过分强调对公共利益的具体认定，可以引入两个机制：一是对国家项目（主要是基础设施、重点工程项目），必须符合规划，强调公共利益属性；二是对一些地方建设项目设立必要的前置审查程序，即必须在经过地方人民代表大会或人大常委会充分听证的基础上才能上报征地。这样可以使征地项目不仅具有合法性，还具有充分的民意基础，从而有效遏制征地权的滥用。

（四）完善补偿安置制度是征地制度改革的重点

从 1986 年实施的《土地管理法》到 1998 年经修订的《土地管理法》，征地补偿标准成倍增加，甚至不少地方突破了现行法律规定的“征地前三年平均产值的30倍”，但征地纠纷仍然不断。相反，计划经济时期至20世纪90年代中期，中国的征地补偿安置制度主要是以人员安置为主、货币补偿为辅的方式，征地总体上矛盾较少，因为大多数被征地农民都转户口进城安排工作，享受国家福利和保障。现在看，1998年以后基本上以货币补偿为主，未对征地补偿制度和安置制度加以有效区分，忽略了安置制度，逐渐形成了一大批无地、无业、无保障的农民，游离于城市化之外，成为社会不稳定的因素之一。尽管2004年之后重新研究征地补偿安置制度改革，提出原有生活水平不降低、长远生计有保障的总要求，建立被征地农民的社会保障制度，补偿安置费用不足部分从城市国有土地收益中补充等制度和安排，但由于一部分城乡结合部农民原有生活水平高于城市一般居民，不太愿意参加被征地农民社会保障；而另一部分农民即使转为城市户口，由于缺少城市市民的同等待遇，又缺乏谋生手段，自身没有好的发展，不少沦为城市的贫民阶层。

实行征地制度改革，总的原则应当是保证被征地农民原有生活水平有改善，长远生计有保障。要实现这一点，最重要的就是要把征地补偿和对被征地农民的长远安置区别开来。征地补偿是按照土地财产的市场价格对被征地农民进行的补偿；征地安置是按照社会公平原则由国家对被征地农民进行的失地救助和长远生活保障。将两者区别开来，短期看最直接的好处是可以避免被征地农民过多地在补偿数额上提出争议，长远看也可以培养被征地农民的自身发展能力，稳步提高其生活水平，提高社会和谐。

对被征地农民的补偿主要包括三个方面：一是对土地所有权的补偿；二是对农民房屋的补偿；三是青苗及地上其他构筑物、附着物的补偿，这些都属于农民的财产权。总的原则是按照农民财产权利的市场价格进行补偿。对土地所有权的补偿涉及按土地原用途价格补偿还是规划用途价格补偿的问题。从世界各国的实践看，欧洲等发达国家都是按照原用途补偿，因为土地的增值主要是由于整个社会发展进步，国家行使公共权力制定和实施规划带来的。有人提出，由于中国没有形成农用地市场，若按原用途补偿即按农用地价格补偿，很难确定农用地价格。实际上，各国都是由政府制定农用地价格，国土资源部在2003年已经出台了《农用地分等定级规程》和《农用地评估规程》，技术上已经不成问题。从另外一个角度看，由于土地被征收后的规划用途不同，价格差异更大，如果按照规划用途补偿，那么就会造成新的不公平。

对被征地农民的安置必须遵循社会公平原则，遵循土地社会化进程和农民市民化进程相协调、一致的原则。实现被征地农民的市民化不仅仅是给农民转户口，而是要让他们享受与城市居民同等的市民待遇，包括教育、医疗、就业、养老等社会福利和保障。只有解决这个问题，才能消除将被征地农民排除在城市化进程之外的现象，才能真正消除因征地引发的社会不稳定隐患。有条件的地方，可以将征收的土地留出一部分作为农民安置就业的发展用地，与此相适应，农村集体经济组织形式也应随着城市化进程进行改革重组、重构。有集体财产的，可以建立一个真正体现集体所有权的财产组织形式，比如股份合作公司；没有集体财产的，直接改为居民委员会。对被征地农民的安置，除了享受与城市居民同等待遇的社会保障外，最重要的是就业安置。法律应该在总结各地经验的基础上，作出强制性规定。这样也许要提高征地成本，但总体来看，利远大于弊。一是可以消除因征地引发的社会不稳定因素。二是可以延缓城市化低成本扩张的速度。目前中国城市化扩张不是太慢太小而是太快太大，实现被征地农民的市民化，则意味着地方政府征地越多，城市扩张越大，必须接纳为市民的被征地农民就越多，就越需要对就业、教育、医疗、基础设施等作出更为统筹的考虑，从而也更好地促进城市转变发展方式。三是政府可以占有行政道德的制高点，改变公众对征地“低价征地→改变用途→转手倒卖”，与开发商一起牟取暴利的负面印象。即使政府有利益，但只要把被征地农民的安置问题全部解决了，就可以避免很多道德谴责，也有利于化解社会矛盾。

（五）探索建立征地纠纷裁决机制

即便是在征地中给予充足的、超过土地财产价值的补偿，于被征地者而言也还可能存在感情上的损失。问题不在于矛盾，而在于要建立正常的征地纠纷处理机制。从发达国家的经验看，主要有以下三方面做法：

一是将解决征地纠纷前移到规划制定过程。在欧洲等国家，规划制定的过程就是衡量征地是否合法、是否符合公共利益或公共目的的过程。特别是地方政府在规划制定过程中，实行全部开放，当地所有居民都可参与讨论，每个层级都可充分发表意见，使规划制定过程充分反映民意，但充分反映了民意的规划一旦确定就具有法律效力。中国当前征地制度最大的问题是规划过快且频繁调整，基本上不征求公众意见，特别是不太征求规划区居民的感受和意见。因此建议对规划制定的程序做彻底的反思、改革。

二是建立税收调节机制，防止土地收益分配的畸高或畸低。以丹麦为例，由于土地财产增值部分主要被国家通过税收形式拿走，因此在征地补偿时土地所有者一般不在意是按照农用地补偿还是规划用途补偿。中国也有《土地增值税暂行条例》，但实际操作中并未很好地贯彻执行。

三是建立体现征地矛盾复杂性、技术性特点的裁决体制。英美法系的国家都实行行政裁判所制度，建有专门的土地裁判所，它隶属于法院但裁判员不一定是专业从事法律工作的，而是由土地估价师等专业人员担任，这样有利于快速解决各种专业问题。目前，中国对征地中遇到的矛盾纠纷，往往采取党委动员、工作组做工作等政治方式解决，虽然也取得了很好的效果，但缺乏成熟的法律制度，这个机制在新的历史条件下将难以为继。

解决征地纠纷，要从中国国情出发，多建几道“拦水坝”化解矛盾。第一，补偿应该公平、公正、公开。第二，要将征地项目的合法性问题与补偿安置的合法性问题区别开。征地项目的合法性审查主要在国务院和省级两级，要在征地的合法性审查中对征地补偿方案的批准剥离出来，只审查是否符合法定条件和程序。而征地的补偿安置方案由市、县政府公开，把矛盾的焦点引导到补偿安置方案自身的合法性与合理性上。第三，建立一个类似仲裁的机构，可以借鉴过去的乡绅治理等模式。第四，建立一个完善的土地市场体系。

（六）从严追究违法征地责任

保障合法征地行为，化解征地纠纷的同时，对于违反法律规定，非法批准或实施征地的，必须从严追究法律责任。非法征地往往涉及多种责任，既有民事责任、行政责任，也有刑事责任。中国法律对此虽然有相应的规定，但实践中，这方面的责任追究并没有得到很好的执行。特别是刑事责任，虽然《土地管理法》规定，违法越权批准、违反法定程序批准征地，侵占、挪用被征地单位的补偿费用和其他相关安置费用等情形，构成犯罪的，应当追究刑事责任。《刑法》第410条也有非法批准征地、占用土地罪（属于渎职罪的一种）的规定，但是因为该条款将“徇私舞弊”作为前置条件，难以认定，实际执行效果并不理想。

追究非法征地的责任，将加大现行法律制度的执行力度外，还应当建立更为严格完善的刑事责任追究制度。为便于认定和实际操作，除了按渎职罪追究相应刑事责任外，对于非法实施征地给被征地人造成财产损失的，参照刑法侵犯财政罪中有关故意毁坏公私财物的条款执行，追究刑事责任并要求赔款损失。从而形成对征地犯罪更直接有效的威慑，以维护正常征地秩序和被征地农民利益。

这样多位一体，可以最大限度地减少征地矛盾，在保证经济持续健康发展的同时，充分维护被征地农民的正当权益，使被征地农民真正分享城市化建设的成果，征地问题也不再成为社会矛盾的焦点。

第十二章

土地资本化与土地财政

近年来，土地出让收入迅猛增长。与此同时，中央和相关部门不断出台政策，加大对土地出让支出的管理，调整土地出让收益支出方式。社会各界对土地出让收支问题的关注度越来越高，产生了广泛争论。本章对土地出让收入增长的变化趋势与原因、土地出让的成本与收益、土地出让收益的支出结构、土地出让收支和分配政策以及土地出让收支管理中存在的问题进行了比较全面的分析，明确界定了被社会热议的“土地财政”的内涵，在此基础上提出了完善土地出让收支管理的政策建议。

一、土地出让收入增长的特点与原因

土地出让收入是政府以出让等方式配置国有土地使用权取得的全部土地价款。具体包括：以招标、拍卖、挂牌和协议出让土地取得的土地出让收入和改变原有土地用途补缴的土地出让收入；依法出租国有土地向承租者收取的土地

本章执笔人刘守英。

租金收入，出租划拨土地上的房屋应当上缴的土地收益；土地使用者以划拨方式取得国有土地使用权，依法向市、县人民政府缴纳的征地和拆迁补偿等费用。

在已公布的土地出让收入中，有两种口径，一种是全口径土地出让收入，即将以上所有方面全部考虑进去后统计的数据；另一种是土地出让价款，与第一个口径相比，剔除了国有土地租金收入和划拨土地征地补偿费两项。第一个口径的数据 2008 年以后才有公布，第二个口径的数据是土地出让收入统计只有土地出让价款。本章在分析土地出让收入增长和变动的特征时，土地出让收入数用的是土地出让价款；在分析土地出让收支与成本时，土地出让收入用的是全口径土地出让收入。

（一）土地出让收入增长的特点

1. 土地出让收入呈现阶段性变化

随着社会经济发展和土地使用制度改革深化，土地供应量大幅增加，出让收入出现三次跨越式增长，阶段性特征明显。

1989～2000 年为第一阶段。1988 年 4 月修订的《宪法》和随后修订的《土地管理法》，增加了“土地的使用权可以按照法律的规定转让”条文，土地使用权转让在全国展开。土地出让收入由 1989 年的 4.47 亿元增长到 1992 年的 500 亿元，三年增长 100 多倍。1993～2000 年，土地出让收入一直稳定在 500 亿元左右。这一时期的土地供应以划拨为主，如 1992 年划拨用地占土地供应总面积的比重为 97.2%；有偿供地以协议为主，即便在最早推行土地有偿出让的深圳市，1998 年招标拍卖收入也仅占 3%。

2001～2006 年为第二阶段。2001 年，《国务院关于加强土地资产管理的通知》提出“大力推行招标拍卖”；2002 年国土部颁布 11 号令，明确四类经营性用地（商业、旅游、娱乐、房地产）采用招拍挂方式。从此，土地出让收入跃上一个新台阶，由 2000 年的 595 亿元，迅速增长到 2003 年的 5421 亿元。2004～2006 年在 6000 亿元左右波动。这一时期，有偿供地比例稳步提高，招标拍卖比例快速提升。如2004年，有偿供地比例已达70%，其中招拍挂面积29.1%，招拍挂收入占出让总收入的56%。

2006年至今为第三阶段。2006年《国务院关于加强土地调控有关问题的通知》要求“工业用地必须采用招标拍卖挂牌方式出让，其出让价格不得低于公布的最低价标准”。2007年3月颁布的《物权法》规定：“工业、商业、旅游、娱乐和商品住宅等经营性用地以及同一土地有两个以上意向用地者的，应当采取招标、拍卖等公开竞价的方式出让。”招拍挂制度的全面深化，使土地资源市场化配置程度显著提高，土地出让收入跃上第三个台阶，由2006年的8077亿元增长到2010年的27100亿元，增长了3倍多。这一时期，有偿用地比例稳定在70%左右，招拍挂比例进一步提高，2010年，有偿供地比例达到68.2%，其中招拍挂面积占全国出让总面积的88.3%，招拍挂收入占土地出让总收入的96%。

2. 土地出让收入近几年增长迅猛

2001~2010年，全国国有土地出让收入从1296亿元增加到2010年的28198亿元，增长了21.8倍。从2007年过万亿元以来，土地出让收入一直处于高位增长（见表12.1）。近几年来，各大城市的土地出让收入增长更为迅猛，2007~2010年，土地出让收入排前10位的城市，土地出让收入总额分别达到3843亿元、2158亿元、6191亿元和7034亿元，年均增长22.3%（见表12.2）。

表12.1　2001~2010年全国国有土地出让收入情况　单位：亿元

年　份	国有土地出让收入	年　份	国有土地出让收入
2001	1295.89	2006	8077.64
2002	2416.79	2007	12216.72
2003	5421.31	2008	10259.8
2004	6412.18	2009	17179.53
2005	5883.81	2010	28197.7

资料来源：《国土资源统计年鉴》。

表 12.2　　2007～2010 年土地出让收入前 10 城市排行榜　　单位：亿元

排名	城　市	2010 年	2009 年	2008 年	2007 年
1	北　京	1319	928	503	438
2	杭　州	1025	1054	312	646
3	上　海	880	1043	382	803
4	天　津	853	732	439	388
5	重　庆	733	440	117	314
6	宁　波	693	488	68	52
7	成　都	535	324	66	396
8	广　州	364	489	122	323
9	武　汉	363	361	81	267
10	佛　山	269	332	68	216

资料来源：中国房地产指数系统数据库。

3. 土地出让收入区域差距大

由于发展不平衡，东、中、西部土地出让收入差异较大。2007 年，全国土地出让收入 12216.72 亿元，11 个东部省份土地出让收入 8153.33 亿元，占全国土地出让收入的 66.74%；中部 10 个省份土地出让收入 2318.37 亿元，占全国土地出让收入的 18.98%；西部 10 个省份土地出让收入 1745.02 亿元，占全国土地出让收入的 14.28%。到 2009 年，土地出让收入在东、中、西部的分布格局没有改变，全国土地出让收入 17179.53 亿元，11 个东部省份土地出让收入 12583.55 亿元，占全国土地出让收入的 73.25%；中部 10 个省份土地出让收入 2772.69 亿元，占全国土地出让收入的 16.14%；西部 12 个省份土地出让收入 1823.29 亿元，占全国土地出让收入的 10.61%（见图 12.1）。

（二）土地出让收入增长的原因

1. 土地供应规模大幅度增加

土地出让收入的大幅增长，首先来源于土地出让规模的不断扩大。近年来，随着经济发展，工业化、城镇化进程加快，各地对土地的需求快速增长。

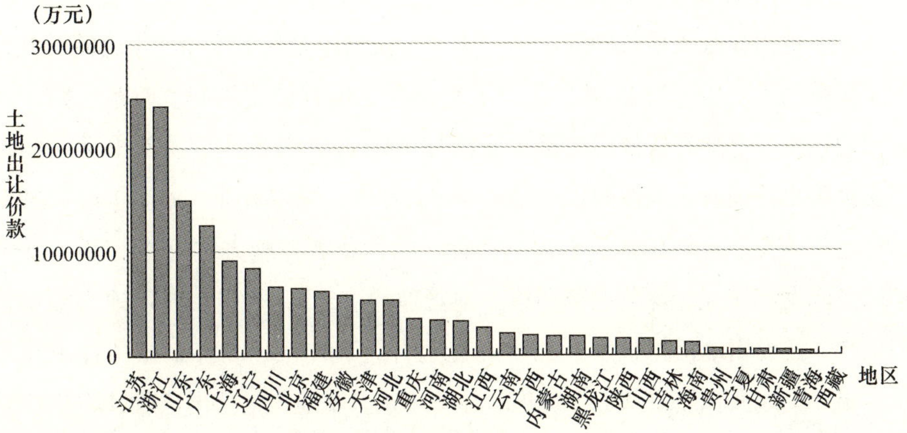

图 12.1　各省土地出让收入一览

2001～2010 年，全国建设用地供应总量从 178678 公顷增加到 432561 公顷，增加了 253883 公顷，年均增加 28209 公顷。其中，有偿使用供应比例从 2001 年的 58.6% 提高到 2010 年的 68%（见表 12.3）。

表 12.3　2001～2010 年国有建设用地有偿供应情况　单位：公顷

年份	建设用地供应总量	其中		
		划拨用地供应总量	有偿使用供应总量	有偿使用比例
2001	178678	73980	104699	58.6%
2002	235437	88052	147385	62.6%
2003	286437	65258	221179	77.2%
2004	257920	62054	195866	75.9%
2005	244269	64623	179646	73.5%
2006	306806	63791	243015	79.2%
2007	341974	76088	265886	77.8%
2008	234185	62381	171804	73.4%
2009	361649	122288	239361	66.2%
2010	432561	138267	294294	68.0%

注：以上 2001～2009 年数据来源于《国土资源统计年鉴》，2010 年数据来源于《国土资源统计年报》。

2. 土地招拍挂出让比重迅速上升

在土地出让收入增长的因素中，土地有偿出让尤其招拍挂出让比例上升是主要影响因素。1999年以来，我国不断推进土地有偿使用制度改革，减少划拨用地比重，增加有偿使用比重。尤其是2002年5月国土资源部出台《招标拍卖挂牌出让国有土地使用权规定》第11号令，规定商业、旅游、娱乐和商品住宅等各类经营性用地，必须以招标、拍卖或者挂牌方式出让，以及2004年国务院发布《关于深化改革严格土地管理的决定》，规定工业用地必须实行招拍挂，建设用地招拍挂出让比重迅速上升。2001～2010年，招拍挂出让面积占出让土地面积比重从7.3%提高到88.3%。土地招拍挂出让收入占出让总收入的比重到2010年达到92.23%（见表12.4）。

表12.4　2001～2010年全国招拍挂出让土地面积占出让土地面积比重

年份	招拍挂出让土地面积占出让土地面积比重（%）	年份	招拍挂出让土地面积占出让土地面积比重（%）
2001	7.3	2006	28.5
2002	14.6	2007	50.9
2003	27.9	2008	83.9
2004	29.2	2009	85.3
2005	34.6	2010	88.3

资料来源：《国土资源统计年鉴》。

3. 全国地价总体水平上升

受土地需求上升、土地有偿出让比重提高以及用地成本提升等因素影响，全国地价水平不断攀升，土地出让收入上涨势在必行。2000～2010年，全国综合地价水平、商业地价、居住地价和工业地价水平分别提高了297.08%、308.76%、528.10%和71.18%。尤其是2006年以来，全国地价水平上涨更快。2010年，全国105个主要监测城市第4季度末地价总体水平为2881元/平方米，比2006年增长86.6%（见图12.2）。

此外，土地出让收入征管的进一步加强，在一定程度上保证了土地出让收

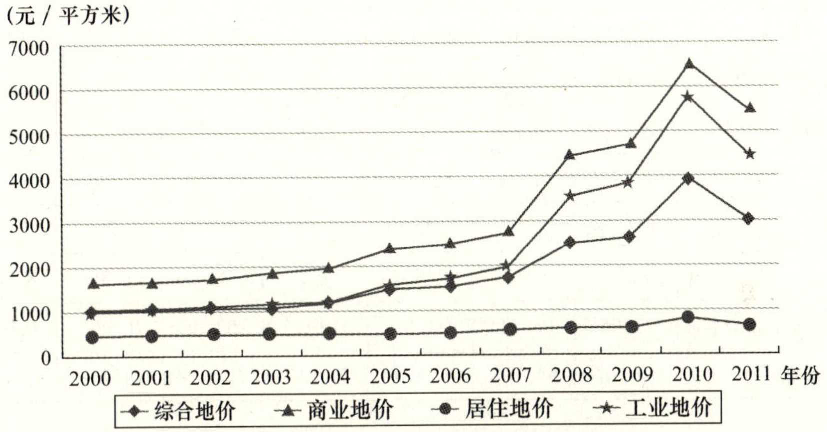

图 12.2　2000 年以来全国地价水平变化情况

入的入库。尤其是2009年底，财政部、国土资源部等部门出台加强土地出让收入征管措施，进一步加大了土地出让收入征管和清缴力度，使得土地出让收入缴库数额明显增加。

二、土地出让的成本、收益与支出

（一）土地出让成本

土地出让成本，包括取得土地所支付的补偿性成本以及从事土地前期开发所支付的开发性成本两个部分（见表12.5）。

1. 补偿性成本

补偿性成本主要有征地和拆迁补偿费、对被征地农民的补助、企业职工安置费等。征地和拆迁补偿费用包括市县政府在征地、拆迁和收购土地过程中支付的土地补偿费、安置补助费、地上附着物和青苗补偿费等。2008～2010年，征地和拆迁补偿费用占土地出让收入的比重平均为36%。对被征地农民的补助是由市县政府向被征地农民发放的社会保障费用和保持原有生活水平不下降

表 12.5　　土地出让成本构成情况　　单位：亿元

	2008 年	占比	2009 年	占比	2010 年	占比	平均占比
土地出让收入	9942.1	—	14239.7	—	29397.98	—	—
征地拆迁费用	3662.13	36.8%	4985.67	35%	10677	36.3%	36%
对失地农民的补助	157.7	1.6%	194.91	1.4%	449.66	1.5%	1.5%
前期土地开发	903.38	9.1%	1322.46	9.3%	2561.15	8.7%	9%
企业职工安置费用	782.41	7.9%	1066.48	7.5%	3336.63	11.3%	8.9%
土地出让业务费	71.05	0.7%	86.89	0.6%	157.45	0.5%	0.6%
成本小计	5576.67	54.1%	7656.41	53.8%	17181.99	58.4%	55.4%

所支付的补助。2008～2010 年，该项费用占土地出让收入的比重平均为 1.5%。企业职工安置费是市县政府向破产、改制的国有和集体企业职工支付的安置费用。2008～2010 年，该项费用占土地出让收入的比重约为 8.9%。

2. 开发性成本

开发性成本主要是市县政府实施土地前期开发所支付的费用。2008～2010 年，该项费用占土地出让收入的比重约为 9%。此外，与土地出让相关的土地勘测、评估、交易服务、公告、场地租金、招拍挂代理和评标等业务性费用也是成本的一部分。2008～2010 年，该项费用占土地出让收入的比重约为 0.6%。

总起来看，2008～2010 年，全国全口径土地出让收入分别为 9942.1 亿元、14239.7 亿元和 29397.98 亿元，成本性支出分别为 5576.67 亿元、7656.41 亿元和 17181.99 亿元，土地出让成本占全口径土地出让总收入的比重分别为 54.1%、53.8% 和 55.4%。

（二）土地出让收益

土地出让收益是土地出让总收入扣除土地出让总成本后的余额。从表 12.6 可见，2008～2010 年，土地出让收益分别为 4563.08 亿元、6868.84 亿元和 12215.99 亿元，分别占当年土地出让总收入的 45.90%、46.20% 和 41.60%。三年平均，土地出让收益占全口径土地出让总收入的比重为

44.6%。2009年和2010年，土地出让收入大于支出，分别结余1400.91亿元、1018.53亿元。由此可见，只有土地出让收益才是地方政府出让土地的真正收入，是地方政府可支配的财力。从财政学角度来看，只有成为地方政府可支配财力的土地出让收益部分，才是真正意义的“土地财政”。

（三）土地出让收益的支出结构

按照有关法律法规，土地出让收益主要用于八个方面（见表12.6）。

表12.6　　　　土地出让收益支出结构情况　　　　单位：亿元

	2008年	2009年	2010年
土地出让收益	4563.08	6868.84	12215.99
教育支出	—	—	—
农田水利建设支出	—	—	—
国有土地收益基金	308.91	440.63	1007.89
农业土地开发支出	126.07	143	188.87
保障性安居工程支出	145.57	187.1	463.62
城市建设支出	3024.02	3340.99	7531.67
农村基础设施建设支出	338.3	433.1	1021.68
缴纳新增建设用地有偿使用费	638.71	923.11	983.73
土地出让收益支出小计	4581.58	5467.93	11197.46
土地出让收益结余	-18.5	1400.91	1018.53

注：1. 土地出让收益为当年土地出让收入扣除成本补偿性费用后的余额。
2. 教育支出、农田水利建设支出、国有土地收益基金、农业土地开发支出均为专项资金，结余资金按规定结转下年使用，因此，表列数字为当年实际计提数。
3. 土地出让收益结余为当年土地出让收益与土地出让收益类支出数的差额。
4. 教育支出和农田水利建设支出均从2011年开始计提。

（1）城市基础设施建设支出。用于城市基础设施建设的资金无比例规定。从实际支出来看，2010年，全国土地收益支出9795.17亿元，其中用于城市建设支出7531.67亿元，占土地收益支出的76.89%。

（2）新增建设用地土地有偿使用费。用于耕地开发和土地整理，按规定的等级标准征收。2010 年新增建设用地土地有偿使用费征收额约占土地出让收益的 9%。

（3）农业土地开发资金。用于农业土地开发，按不低于土地出让净收益的 15% 计提，实际征收按规定的等级标准执行。2010 年农业土地开发资金计提额相当于土地出让收益的 2% 左右。

（4）城镇保障性安居工程资金。用于城镇保障性安居工程建设，按不低于土地出让净收益的 10% 列支。2010 年实际列支 463.62 亿元，约占土地出让收益的 3%。

（5）国有土地收益基金。专项用于土地收购储备，具体数额由各省、区、市自定，一般为土地出让收入的 3% ~5%。近几年实际执行情况相当于土地出让收益的 8% 左右。

（6）农村基础设施建设支出。用于农村基础设施建设，无比例规定。2010 年该项支出相当于土地出让收益的 10%。

（7）农田水利建设资金。用于农田水利建设，按土地收益的 10% 计提。2011 年开始实施。

（8）教育资金。用于教育支出，按土地收益的 10% 计提。2011 年开始实施。

从土地出让收益的支出安排来看，我国土地出让收益的使用从最初主要用于城市建设，到逐步增加用于农业、农村和民生支出，追求土地增值收益更公平、分配更合理和使用的政策导向更明显。

三、土地出让收支管理政策

随着中国土地有偿使用制度改革确立及深化，土地出让收入快速增长，中央和有关部门对土地出让收入征收、使用的规范与管理也不断加强。

（一）土地出让收入取得政策

1988 年《土地管理法》规定，“国有土地和集体所有土地的使用权可以依法转让。”“国家依法实行国有土地有偿使用制度”。

1990 年 5 月国务院出台《城镇国有土地使用权出让和转让暂行条例》，明确提出，“土地使用权出让是指国家以土地所有者的身份将土地使用权在一定年限内让与土地使用者，并由土地使用者向国家支付土地使用权出让金的行为。”

1999 年财政部、国土资源部印发《新增建设用地土地有偿使用费收缴使用管理办法》，明确规定，国务院或省级人民政府在批准农用地转用、征用土地时，向取得出让等有偿使用方式的新增建设用地的县、市人民政府收取平均土地纯收益。

2003 年国土资源部发布《协议出让国有土地使用权规定》，国家以协议方式将国有土地使用权在一定年限内出让给土地使用者，由土地使用者向国家支付土地使用权出让金。

（二）土地出让收支管理政策

1993 年国务院出台《关于进一步加强国有土地使用权有偿使用收入征收管理工作的通知》，规定各省、自治区、直辖市人民政府所取得的国有土地使用权有偿使用收入，必须按现行财政体制纳入各级财政预算管理。

1995 年财政部、国家土地管理局出台《关于加强土地使用权出让金征收管理的通知》规定：土地出让金应全部上缴财政，由财政列入预算，专款专用，专项用于城市基础设施建设和土地开发。自此，土地出让总价款纳入地方财政专户管理，净收益纳入地方国库管理，土地出让收支实行预算内外两种管理方式。

2006 年国务院发布《关于加强土地调控有关问题的通知》规定，国有土地使用权出让总价款全额纳入地方预算，缴入地方国库，实行“收支两条线”管理。

2006 年国务院办公厅出台《关于规范国有土地使用权出让收支管理的通知》，明确将土地出让收支全额纳入预算，支出通过地方基金预算安排，实行

“收支两条线”管理，土地出让收支步入规范化管理的轨道。

2009 年财政部、国土资源部、中国人民银行等联合发布《关于进一步加强土地出让收支管理的通知》，对土地出让收支全额纳入地方基金预算管理，实行彻底的“收支两条线”管理；及时足额征收和缴入地方国库；完善土地出让收入信息共享制度；完善预算编制；统计报表编报和责任追究制度等做了最新重申和强调。

（三）土地出让收入分配政策

自 1989 年始，中国的土地出让收入分配政策经历了以下三个阶段。

第一阶段，1989～1993 年，为中央财政与地方财政共享阶段。国有土地出让收入扣除 20% 城市开发建设费用后，40% 上缴中央财政，60% 留归取得收入的地方财政。政策执行的结果，中央财政分享的土地出让收入比例逐步减少，从 1989 年的 40% 减少到 1992 年的 5%。

第二阶段，1994～1998 年，为土地出让收入全部属于地方阶段。1994 年实行分税制财政体制，明确土地有偿使用收入列入地方固定收入，全部归地方政府支配和使用。土地出让总价款纳入地方财政专户管理，净收益纳入地方国库管理，土地出让收支实行预算内外两种管理方式。

第三阶段，1999 年至今，为按新增和存量建设用地对土地出让收入实行不同管理阶段。为严格控制占用耕地，鼓励地方盘活存量建设用地，1998 年修订的《土地管理法》第五十五条规定：新增建设用地的土地有偿使用费 30% 上缴中央财政，70% 留给有关地方人民政府，均专项用于耕地开发。

四、土地出让制度及其收支管理存在的主要问题

（一）地方发展对土地出让过度依赖

中国经济快速增长中，土地扮演了非常关键的角色。土地的宽供应和高耗

费保证了高投资；压低地价的低成本供地保障了高出口；以土地的招商引资推进了高速工业化；土地出让收入和土地抵押融资助推了快速城镇化。在传统发展模式下，还逐渐形成了一套加快增长的“土地—财政—金融”联动的机制。在这套发展机制中，土地是发动机，金融是杠杆，财政收入增加是结果。近些年来，中国各级地方政府城市建设资金主要来源于银行信贷。地方政府向商业银行借贷，一靠资本金，其一部分来自于收支盈余，更主要来自于土地出让收益。二靠资产作抵押，土地是最可靠、最可预期的抵押品。即所谓“吃饭靠财政，建设靠土地”。对土地征用、开发和出让产生很强的激励效应。在经营性用地实行招拍挂后，土地出让收入大幅增长，形成土地财政。这套发展机制促进了经济高增长，增加了地方财政收入，造就了城市繁荣。但是，其弊端也是明显的，主要是造成多征、多占、多卖地冲动，导致土地浪费，冲击耕地红线，也加大了中国宏观调控的难度。

（二）土地出让收入在城乡之间分配不平衡

（1）用于城市的部分仍占主要份额。目前，用于城市的部分主要有城市建设、国有土地收益基金和保障性安居工程。2008～2010年，城市建设支出占土地出让收益的比例分别为66.27%、48.64%和61.65%，平均为58.76%；国有土地收益基金占土地出让收益的比例分别为6.77%、6.41%和8.25%，平均为7.43%；保障性安居工程支出占土地出让收益的比例分别为3.19%、2.72%和3.80%，平均为3.37%。三项合计分别为76.23%、57.78%和73.70%，三年平均为69.56%。

（2）土地出让收益用于农村、农业的部分偏低。从支出项目看，用于农业、农村的部分主要为农业土地开发资金、农村基础设施建设资金。2008～2010年，农业土地开发资金占土地出让收益的比例分别为2.76%、2.08%和1.55%，平均为1.94%；农村基础设施建设占土地出让收益的比例分别为7.41%、6.31%和8.36%，平均为7.58%；土地出让收益用于农村的部分合计分别为10.18%、8.39%和9.91%，三年平均为9.52%。

因此，当前土地出让收益实际支出“重城市、轻农村”的倾向较为明显。随着加大土地出让收入对农业、农村的支持力度，以及计提教育资金、农田水利建设资金等相关政策的落实，土地出让收益支出结构会发生相应变化，城市建设支出占土地出让收益的比重预计将逐步降低。

(3) 对农民的土地补偿在土地出让收入中的份额不升反降。5 年来，尽管各地的征地补偿标准普遍提高了 30% 以上，但其在土地出让收入中所占比重不仅没有上升，反而大幅降低了。据对辽宁、浙江、河南等三省的征地补偿费和土地出让收入统计，2007 年，三省的征地补偿费占土地出让收入的比重分别为 16.82%、8.62%、19.58%，2010 年变为 10.37%、2.91%、12.99%，下降了 1/3 以上。土地出让收入的增加意味着更多的土地收益被地方政府占有和支配。这种土地收益主要归地方政府的利益分配机制，使得地方政府热衷于多征多用，低进高出，“以地生财”，导致土地被过度征收、低效利用，不利于耕地保护和土地的节约集约利用，也严重损害了农民的土地财产权益。

（三）土地出让收支存在问题

(1) 部分地方土地出让收入存在减免缓现象。从全国调研情况看，各地直接减免土地出让收入的问题大幅减少，但征收不到位、变相减免和低价出让问题仍然比较突出。主要表现为，部分地方违规减免土地出让收入。一些地方政府为了招商引资，通过变相减免、压低价格出让、漏征、欠征、先征后返、以奖代投、补贴等形式返还土地出让收入；一些地方将应以招拍挂方式出让的经营性用地以协议方式出让；少数地方存在设有过渡户以及由开发区管委会等非财政部门收取土地出让收入的问题；很多地方没有按要求实行“净地”出让，拆迁安置款、代建款抵顶出让收入和企业拖欠土地价款时有发生。

(2) 土地出让支出政策和实施存在缺陷。表现为以下几点。

一是土地出让支出规定不明确。由于土地出让成本和收益没有明确界定，以及对土地出让收入到底应多少用于城市基础设施建设没有定额定量及使用规范，为地方政府将土地出让收益的绝大部分用于城市建设打开了方便之门。

2009 年和 2010 年土地出让支出中城市建设的比例分别为 27. 1% 和 27. 9%，如果扣除成本支出，土地出让收益支出中用于城市建设的比例分别高达 77. 6% 和 76. 9%。

二是新增建设用地土地有偿使用费政策存在缺陷。新增费征收标准、农业土地开发资金计提标准从 2006 年至今未做调整，而全国 105 个主要监测城市 2010 年末地价总体水平比 2006 年增长了 86. 6%，新增建设用地土地有偿使用费计提标准明显偏低。另外，按照《土地管理法》规定，新增建设用地土地有偿使用费全部用于耕地开发，但后来国家又相继出台农业土地开发资金、廉租住房保障资金等从新增建设用地出让收入中计提、列支，造成新增建设用地土地有偿使用费使用政策重叠。

三是土地出让收入存在不按规定支出问题。一些地方将应用于城市基础设施建设的资金部分地用于基础设施建设、偿还政府及企业债务、兴建楼堂馆所、弥补公用经费、违规计提偿债资金等，未按规定从土地出让收入中足额计提或安排农业土地开发资金、廉租住房保障资金、国有土地收益基金以及支出慢等问题普遍存在。此外，土地出让收益中计提的专项资金分布与资金需求不匹配问题也比较突出。如，北京、上海一些中心城区已无农田，农业土地开发资金提取后无处使用，存在资金闲置浪费现象。从土地出让收益中计提教育资金和农田水利建设资金也将面临类似问题。

四是土地储备资金管理不尽合理。从调研情况看，由于财政安排的资金和计提的国有土地收益基金严重不足，而收购储备的成本往往要土地出让后，财政部门才能从土地出让收入中拨付，大多数土地储备机构靠大量贷款进行土地收购储备，侵蚀了土地收益；同时，很多土地收购储备机构还承担了地方政府的融资功能，将主要以贷款方式取得的土地储备资金用于股权投资、出借和市政设施建设等，使未来偿债风险较大。财政部调查发现，截至 2009 年底，广州市土地开发中心贷款余额为 386. 33 亿元，为 2009 年土地出让收入的 119%。

（3）土地收益增长具有不可持续性。自 2000 年以来，土地出让收入经历了 10 多年的快速增长，但是，土地出让收入在年际的变化也存在波动。随着土地有偿使用制度的完善、土地市场化水平提高，土地特别是存量建设用地的取得成本将大幅上升，与土地市场价格不断接近甚至相等，同时，随着土地供应中新增建设用地比重的降低和存量建设用地比重的上升，土地取得成本的上升趋势难以逆转，城市政府土地收益空间也必然收窄。

五、完善土地出让收入制度的政策建议

土地出让收入与支出问题，涉及土地增值收益取得的正当性、土地收入分配的公平性和土地收益支出的规范性。近几年来，随着土地出让收入的增长不断攀升，国家和有关部门相继出台了一些政策，来严格土地出让收入的征缴、支出范围的界定与土地出让收入的使用管理，但是，土地出让收入的取得与分配涉及土地管理制度的根本问题，也涉及土地增值收入的分配问题。尽管土地出让收入与土地制度的改革必须同时跟进，但是由于土地制度的改革过于复杂和繁难，本报告暂不涉及，主要就如何完善土地出让收入分配制度提几项建议。

（一）不断提高土地出让收入用于被征地农民补偿和长远生活水平有保障的资金比例

土地出让收入来自于对农民集体土地的征收。现行制度下，地方政府给被征地农民按土地的原用途进行倍数补偿。近几年，在确保被征地农民生活水平不下降方面进行了探索，一是提高征地补偿标准，二是敦促地方政府建立被征地农民社会保障制度。但是，随着土地价值的不断提高和土地出让收入的不断攀升，这两种改进并没有改变农民集体在土地出让收入分配中的不公平性。征地和拆迁费占土地出让收入的比重尽管达到37%，但是，这个比例中提高幅度最大的主要是城乡结合部拆迁补偿费用，大多数被征地农民所得到的补偿水平依然很低，社会保障制度在各地参差不齐，保障水平很低。为了在制度上确保被征地农民在土地增值收益中的分享比例，建议进一

步完善征地补偿制度。

（1）建立对被征地农民补偿标准调整机制。逐步提高征地补偿标准，增大被征地农民在土地出让收入中的分享份额。

（2）切实落实对被征地农民的社会保障制度建设。尚未建立被征地农民社会保障制度的地方，应按照国务院要求尽快建立这项制度，将被征地农民纳入相应保障范围；已建立这项制度的地方，应继续完善保障机制，合理确定保障水平。明确被征地农民社会保障所需资金计入土地出让成本。

（二）优化支出结构，确保土地出让收入用于民生和农村的支出比例

近几年，尽管国家和有关部门不断出台政策，调整土地出让收益在城市和农村、建设和民生之间的比例，但土地出让收入用于城市的比例仍然过高，用于建设的比例仍然过高，用于农村和民生的比例仍然过低。今后，必须大幅调整土地出让收入在城市和农村、建设与民生的比例，并在制度上确保这种格局的调整。建议如下。

（1）在土地出让成本支出方面，合理确定土地出让成本性支出项目。明确征地和拆迁补偿费用、收购储备费用、土地前期开发费用等直接成本和补助被征地农民社会保障费用、保持被征地农民原有生活水平补贴费用、支付破产或改制企业职工安置费用等补偿性成本为土地出让支出，并确保优先足额支付征地和拆迁补偿支出、补助被征地农民社会保障支出。

（2）明确土地收益用于城市建设支出的比例，增加土地出让收益用于农村和农民的比例。

（3）统筹使用土地出让收入。目前对土地出让收益的“唐僧肉”切割办法，尽管表面上使土地出让收益用于农村和民生的比重有所增加，但这种权宜之计，并不能从根本上保证农村和民生的比例增加落到实处。应改变将土地出让收益按比例不断切割和延展的办法，制定统筹使用土地出让收入的政策，在制度上确保土地收益用于农村建设支出、农民社保资金、保障房资金、水利建设支出和教育资金的比例。

（三）提高新增建设用地有偿使用费标准，以此资金设立国家耕地保护基金

（1）建立新增建设用地有偿使用费与地价调整机制。根据社会经济发展和地价变化情况，及时调整新增建设用地土地有偿使用费的征收标准和使用范围。

（2）设立国家耕保基金。鉴于新增有偿使用费主要用于耕地保护和土地整理、复垦、开发，建议中央以此资金设立耕地保护基金，用于重点区域耕地保护和土地整治，确保国家粮食安全。

（四）加强土地出让收入征收管理，确保应收尽收

土地出让收入及时、足额缴入地方国库，是确保土地出让收支纳入地方基金预算管理的基础。各级地方人民政府要全面落实经营性用地招拍挂出让制度，严格执行国家规范土地出让收支管理政策规定，除国务院有明确规定外，任何部门不得擅自减免缓缴或变相减免土地出让收入，严禁用实物形式支付土地出让收益。建议如下。

（1）明确和落实土地出让统一管理。国有土地使用权的协议、招标、拍卖、挂牌出让，一律由国土行政主管部门按照城市规划的要求依法统一实施，严禁其他任何单位和组织出让国有土地使用权。

（2）严格土地出让合同管理。在国有土地出让合同、租赁合同及划拨决定书中，必须明确土地出让价款、租金和划拨土地价款的总额、缴付时间和方式。

（3）全面推行“净地”出让。杜绝地方政府在“净地”之前出让土地，使导致国有土地收入流失。禁止各类平台公司从事土地收购储备。

（4）加强土地收入征缴。建立财政、国土资源管理部门和中国人民银行分支机构协调机制，确保土地出让收入及时、足额缴入地方国库。

（5）健全和完善基准地价体系。市、县人民政府要及时更新基准地价，原则上每三年更新一次，并根据市场变化适时进行调整，以规范低价出让土地的行为。

（五）制定和完善相关专项资金使用管理办法

为切实加强各专项资金的使用管理，应尽快研究制定土地出让收入用于城市基础设施建设、农村基础设施建设资金的使用管理办法。进一步健全和完善国有土地收益基金制度，制定国有土地收益基金用于耕地保护和土地收购储备的使用管理办法。完善储备资金的管理，限制储备贷款的规模，减少土地储备对贷款的依赖，应进一步明确储备土地变现后，地方财政部门应及时将土地收购储备成本拨付到土地收益基金，以保证土地收益基金的持续利用和稳定增长。

（六）加强监督检查，严格政策执行

建立健全土地出让收支监管的长效机制，加大对市县落实土地出让收支管理政策的监督检查力度，把经常性检查和专项检查结合起来，把全面监督和专业监督结合起来，把土地出让收支管理政策落到实处。对检查过程中发现违反规定减免缓或以土地换项目、先征后返、补贴等形式变相减免缓、拖欠，未及时缴纳土地出让收入，已缴纳的土地出让收入未按规定及时入库，未按规定计提、使用土地出让收入等行为的，严格按照相关处罚条例进行处罚，并依法追究相关责任人的行政责任，着力推进预算公开，加大预算透明度，严格做到向同级人大报告，接受社会监督。

第十三章

土地增值及其收益分配关系

一、研究背景

在城市房地产价格乃至土地价格快速上涨的背景下，土地增值的分配成为各方关注的焦点。而究竟如何分配土地增值收益才是科学的、合理的，必须依据土地产权制度体系及增值产生环节的理论分析。

从当前来看，由土地收益分配问题所引起的矛盾主要表现在土地出让收益分配、征地与农转用增值收益分配和集体建设用地流转收益分配等。关于土地出让收益分配，主要表现在地方政府作为土地出让方所取得土地出让收益不断增加，且存在地方政府过度卖地、乃至扰乱正常的土地市场、房地产市场等问题。尤其近年地价房价过快上涨，而地方政府的土地出让收益也大幅度增加，引起社会的广泛关注和热烈讨论，并进而引起对“土地财政”的质疑与争

本章执笔人朱道林、林瑞瑞。

论[①②③]。因此，十八届三中全会明确提出，“建立城乡统一的建设用地市场。在符合规划和用途管制前提下，允许农村集体经营性建设用地出让、租赁、入股，实行与国有土地同等入市、同权同价。缩小征地范围，……建立兼顾国家、集体、个人的土地增值收益分配机制”。然而，具体的改革方案究竟如何设计？土地增值收益究竟如何分配才算合理？这些均需要以科学的理论研究为支撑。因此，客观分析土地收益分配过程中各个利益主体之间的经济关系，从理论上探讨土地收益分配的制度框架，解决由于经济关系不平衡引发的矛盾，对改革和完善现行制度、调节土地收益分配的经济关系具有重要的意义。

二、土地增值的概念

土地增值是指土地开发利用或土地交易过程中所发生的土地价格的增加值，就是说它是地价的增加值，是土地价格的一部分[④]。土地增值是客观存在的，它不仅反映在土地交易中，还反映在土地利用中。只要有人类对土地的利用，作用于土地的活动，都会引起土地的增值（包括负增值）。这实际上反映了土地级差的可变性。例如平整土地、兴修水利、改善交通、扩建城市等大规模的基本建设活动，改善了土地的生产条件或环境条件，提高土地利用的能力，引起土地正增值；与此相反，由于对土地的掠夺性经营，污染设施的增加等，会引起土地负增值。同时，作为不动产的土地，由于其位置的固定性和总

---

① 王小映，贺明玉，高永：“中国农地转用中的土地收益分配实证研究——基于昆山、桐城、新都三地的抽样调查分析”，载《管理世界》，2006 年第 5 期，第 62 ~ 68。

② 中国经济增长前沿课题组，张平，刘霞辉：“城市化、财政扩张与经济增长”，载《 经济研究》，2011 年第 11 期，第 4 ~ 20 页。

③ 甘藏春：“守卫者护航者推进者——甘藏春在国新办新闻发布会答记者问摘编” . http：// news. 163. com/11/0420/11/72354DFK00014JB5. html，2011。

④ 朱道林：《改革与发展中的中国土地市场》，中国科学技术出版社 2002 年版，第 56 页。

量的不变性，随着人类社会活动的发展和经济环境的变化，常常也会发生增值。归纳起来，引起土地增值的原因主要有四种情况：一是由于土地经营者增加对土地的投资所引起的土地增值；二是由于土地周围设施的改善所引起的增值；三是土地利用类型的变化所引起的增值，四是由于时间的推移，人口的增加和社会经济的发展所引起的增值。

三、土地增值及其分配关系的理论界定

在中国现行的土地制度体系下，土地产权转移主要反映在征地（拆迁）、土地出让和房地产开发与销售三个环节，相应的土地增值也在这三个环节得到体现。中国实行城乡二元土地制度，各类建设需要使用土地，要么使用集体土地，这就需要进行“征地并给予补偿”，集体土地所有权转变为国有，农户失去土地使用权；要么使用国有土地，这就需要进行拆迁并给予补偿，原用地方失去土地使用权。不管是征地还是拆迁，都使原土地所有者或使用者失去土地权利，并获得经济代价（补偿），尽管带有强制性，但也体现了产权交易关系。因此，征地（拆迁）及其补偿过程是产生并分配土地增值的第一环节。征地或拆迁完成以后，由地方政府进行整治，拆除、平整及基础设施建设等，再采取招标、拍卖、挂牌等方式向用地单位供地，即土地使用权出让，这是产生并分配土地增值的第二环节。用地单位取得土地以后，将进行开发和建设，当属于房地产开发类的用地时，房地产开发商进行住宅、写字楼、商铺等地上建筑物建设，并形成房地产产品进行销售，通过开发与销售过程同样实现了土地增值的分配，我们将这一过程界定为土地增值收益分配的第三个环节。三个环节的关系可通过图 13.1 得到具体反映。

图 13.1 显示了在现行城乡二元土地制度体系下，从征地（拆迁）到土地使用权出让，再到房地产开发各环节土地价格（经济）形态关系，及各环节土地增值（收益）分配关系，土地收益分配对应的三大利益主体分别是集体和农民（拆迁户）、地方政府和开发商。

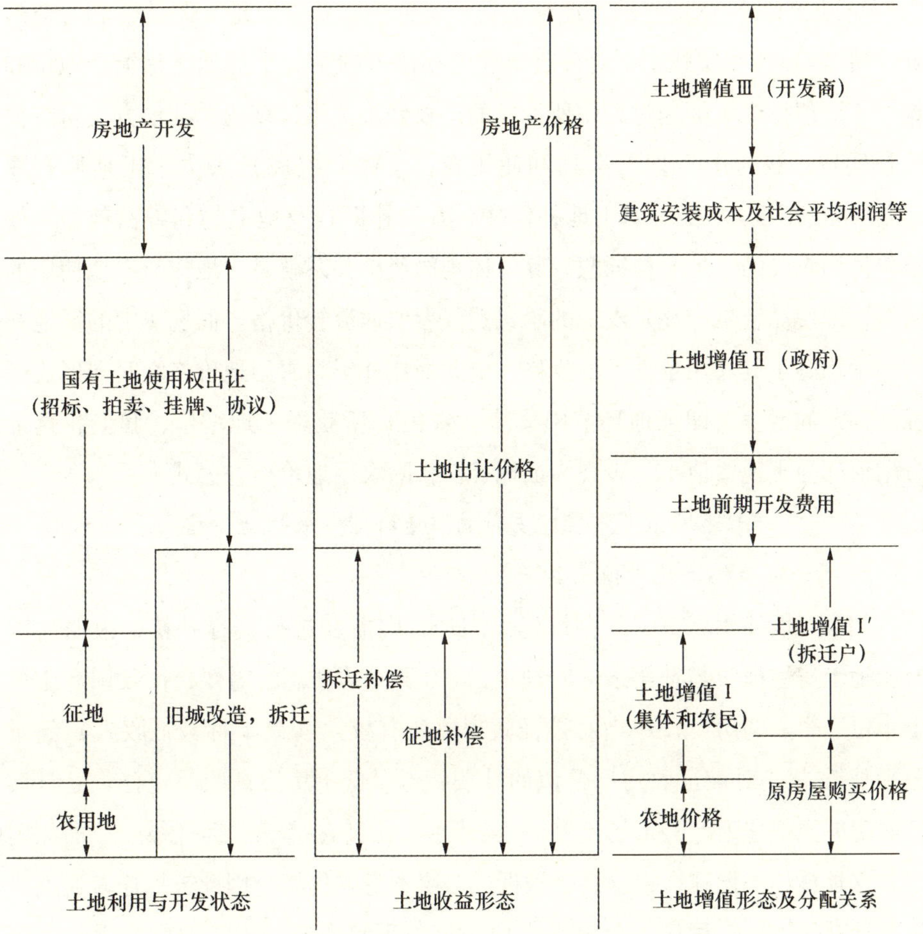

图 13.1　土地增值产生环节及其归属关系示意图

（一）征地（或拆迁）环节的土地增值及其分配

1. 征地环节的土地增值及其分配

征地是指国家建设需要使用集体所有土地的时候将集体土地征收为国家所有，并给予被征收集体和农民一定的补偿。征地的基本特征，一是政府行使征地权，这是国际惯例；二是集体土地所有权转变为国家所有，这是中国城乡二元制度决定的；三是给予一定的补偿。根据《土地管理法》第 47 条规定，

“征收耕地的补偿费用包括土地补偿费、安置补助费以及地上附着物和青苗的补偿费”。目前在实践中，对征收土地的补偿依据主要是征地区片综合地价和统一年产值标准。征地过程中所涉及的产权经济关系体现为，征地方支付了征地补偿费，获得了土地所有权和使用权；集体（农民）失去了土地所有权（或土地使用权），获得了土地补偿费、安置补助费及地上物和青苗补偿。如果集体和农民的土地不被征收，其所体现的经济关系就是土地作为农地使用的收益，即使流转也应该是农地的承包费或者农地流转价格。而现实中的征地补偿通常均高于其农用条件下的价格，由此征地补偿与农用地价格之间即形成了征地环节的增值，即征地环节中集体（农民）所获得土地增值，我们将这部分增值称为土地增值Ⅰ，表现为征地补偿扣除农用地价格，公式为：

土地增值Ⅰ＝实际支付的征地补偿－农用地价格

2. 拆迁环节的土地增值及其分配

如果建设使用城市国有存量建设用地，则需要进行拆迁补偿。根据《国有土地上房屋征收与补偿条例》规定，“为了公共利益的需要，征收国有土地上单位、个人的房屋，应当对被征收房屋所有权人（以下称被征收人）给予公平补偿。”“对被征收房屋价值的补偿，不得低于房屋征收决定公告之日被征收房屋类似房地产的市场价格。”实践中，尤其在基于“拆一补一”的原则下，这种拆迁补偿往往也是高于被拆迁房屋本身的价格，因此被拆迁人通过获得拆迁补偿也一定程度上分享了土地增值，我们将其称为土地增值Ⅰ′，表现为拆迁补偿费扣除被拆迁房屋的客观市场价格，公式为：

城市拆迁土地增值Ⅰ′＝拆迁补偿－被拆迁房屋客观市场价格

（二）土地出让环节的土地增值及其分配

地方政府在实施征地或拆迁以后，按照中国现行的供地政策，将采用招标、拍卖、挂牌等方式出让土地使用权，并获得土地使用权出让价款。因此，如果在出让环节政府所获得的出让地价高于征地（拆迁）补偿及前期基础设施开发成本，则地方政府也将获得一定的土地增值，我们将这部分土地增值称为土地增值Ⅱ，公式为：

土地增值Ⅱ = 土地出让价款 - 征地（拆迁）补偿 - 土地前期开发成本及合理利润等

（三）房地产开发环节的土地增值及其分配

房地产开发企业在通过招标、拍卖、挂牌等方式取得土地使用权后，将进行房地产开发，并通过销售房地产产品获得正常利润和超额利润。实际上房地产开发企业之所以能够获得这部分超额利润，是由于土地资源的稀缺所带来的，因此应属于土地增值收益。即房地产开发环节的土地增值是基于开发商取得土地以后，通过建设房屋并卖出房屋，而其在卖出房屋的同时也将房屋所占用的土地卖出，这一过程所产生的土地增值由开发商以所卖房屋价格的形式获得。其中，房地产开发过程的费用主要包括建筑安装成本、基础设施建设费用、资金利息及社会平均利润等。我们把房地产开发环节中这一土地增值称为土地增值Ⅲ，表现为房地产价格扣除取得土地的价款、建筑安装成本及社会平均利润，公式为：

土地增值Ⅲ = 房地产售价 - 购买土地的价款 - 建筑安装成本及相关税费 - 社会平均利润

上述是从土地征收、出让及房地产开发的一般环节分析的土地增值产生的形态。当然土地增值的形成是一个过程，在任何土地开发利用与交易过程均有可能产生增值，但之所以从上述三个环节进行分析，一方面是在中国现行土地制度下，土地开发利用过程中所形成的增值均在这三个环节的土地权利转移过程中得以体现，并以一定的经济价值显现出来；另一方面也是在这三环节中实现了土地增值在相关主体之间的分配，体现了土地增值收益的归属。

四、土地增值分配关系的实证分析

上述从理论上分析了土地增值的形成与分配关系，那么实践中各环节的土地增值及其分配关系究竟如何呢？为此，在上述的理论分析的基础上，我们分别利用省级层面和城市层面数据对实际土地收益分配关系进行考察。由于受数据调查的制约，研究中所采用的省级层面的数据，选取所获得的全国23个省（市、自治区）进行分析，城市层面选择了所获得的全国范围内包括直辖市、省会城市在内的21个重点城市数据进行分析。所用数据中，征地补偿为各省（市、自治区）发布实施的征地区片综合地价和统一年产值标准；考虑到实际执行的征地补偿会高于所发布的标准，计算中未扣除农用地价格，进而所计算的土地增值Ⅰ应该与集体（农民）所分享的大致相当。土地出让纯收益数据来自《中国国土资源年鉴》，土地出让价格来自《土地市场动态监测监管系统》，房地产价格数据来自中房指数网中的商品房销售价格。由于涉及地价、房价等数据，具有很强的时效性，因此所有数据时点均为2010年末。

根据收集的数据，分别按照理论分析中所确定的公式，分别计算得到省级层面、城市层面的土地增值收益分配比例关系，详见表13.1、表13.2。

表13.1　　2010年省级层面土地增值收益分配计算结果　　单位：元/m²;%

省（市、自治区）	土地增值Ⅰ 绝对值（占比）	土地增值Ⅱ 绝对值（占比）	土地增值Ⅲ 绝对值（占比）
北京市	309.06（1.74）	4755.55（26.78）	12691.76（71.48）
天津市	78.00（1.55）	562.69（11.21）	4378.29（87.23）
河北省	66.00（8.02）	272.28（33.10）	484.22（58.87）
山西省	18.93（2.98）	284.88（44.90）	330.66（52.12）
内蒙古自治区	14.51（1.40）	127.28（12.26）	896.50（86.34）
辽宁省	48.45（2.52）	353.74（18.41）	1519.14（79.07）
吉林省	25.92（1.55）	377.42（22.54）	1271.24（75.91）
黑龙江省	14.08（1.13）	416.65（33.38）	817.64（65.50）
上海市	206.83（2.54）	1393.27（17.09）	6550.24（80.37）
江苏省	142.52（4.12）	241.36（6.98）	3075.13（88.90）
浙江省	57.32（1.11）	378.32（7.30）	4746.83（91.59）
福建省	48.32（2.32）	397.10（19.03）	1641.28（78.65）

续表

省（市、自治区）	土地增值Ⅰ 绝对值（占比）	土地增值Ⅱ 绝对值（占比）	土地增值Ⅲ 绝对值（占比）
山东省	63.55（5.44）	369.79（31.64）	735.24（62.92）
河南省	51.64（4.82）	327.27（30.56）	692.17（64.62）
湖北省	48.83（2.44）	213.54（10.67）	1738.22（86.89）
湖南省	48.95（6.25）	166.32（21.23）	568.08（72.52）
广西壮族自治区	33.86（2.21）	214.76（14.04）	1280.49（83.74）
重庆市	32.77（1.67）	632.00（32.27）	1293.95（66.06）
四川省	39.89（1.52）	547.31（20.90）	2031.67（77.58）
云南省	56.30（6.85）	132.59（16.13）	633.20（77.02）
陕西省	94.20（8.02）	178.48（15.20）	901.68（76.78）
甘肃省	41.82（12.45）	158.95（47.33）	135.05（40.21）
新疆维吾尔自治区	20.30（2.34）	176.94（20.40）	670.20（77.26）
平均值	67.92（3.70）	551.24（22.32）	2134.04（73.98）

表 13.2　2010 年城市层面土地增值收益分配计算结果　单位：元/m^2；%

城市名称	土地增值Ⅰ 绝对值（占比）	土地增值Ⅱ 绝对值（占比）	土地增值Ⅲ 绝对值（占比）
北京市	309.06（1.74）	4755.55（26.78）	12691.76（71.48）
天津市	78.00（1.55）	562.69（11.21）	4378.29（87.23）
石家庄市	95.51（11.34）	450.83（53.54）	295.74（35.12）
太原市	62.53（1.04）	757.21（12.57）	5205.59（86.40）
呼和浩特市	32.47（2.09）	135.75（8.74）	1385.65（89.17）
沈阳市	61.20（2.32）	389.96（14.80）	2184.27（82.88）
长春市	92.14（3.08）	619.66（20.70）	2282.40（76.23）
哈尔滨市	57.69（1.72）	269.89（8.03）	3034.51（90.26）
上海市	206.83（2.54）	1393.27（17.09）	6550.24（80.37）
杭州市	251.25（2.29）	740.99（6.77）	9958.18（90.94）
福州市	78.57（2.68）	554.30（18.88）	2303.67（78.45）
南昌市	38.52（3.89）	382.74（38.68）	568.30（57.43）

续表

城市名称	土地增值Ⅰ 绝对值（占比）	土地增值Ⅱ 绝对值（占比）	土地增值Ⅲ 绝对值（占比）
济南市	82.68（5.63）	916.21（62.37）	470.09（32.00）
郑州市	62.35（1.81）	934.10（27.14）	2445.71（71.05）
武汉市	105.44（2.26）	323.26（6.94）	4232.27（90.80）
长沙市	65.20（2.41）	209.83（7.75）	2431.58（89.84）
重庆市	32.77（1.67）	632.00（32.27）	1293.95（66.06）
成都市	50.89（1.08）	849.50（17.99）	3821.17（80.93）
贵阳市	56.27（3.16）	429.59（24.12）	1294.93（72.72）
西安市	163.83（22.50）	435.97（59.88）	128.25（17.62）
兰州市	96.16（11.66）	577.36（70.03）	150.94（18.31）
平均值	99.02（4.21）	777.17（26.01）	3195.59（69.78）

从结果来看，所测算的23个省（市、自治区）2010年土地增值Ⅰ、土地增值Ⅱ和土地增值Ⅲ的平均水平为67.92元/m^2、551.24元/m^2和2134.04元/m^2，三者之比平均为3.70∶22.32∶73.98（表13.1）。可看出开发商所得增值最多，政府次之，集体（农民）最少，开发商、政府所得分别为集体（农民）的31.42倍、8.12倍，相对差距明显。

从各省（市、自治区）情况看，土地增值Ⅰ、土地增值Ⅱ占比基本低于10%和30%，土地增值Ⅲ占比则基本高于60%，表明其土地收益分配关系整体呈现“集体（农民）→政府→开发商”递增的特点。另外，三大利益主体所得增值绝对值较高的省（市、自治区）主要集中在东部地区，如土地增值Ⅰ较高的北京市（309.06元/m^2）、上海市（206.83元/m^2）和江苏省（142.52元/m^2），土地增值Ⅱ高于1000元/m^2的北京市、上海市，以及土地增值Ⅲ高于5000元/m^2的北京市、上海市。相反，土地增值绝对值水平较低的省（市、自治区）则基本位于西部地区，表明土地增值收益呈“经济发展水平高、土地增值高”的区域特征。

从以城市为单位的计算结果来看，所测算的21个重点城市2010年土地增值Ⅰ、土地增值Ⅱ和土地增值Ⅲ的平均水平为99.02元/m^2、777.17元/m^2和3195.59元/m^2，三者之比平均为4.21∶26.01∶69.78（表13.2）。与省级层面相比，城市层面的土地增值绝对值有所上升，这也进一步验证了土地增值收益呈“经济发展水平高、土地增值高”的区域特征，因为所测算城市均为省会城市，经济发展水平相对省级平均水平较高。

值得说明的是，尽管这一测算结果受所采用数据的制约可能并不准确，采用不同时期、不同区域的数据也可能会得出不同的结果，但是我们认为这一定量测算的意义在于对土地增值收益分配关系有了个初步的定量化判断，而且也为我们从根本上研究土地增值收益分配关系提供了定量分析的框架。

五、结论与讨论

在中国城乡二元制度背景下，征地（拆迁）、土地出让、房地产开发环节是实现土地增值收益分配的基本过程，现行制度体系下各环节的产权关系决定了土地增值收益分配的经济关系，其中在征地（拆迁）环节集体和农民（拆迁户）通过征地（拆迁）补偿获得土地增值Ⅰ，地方政府在土地使用权出让环节获得土地增值Ⅱ，房地产开发企业在房地产开发与销售环节获得土地增值Ⅲ。通过利用省级层面数据和城市层面数据定量分析发现，集体（农民）、地方政府、房地产开发企业三者所得土地增值呈“集体（农民）＜地方政府＜房地产开发企业”的规律，且土地增值区域差异较明显，呈现“经济发展水平高、土地增值高”的特征。

这一收益分配格局的形成，根本上在于中国“城乡二元土地所有制”背景下逐步形成的集体土地征收征用制度和国有土地出让、开发制度；客观上近年来房价快速上涨为房地产开发企业获取高额超额利润（即土地增值Ⅲ）提供了可能；同时房价高涨又为地价上升提供了空间，地价上升随之推高了地方政府获得的土地增值Ⅱ，因此过快上涨的房价成为土地增值收益严重失衡的现实根源。

因此，从改革的角度，为缓解土地收益分配差距的矛盾，重点在于制度层面的改革，关键在于现行税制体系的完善。一是改革集体土地使用制度和征地制度，应逐步放开集体土地市场，逐步缩小征地范围，减少土地增值收益分配的制度壁垒，应将土地收益分配这一经济问题逐步交给市场。这样既缓解现实中由于分配不公所导致的相关经济主体（尤其被征地农民、拆迁户等）与政府的矛盾，又有利于逐步建立土地要素分配和收益关系调整的市场化机制，实现土地的高效集约利用。二是必须尽快建立并完善税收调节机制，不怕暴富，怕的是政府缺乏调节暴富收益的手段。在具体改革方向上，首先应尽快建立不动产税制体系，通过不动产税调节财产拥有关系和收益分配关系；其次是尽快完善土地增值税征管制度，将土地增值税征收拓展到土地增值产生与分配的各个环节，并且征管到位。

第十四章

财产性土地财政与税收性土地财政

近年来由于房价、地价大幅攀升，地方政府土地出让收入也不断上涨（表 14.1），引起社会各界对土地财政的广泛关注，甚至将房价居高不下的原因也归结于此。那么，究竟如何认识和对待土地财政，现实中地方政府实际获得并用于支持地方财政支出的土地收益份额究竟多大，需要从理论和实践两个层面进行分析。

表 14.1　　2003～2011 年全国土地出让收入与相关经济指标一览表

年　份	土地出让收入（亿元）	土地出让收入增长率（%）	房价增长率（%）	地价增长率（%）	GDP 增长率（%）
2003	5421. 31	124. 32	4. 84	6. 3	10. 0
2004	6412. 18	18. 28	17. 76	7. 92	10. 1
2005	5883. 82	－8. 24	14. 04	5. 27	10. 4
2006	8077. 64	37. 29	6. 28	6. 96	11. 6
2007	12216. 72	51. 24	14. 76	14. 92	13. 0

本章执笔人朱道林、林瑞瑞、周鑫。

续表

年　份	土地出让收入（亿元）	土地出让收入增长率（%）	房价增长率（%）	地价增长率（%）	GDP 增长率（%）
2008	9739. 21	-20. 28	0. 34	0. 59	9. 0
2009	15910. 21	63. 36	21. 10	7. 31	9. 1
2010	27114. 39	70. 42	7. 11	10. 76	10. 3
2011	31500. 00	16. 17	6. 92	7. 20	9. 2

资料来源：土地出让收入根据各年度《国土资源公报》数据；房价增长率、地价增长率依据《全国城市地价动态监测报告》；GDP 增长率依据国家统计局发布数据。

一、土地财政的概念及类型

目前所流行的“土地财政”的说法，实际上是指地方政府通过出让土地使用权所获得的财政收入，并用来维持地方财政支出。由地方政府获得土地出让收入是由中国的国有土地出让制度决定的，实际上属于政府的财产性收入，应该属于财政收入的一种。而所谓“财政收入”，是指政府为履行其职能、实施公共政策和提供公共物品与服务需要而筹集的一切资金的总和。按照政府取得财政收入的形式一般分为税收收入、国有资产收益、国债收入和收费收入以及其他收入等。因此，土地出让收入在性质上属于国有资产收益，我们不妨将其称为“财产性土地财政”。而与土地有关的相关税也是地方财政收入的重要来源，包括土地增值税、城市土地使用税、耕地占用税等，乃至国际上流行的不动产税，我们不妨将其称为“税收性土地财政”。

另外，与土地出让收入相关的另一个重要概念是“土地出让成交价款”，从概念上，地方政府土地出让纯收入为土地出让成交价款扣除政府征地或拆迁成本、基础设施开发成本等后的纯收入，因此分析财产性土地财政问题应以土地出让纯收入为准，若用土地成交价款反映政府实际所得收益，势必会在一定程度上夸大土地财政问题。

二、现阶段中国地方政府土地财政状况与问题

从表 14.1 可见，2003 年以来中国土地出让收入连年增加，2011 年达到 3.15 万亿元。但是从年增长率来看，却存在着较大的起伏，最高的达到 124.32%，低的正增长也在 16% 以上，但是 2005、2008 年却出现负增长，尤其是 2008 年，负增长率达到 20.28%，反映出了较大的波动性。这种波动主要受宏观经济及市场波动的影响，这是由财产性土地财政的本质特征所决定的。

为了分析市场波动对财产性土地财政的影响，我们可用财产性土地财政贡献度来代表地方财政对政府土地出让纯收益的依赖程度，即财产性土地财政贡献度 = 土地出让纯收益/地方财政收入，税收性土地财政贡献度 = 土地相关税收总和/地方财政收入，进而定量化分析二者的变化关系。据此，利用全国和三大经济区的相关数据计算结果见表 14.2 和表 14.3。

表 14.2　全国 2003～2010 年土地市场和房地产市场相关指标及土地财政贡献度

单位：元/平方米、公顷、万平方米、亿元

指标类型 年份	土地出让价格	土地出让面积	房屋销售价格	房屋销售面积	土地出让纯收益	地方财政收入	财产性土地财政贡献度	税收性土地财政贡献度
2003 年	280	193604	2359	33717	1799.12	9850	18.27%	9.42%
2004 年	353	181510	2778	38231	2339.79	11693.4	20.01%	10.33%
2005 年	355	165586	3168	55486	2183.97	14884.2	14.67%	10.69%
2006 年	347	233018	3367	61857	2978.29	18303.6	16.27%	10.72%
2007 年	520	234961	3864	77354	4541.42	23572.62	19.27%	11.78%
2008 年	645	151018	3800	65969	3611.95	28649.79	12.61%	12.83%
2009 年	762	208843	4681	94755	—	32602.59	—	14.76%
2010 年	930	291516	5029	104349	—	40613.04	—	16.08%

表 14.3 三大经济区 2003 ~ 2008 年财产性土地财政贡献度和税收性土地财政贡献度

年份	东部经济带		中部经济带		西部经济带	
	财产性土地财政贡献度	税收性土地财政贡献度	财产性土地财政贡献度	税收性土地财政贡献度	财产性土地财政贡献度	税收性土地财政贡献度
2003 年	20.07%	9.81%	15.57%	7.89%	14.32%	9.53%
2004 年	20.47%	11.42%	17.71%	8.46%	20.88%	8.33%
2005 年	13.37%	11.62%	15.84%	8.96%	18.44%	8.97%
2006 年	15.32%	11.65%	17.04%	9.03%	19.01%	9.13%
2007 年	17.48%	12.87%	19.10%	9.98%	26.05%	9.68%
2008 年	11.93%	13.64%	16.03%	12.08%	11.41%	10.79%
2009 年	—	16.00%	—	13.48%	—	11.90%
2010 年	—	17.16%	—	15.94%	—	12.77%
平均值	15.63%	13.13%	16.99%	11.11%	18.15%	10.27%

计算结果表明，中国 2003 ~ 2008 年平均财产性土地财政贡献度为 16.32%，2003 ~ 2008 年平均税收性土地财政贡献度为 11.35%。前者按“东部→中部→西部”方向递增，说明经济欠发达地区比发达地区更依赖才财产性土地财政；后者按“东部→中部→西部”方向递减，呈明显区域梯度变化规律。

土地和房地产市场波动对财产性土地财政贡献度影响显著，尤其是在 2005 年和 2008 年有明显体现，且该影响呈区域差异。而历年税收性土地财政贡献度呈稳定趋势增长，受市场波动影响幅度远小于财产性土地财政贡献度，且中国税收性土地财政贡献度远小于发达国家水平。

因此，由于土地出让收入受土地出让规模、出让价格等市场波动影响，决定了财产性土地财政是不稳定的，进而影响到地方财政收入的稳定性，这是财产性土地财政的最大弊端；同时，也容易诱导地方政府过度卖地、炒卖土地等行为。

三、结论与建议

总体来说，目前一些地方政府应该存在着过度依赖财产性土地财政的现象，这不仅会造成地方财政不稳，更会造成地方政府依靠“卖地”而导致土地资源大量浪费的情况发生。解决该问题可从土地出让制度改革和土地税制改革两个方面着手。由于土地出让制度的改革受中国土地公有制的刚性影响，改革难度较大，而中国土地财产税制度尚未建立，改革空间很大，应借鉴国外经验，逐步建立不动产税制体系。通过对土地等不动产征收不动产税的方式实现财政收入，这样既体现了公平性，也保证了政府有相对稳定的财政收入，而且主观上也会促使政府平抑地价，而不是千方百计抬高地价，既有利于保证地方财政的稳定性，又可以促进土地资源的节约集约利用。

参考文献

[1] 杜平．财政分权、土地财政与收入分配改革——以中央与浙江为例．宏观经济管理，2010（9）：54～55.

[2] 朱丽娜，石晓平．中国土地出让制度改革对地方财政收入的影响分析．中国土地科学，2010（7）：23～29.

[3] 朱道林，段文技．土地出让收入的是是非非．行政管理改革，2012（4）：31～33

第十五章

农地制度改革与农村发展

近年来关于集体土地使用制度改革的呼声日益强烈，尽管在具体改革方式上存在一定争议，但是基本一致的观点是应该允许集体土地流转，放开集体土地市场，促进市场机制在农村土地资源配置过程中起到基础性作用。尤其十七届三中全会明确提出要“建立城乡统一的建设用地市场”，那么如何进一步建立农村土地市场运行规则就迫在眉睫。总体来说，在中国逐步建立与完善的市场经济体系中，在城市土地市场如火如荼地发展和快速城镇化、工业化的背景下，改革集体土地使用制度是大势所趋。但是，由于土地制度的特殊性和农地生产功能的重要性，在农村集体土地使用制度改革的具体细节上必须全面掂量，慎重考虑，严密注意防止改革可能引起的负面结果。

一、中国城乡土地利用格局的总体判断

中国正处在快速城镇化、工业化过程中，统计表明，2012 年末城镇人口

本章执笔人朱道林。

为7.1亿，占总人口比重为52.6%；农村人口6.4亿。如果未来中国城镇化水平达到60%～70%，则留在农村的人口大约在4亿～5亿人，即使按照现有人口规模计算，则至少将有2亿人左右需要从农村进入城市。这种城乡人口格局将是今后城乡土地利用格局分析与判断的最基本指标。

首先，从农用地角度来看，中国13亿人口的吃饭问题始终是最重要的问题，因此18亿亩耕地红线必须严格坚持，这是粮食安全的基本要求。如果按照4亿～5亿农村人口，则人均耕地面积约0.24公顷/人～0.3公顷/人，户均约在0.8公顷～1.0公顷。由于各省（直辖市、自治区）耕地资源禀赋及人口规模存在差异，其相应的人均耕地、户均耕地也会存在较大差异。据初步测算，2011年户均耕地较大的黑龙江、内蒙、新疆将达到1.5公顷/户～2.3公顷/户，最低的北京、上海、广东、江苏、浙江等约在0.1公顷/户～0.2公顷/户。总体上，如果城镇化过程中2亿进城人口的土地承包经营权允许流转的话，则约有1800万公顷土地需要流转，这既是流出人口所承包农用地继续耕种的要求，也是农村土地实现规模经营的需要。因此，改革农村土地使用制度，有限度地放开集体土地市场，既是农村集体土地资源有效配置的要求，也是十八大提出的“城镇化与农业现代化协调发展”的要求。

其次，从建设用地来看，农村建设用地能否随着人口“进城”，以及如何保持农村地区适度的建设用地用于工商业生产，以发展农村经济，这是今后城乡土地利用格局可能引起矛盾的焦点。现阶段所开展的“城乡建设用地增减挂钩”试点及其所引起的社会广泛关注已经证明了这一点。资料显示，到2020年，中国城市化率应该在60%左右，城镇人口大约为8.5亿，比2012年底城镇人口净增1.4亿人。目前，中国城镇工矿用地规模已突破10万平方公里，据此预测，如果按人均100平方米为新增城镇人口提供建设用地，至2020年城镇工矿用地总量将突破11万平方公里，这就超过《全国土地利用总体规划纲要》中规定的10.65万平方公里的控制目标。而调查显示，2012年末全国农村建设用地总规模为793万公顷，人均约122平方米。因此，如果能够实现农村建设用地随着人口减少而同步减少，则可以满足城乡建设用地总规模控制的要求。

二、农村土地制度改革的路径依赖与经验借鉴

日本学者长野郎早在20世纪30年代就指出，“中国的土地制度，是中国社会、经济、政治的根源”①。实际上，古今中外，土地制度都与社会、经济乃至政治制度密切相关，尤其是农地制度。因为农地具有直接影响人类生存的生产功能，更对社会稳定产生直接影响。近代中国在“打土豪、分田地”的斗争中实现了“耕者有其田”，在公有化改造过程中建立了集体土地所有制度。但由于集体化生产的低效率，不得不实行在集体所有制背景下的“家庭承包制”，既解放了农村土地生产力，也解放了农村剩余劳动力，为中国近三十多年来的城乡经济快速发展奠定了制度基础。

然而随着近年来快速城镇化、工业化发展，农村人口大量流出及现代农业发展的要求，关于农村集体土地使用制度改革的呼声日益强烈。尽管在具体改革方式上存在一定争议，但是基本一致的观点是必须允许集体土地流转，放开集体土地市场，充分利用市场机制重新配置农村土地资源。总体来说，在中国逐步建立与完善的市场经济体系中，在城市土地市场如火如荼地发展和快速城镇化、工业化的背景下，改革集体土地使用制度是大势所趋。允许农村集体土地流转，首先是城乡土地权属公平的要求，其次是农村土地资源有效配置的必然选择，第三也是农村集体及农户财产合理实现的基本要求。实践中农村集体土地流转也普遍存在，不仅是集体农用地流转，集体建设用地流转、农村宅基地流转都很普遍。因此，目前的主要问题，一是需要研究具体改革细节，二是如何从法律上予以明确界定。

然而，由于农村土地的基本功能是生产功能，而且是生产包括粮食、蔬菜等人类生存所必需的基本农产品；同时，农村与农业在市场经济体系中又处于

---

① ［日］长野郎著，强我译，袁兆春点校：《中国土地制度的研究》，中国政法大学出版社2004年出版。

劣势地位，由于其行业比较利益低下无法完全靠市场竞争实现供求平衡。因此，对于农地市场制度的设计必须有利于保护其生产功能的发挥，这是古今中外普遍通行的做法。

在国际上，尤其英美等发达国家均高度重视从制度上对农地进行保护。具体的做法主要包括，一是采取严格的规划管制规定土地用途，以保持足够的土地用于农业生产；二是采取税收优惠予以扶持与鼓励，主要是免征农业用地的不动产税或财产税；第三是直接财政补贴，但财政补贴通常作为特殊措施而非经常性措施予以采用；第四，对农地经营规模、交易主体等也有一定的制约①。

从国内来看，纵观中国土地制度历史，任何时期、任何政府都高度重视农地制度设计，都高度重视农地生产功能的发挥，重视防止土地兼并。孙中山先生对中国土地制度概括为三句话：平均地权、耕者有其田、涨价归公。这应该始终是中国农地制度设计的最根本原则。所谓“平均地权”，是在土地分配及土地经营规模上尽量平均，防止分配不均乃至大规模兼并所引起的社会问题。所谓“耕者有其田”是要保证农地主要掌握在耕种者手中，防止有地者不种地、种地者无地可种的困局；也是在社会大生产中降低农业生产的地租成本，提高农业产业竞争力的要求。所谓“涨价归公”是在土地资产属性方面解决土地收益再分配问题，防止和制约土地市场化过程中过度追求土地增值、炒作土地等现象。平均地权和涨价归公是解决公平问题，耕者有其田是解决效率问题，三个方面相结合应该是农地制度设计的根本原则。

三、中国农村土地制度改革的基本方向

在中国共产党第十八次全国代表大会报告中明确提出，“坚持走中国特色新型工业化、信息化、城镇化、农业现代化道路，推动信息化和工业化深度融

① 美国不动产学会著：《不动产估价》（11 版），地质出版社 2001 年出版。

合、工业化和城镇化良性互动、城镇化和农业现代化相互协调，促进工业化、信息化、城镇化、农业现代化同步发展。”如何做到城镇化与农业现代化相互协调？城乡土地合理配置与农村土地制度建设是关键。

总体来说，农村土地使用制度改革的方向应是在坚持集体土地所有制基础上，在保障农村土地生产功能的前提下，有限度地放开集体土地市场，目的是满足农村土地资源合理流转与有效配置的要求，但必须严格实施土地用途管制和土地交易管理，清晰界定土地产权，有效保护土地合法权益。

首先，放开集体土地市场的根本目标是为了利用市场机制实现农村土地资源利用的合理配置，必须防止借农村土地市场化之机搞土地资本化和非农业开发，必须从制度上防止社会资本尤其是非农业生产目标的资本购买乃至炒作农村土地。对于集体农用地的流转，主要是为了满足进城人员的土地转出和适度规模经营的要求，其土地资产特性也主要体现农业生产过程中。对于集体建设用地，在严格规模控制和符合规划的前提下，主要用于开展与当地社会经济发展相适应的工商产业，严格禁止社会资本大规模开发乃至炒作。对于农村宅基地，其基本功能是满足当地农民的生产生活需要，可以流转，但当地农民或在当地从事农业产业经营者有优先购买权。

其次，必须制定详细的土地利用规划，实施严格的土地用途管制。规划明确划分农业用地区和建设占地区，严格控制建设用地范围和规模，防止农地自主开发、投资开发对 18 亿亩耕地红线的冲击。

第三，明晰界定土地所有权和使用权主体，并进行全面登记发证。这是利用产权机制进行农村土地保护的基本措施。对于农村土地权属主体，从法律上既赋予其可以按用途经营使用、按生产功能享受财产的权利，又要明确其保护土地自然性状、防止土地被占用甚至被破坏的义务。

第四，尽快建立土地财产税制体系。对农用地转为建设用地的价格增值应予以征税，对长期用于农业生产的农用地免征地产税，从税收制度上鼓励农业生产，制约非农业开发，保护农用地。

总之，农村土地制度改革是实现城乡统筹发展的关键，也是实现城镇化与农业现代化的重要内容。在城镇化和农业现代过程中，需要有限度地放开农村土地市场，其核心目标是利用市场机制实现资源有效配置与合理利用，但必须以保障农地生产功能为前提，严格防止城市土地资本化开发转移到农村，必须严格地实施土地用途管制制度，并建立清晰的产权制度和科学的财产税收体系，形成农地资源与财产保护的有效机制。